OECD DeSeCo
コンピテンシーの定義と選択

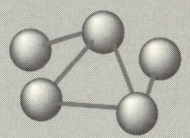

キー・コンピテンシー

国際標準の学力をめざして

ドミニク・S・ライチェン　ローラ・H・サルガニク【編著】
立田慶裕【監訳】
今西幸蔵　岩崎久美子　猿田祐嗣
名取一好　野村和　平沢安政　【訳】

明石書店

Key Competencies for a Successful Life and a Well-Functioning Society

Originally published under the title:
KEY COMPETENCIES FOR A SUCCESSFUL LIFE AND A WELL-FUNCTIONING SOCIETY
edited by D.S.Rychen & L.H.Salganik.
Copyright 2003 © by Hogrefe & Huber Publishers.

By arrangement through Meike Marx, Yokohama, Japan.

日本語版によせて

　今日の社会は、人々に多くの挑戦的課題を与え、人々は生涯のいろいろな場面で複雑な状況に直面しています。グローバリゼーションや近代化は、ますます多様で多くの人とのつながりを持った世界を作りだしているのです。個人としてこの世界を意味づけ、よりよく生きるために、人々は変化する技術を身につけ、大量の情報の意味を知る必要に迫られています。また、社会の集団としての課題に応じるために、環境的には持続可能性とのバランスを保って経済成長を行いながら、社会的な公正を実現する必要があるのです。こうした背景の中で、私たちの目標を実現するために必要な能力（コンピテンシー）は、ますます複雑となり、狭い意味で限られた技能を身につけるだけでは不十分な時代となっているでしょう。

　こうした必要性が問いかけるのは、個人が身につけるべき鍵となる力、キー・コンピテンシーが何かという問題です。こうした意味でのコンピテンシー、能力は、単なる知識や技能以上のものなのです。そこには複雑な需要に応える能力が含まれています。この力は、それぞれの需要に応じた特定の状況の中で、技能や態度を含む心理社会的な資源を動員し、活用することによって得られるものでしょう。

　コンピテンシーの定義と選択のプロジェクト（DeSeCo）を通じて、OECDは、どのようにコンピテンシーを定義するかという理論的な相互理解に根ざしながら、コンピテンシーという概念を少数のセットにまとめるため、多くの学者や専門家と協働してきました。OECD加盟国も、各国の見解を協議のプロセスに反映させることができました。このプロセスにおいて、各国とその文化的背景に含まれる多様な価値と優先性をこのプロジェクトで把握し、グローバル経済とそれが及ぼす文化への普遍的な挑戦が各国にも及んでいる

ことを理解しながら、もっとも重要なコンピテンシーの選択に必要な情報としてそこに共通する価値を見いだしてきました。

キー・コンピテンシーを定義したDeSeCo（コンピテンシーの定義と選択：その理論的・概念的基礎）プロジェクトの概念枠組みでは、3つの広いカテゴリーにコンピテンシーを分類しています。

第一は、個人が、その環境と効果的に相互作用するという広い意味で、道具を活用することです。ここで道具とは、情報テクノロジーのような物理的なものや、言語のような文化的なものとの両方を含む意味で用いています。個人は、相互作用的に道具を用いる際に、各自の目的に合わせて道具を選び、そうした道具の使い方をよく理解する必要があるでしょう。

第二は、いっそう助け合いの必要が増す世界で、人が、他の人々との関係をうまく作っていくことです。いろいろな経歴をもった人と出会うからには、たとえ異質な集団であっても人とうまく交流できるようになることが重要なのです。

第三は、一人ひとりが、自分の生活や人生について責任をもって管理、運営し、自分たちの生活をより広い社会的背景の中に位置づけ、自律的に活動することです。

それぞれに特定の目標を持つこれらのカテゴリーは相互に関係しながら、キー・コンピテンシーをわかりやすく理解するための基礎を総合的に形成しています。さらに、コンピテンシーの枠組みの中心的な考えとして、個人が深い思慮をもって考え活動することがあげられます。この思慮深さ、反省性という概念には、私たちがいろいろな状況に直面したとき、これまでの慣習的なやりかたや方法を規則どおりに適用する能力だけではなく、変化に応じて、経験から学び、批判的なスタンスで考え活動する力が含まれています。

DeSeCoプロジェクトは、教育に関するOECD事業の本質的部分を形作っています。それは、コンピテンシーの定義が、OECDの新しいプログラムであるPIAAC（成人能力の国際評価プログラム）やPISA（OECD生徒の学習

日本語版によせて

到達度調査）といった教育調査のさらなる発展を導くことができるからというだけではありません。こうした調査研究は、たしかに青年や成人が人生の挑戦に対してどのように備えることができるかという問いへの回答を得る助けとなります。しかし、それだけではなく、DeSeCoプロジェクトは、学校教育システムや生涯学習の包括的な目標を確かなものにしていくという点で、各国を支援することができるのです。

OECD教育局指標分析課長
アンドレア・シュライヒャー

本書の内容と構成
――監訳者序文――

日常生活と人間関係が育む学習の力

　私たちがいろいろなことを学ぶ力は、毎日の生活や人間関係の中で育っていく。人として生まれた時から死ぬまで、その力は養分さえあれば育ち続ける。家族や同じ仕事仲間、学校の友人や先輩、そして地域の人々との仕事や食事、遊びといった活動と交流を通じて、食べものや、読む本、テレビや映画、絵、スポーツ、そして毎日の仕事の中で、いろいろな事を学ぶ力が育まれていく。ただし、この学習の力は、単なる知識や技能の習得だけではないだろう。人や物事への関心の強さや好き嫌いは、学習のきっかけとして大切だろうし、疑問を持ち、読み、聴き、見る力といった知識や情報の吸収の力とともに、書き、話し、描き、ふるまうといった表現の力、そして学んだことを記憶し、体得し、人に伝え、知恵として活用する力にいたるまでのものもそこには含まれるだろう。

　同時に、どの程度のそしてどんな学ぶ力を私たちが持つかによって、日々の行いや人との関係も変わっていく。私たちにできることが増えれば、人はいろいろな仕事を期待するようになるし、私たち自身もまたいろいろな事に挑戦し、自分の住む世界も拡がり、新しい人間関係もできていくからである。

　このように、人が学ぶ力は日常生活の習慣や人間関係によって育まれるだけではなく、自分たちの人生や人間関係自体、そして社会自体を変える力を持っているのではないだろうか。その意味では本来、学ぶ力を通じて、私たちは、共に生きることを学びながら、自分の生活や人間関係、そして家族や職場、地域社会を育んでいるといえよう。

コンピテンシーとは何か

　知識をしっかりと身につけることは学習の基本である。しかし、いろいろ

な知識や情報を知っているからといって、その人が人間や社会を理解しているとは限らない。また、ある人のことがわかったとしても、その人のために何かをできるとは限らない。また、何かをできる能力をもっていても意欲があるとは限らない。一方で、何かをしようとする意欲があるかないかが、学習の力を大きく変えるし、できる力を変えていく。好きこそものの上手なれ、である。

　読解力の国際調査の結果によれば、読書への関心のあるなしは、その人の属する階層の力以上に読解力の成績を向上させている。何かをしようとする意欲や生きる意欲の有無が学習の力も育てていく。勉強ができるかできないか、仕事ができるかできないかは、単なる学力や仕事力の問題だけではなく、むしろその人自身の根源的な生きる力や考え方、行動の仕方とつながることが明らかになってきた。

　近年、企業においては、仕事ができる人とできない人の差異を調べて、実力のある人の特性をコンピテンシーの高い人と呼び始めている。高い業績を持つ人を見ると、旧来の学問的テストや学校の成績、資格証明書と、仕事の業績や人生の成功とはあまり関係がみられず、むしろ次のような行動特性が見られる。

1) 異文化での対人関係の感受性が優れている。外国文化を持つ人々の発言や真意を聞き取り、その人たちの行動を考える
2) 他の人たちに前向きの期待を抱く。他の人たちにも基本的な尊厳と価値を認め、人間性を尊重する
3) 人とのつながりを作るのがうまい。人と人との影響関係をよく知り、行動する

　さらに、近年行われたOECD生徒の学習到達度調査（通称PISA）によれば、読解力、数学、科学領域での生徒の知識と技能の分析と評価から、人生における生徒の成功はいっそう広い範囲のコンピテンシーと呼ばれる能力に左右されるのではないかということがわかってきた。

　つまり、学習の力を考える時、これまでの知識や技能の習得に絞った能力

観には限界があり、むしろ学習への意欲や関心から行動や行為に至るまでの広く深い能力観、コンピテンシー（人の根源的な特性）に基礎づけられた学習の力への大きな視点が必要となってきている。

　本書は、こうした問題に答えるために取り組まれたコンピテンシーの国際的な標準化をめざすプロジェクトの成果である。本書では、主に、次の２つの問題が取りあげられる。それは、第一に、私たちは、読み、書き、計算する力と別に、どんな能力（コンピテンシー）を身につければ、人生の成功や幸福を得ることができ、社会の挑戦にも応えられるのか？　第二に、どんな時や場所でも、若い時、年を取ってから、就職の時、新しい職場に入る時、家族を作る時、昇進する時、引退する時など生涯のいろいろな時に、どんな能力（コンピテンシー）が重要となるのか？　そして重要なキー・コンピテンシーは、国や地域、年齢や性、階層や職業などの条件にかかわらずどこでもいつでも役立つのか？

　個人の人生にわたる根源的な学習の力として、コンピテンシーという言葉を本書では用いる。本書では、コンピテンシーが、学校だけではなく、家庭や職場、地域を含めた日常生活の世界の中で育まれ、この力を身につけることによって人生の幸福や円滑な社会生活を私たちが得られるのではないかということが提案される。

キー・コンピテンシーの定義と選択

　コンピテンシーを定義し、各国や企業、組織、そして各個人がどのようにコンピテンシーを選択していけばよいかという問題に答えるため、経済協力開発機構（Organisation for Economic Co-operation and Development：OECD）は、これまでの国際調査に用いられた研究課題と各国の教育政策や労働政策を整理し、将来行われる国際調査に共通する能力の概念を１つにまとめる事業を提案した。「コンピテンシーの定義と選択：その理論的・概念的基礎」プロジェクト（通称 DeSeCo：デセコ）と呼ばれるこの新たな事業は、成人の能力概念を整理し、新たな定義を行おうとするプロジェクトである。特に、このプロジェクトの大きな特徴は、その概念定義を教育学だけに狭く特定した学者や一部の国が恣意的に行うのではなく、学際的な領域の専門家と

OECDに加盟する12の参加国の政策担当者との協働によって進められた点であり、多くの加盟国やOECD以外の国に、教育の分野だけでなく、経済や政治、福祉を含めた広い範囲での生活領域に役立つ概念を提供したことである。

その研究の成果として、特に重要な3つの鍵となる力がキー・コンピテンシーと呼ばれることとなった。それは、

1）自律的に活動する力
2）道具を相互作用的に用いる力
3）異質な集団で交流する力

である。

図（p.202）に示したように、この3つのキー・コンピテンシーを活用すれば、私たちは、社会の多様な挑戦に応え、人生のいっそうの成功を得ることができるのではないだろうか。

本書の構成

キー・コンピテンシーがプロジェクトを通じてどのように選択され、定義されたか、本書の第1章と第2章では、その政策的な検討と理論的な検討を試みている。第1章では、12の加盟国から提出されたレポートを中心に、それぞれの国ではどのような学力や能力に重点が置かれて政策が展開されてきたか、また将来の教育計画や雇用計画においてどのような学力や能力形成の目標がなされているかの検討が行われる。この検討の過程では、教育行政や労働行政の視点だけではなく企業や組合の視点も含まれ、それぞれの国や組織が形作ろうとする人間のいろいろな能力について、各国の共通点と相違点を明らかにしている。各国の特徴には、それぞれの国の文化や歴史が反映され、また、宗教や価値観の相違も現れている。そうした相違がある中ではたして、能力について共通の特徴がみられるかどうかが、本章の要点となっている。

第2章では、本書で提案されているコンピテンシーについて説明する。このコンピテンシーとは、これまでの学力より、いっそう人間の発達に沿った

長期的な観点から、そしていろいろな教科にわたる能力という広い視点からみたものであり、動機づけから専門的な知識と技能の習得にいたる深さをもった学習の力であるとともに、人間の能力を心身一体的で全体的（ホリスティック）な力として捉えるものである。従来の学力観が知識や技能といった目にみえる部分だけを捉えているのに対して、動機づけや態度、自己イメージ、社会的な特性や身体的な特性を含む個人特性といった測定しにくい部分を含む能力であり、同時に、目にみえる部分としても、行為や行動をも含んでコンピテンシーは考えられている。たとえば知識や技能をもった後、それが行動となって現れることにこそ、生きる意味が生まれる。言葉や知識はそれだけでは社会的な意味を持たず、相互作用的に活用されてこそ、コンピテンシーとしての評価ができるというのである。

　第3章および第4章では、コンピテンシーの内容と目標が明らかにされる。ここで注目されるのが、この力は個人の特性として備わりながら、人間関係（あるいは社会関係資本）の中で育まれ、この力を使うことによって強い絆を作っていくこともできるという点であろう。3つのキー・コンピテンシーのうち、2つまでが人間の集団との関係に注目し、言葉や知識、コンピュータといった道具を相互作用的に、つまり人間関係の形成のために活用できるかどうか、あるいは年齢や職業など異なった特性を持つ人々と、どううまく交流できるかといった点が重視されている。また、それぞれのキー・コンピテンシーを構成する下位のコンピテンシーや能力についても詳述され、それぞれのコンピテンシーが今後の生活や社会でなぜ必要とされ、どのような意義を持つかが明らかにされる。特に第4章では、キー・コンピテンシーが目標とする人生の成功と社会の正常な機能について詳しい考察を展開する。私たちの幸福とは何かを考える、非常に重要な議論がそこでは展開されている。

　第5章、第6章では、定義されたキー・コンピテンシーについて、今後どのように国際比較を行うか、その分析と政策的活用の可能性が明らかにされる。第5章ではDeSeCoプロジェクトの持つ学問的な意義と政策的な意義とともに、キー・コンピテンシーを測定・評価する可能性と重要性が述べられ、第6章では、将来にわたって展開されるだろう国際学力評価の長期的戦略において、DeSeCoが持つ意義が詳述される。研究者や政策担当者にとって重

要な意味を持つ章となっている。

本書の最後のサマリー「キー・コンピテンシーの定義と選択」[概要]にプロジェクトの成果をまとめた。お急ぎの方はこのサマリーを読まれるだけで概要が把握できる。

本書の意義

一般の読者にとって、キー・コンピテンシーの習得は、学校教育の成績向上、就職や仕事の成果の向上、職業的学習、より多くの人々との円滑な関係作り、そして企業の組織作り、地域作りといったいろいろな目標の実現に結びつくこととなる。そのためには、キー・コンピテンシーとは何かについて書かれた第3章と第4章が特に役立つ内容となっている。なぜなら、このキー・コンピテンシーは、個人の幸福とよりよき社会が同時に実現できるような能力として考えられたからである。

また、教育や雇用、企業の人事に関わる人々にとって、学校教育に関わる校長や教員、そして社会教育や生涯学習のスタッフ、教育行政の関係者、雇用・労働問題の行政担当者にとっては、本書のすべての章が今後の人間形成を考え、地域の教育計画や企業の雇用計画を作る上で重要な意義を持つ。なぜなら、今後の各国の教育政策、労働政策、そして企業の発展や地域社会の発展を考える上で本書で詳述されるキー・コンピテンシーという考え方は、国際的に共通のものとなる可能性があり、人間の能力についての国際的で学際的な方向づけがなされている点で非常に重要な意味を持つからである。

本書刊行までの経緯

2004年から2005年にかけて、OECDは成人能力の国際評価プログラム（PIAAC）の検討を開始した。私は、生涯学習の専門家としてその専門家会議に参加する機会を得た。筆者が参加した専門家会議の中でコンピテンシーという言葉は頻繁に用いられ、コンピテンスという概念については国際的に共通理解がなされていることがわかったが、日本ではこの概念もその定義もほとんど知られていない。実は、すでにこのPIAAC会議以前に開催された「コンピテンシーの定義と選択：その理論的・概念的基礎」プロジェクトに

本書の内容と構成

おいて、現代および将来の課題解決に必要な広い範囲にわたる能力、コンピテンシーについての重要な理論的・概念的研究が行われており、専門家会議ではそのことが前提となっていたのである。そこで、今後の調査研究のためにもこの概念を調べ理解しようと、DeSeCoプロジェクトの研究成果をまとめることにした。おそらく今後、日本の学校教育や成人教育を考える上でも鍵となる力「キー・コンピテンシー」は非常に重要な概念となろう。

　DeSeCoプロジェクトの研究成果としては、これまでに、1) Rychen, D. S., & Salganik, L. H. (eds.), "Defining and Selecting Key Competencies"（『キー・コンピテンシーの定義と選択』）Hogrefe & Huber Pub, 2001.と、2) Rychen, D. S., & Salganik, L. H. (eds.), "Key Competencies for a Successful Life and a Well-Functioning Society"（本書）Hogrefe & Huber Pub, 2003の2冊が刊行されている。前書は概念の定義をめぐる理論的研究書であり、後者は最終報告書でもあるが、キー・コンピテンシーの概念は後者の方が整理されてよりわかりやすい。本書は、後者を翻訳したものであり、各国では概念の共通理解を図るための基本的な資料とされている。さらにその後、DeSeCoプロジェクトについてのExecutive Summaryがパンフレットとして刊行された。本書は、このサマリーを合わせて翻訳し刊行するものである。

　本書翻訳の直接の契機は、文部科学省からの委託研究「成人技能に関する調査研究」（2004年）にあるが、成人のリテラシー研究としての関わりからいえば、国際成人リテラシー調査の実験研究（1994年）から数えて10年を超える長期にわたる研究成果となった。PIAAC専門家会議では、OECDのスタッフ、PISAを運営するOECD教育局指標分析課長のアンドレア・シュライヒャー氏や教育研究革新センター（CERI）のトム・シューラー氏、成人教育担当のパトリック・ヴェルキン氏や宮本晃司氏らから国際調査の理論や経緯を学び、またDeSeCoプロジェクトについてはその中心人物スイス統計局のドミニク・S・ライチェン氏、リテラシー概念や国際調査の成果については、カナダ連邦統計局のT・スコット・マレー氏、読解力とリテラシーについては、アメリカ合衆国の教育テストサービス（ETS）のアーウィン・カーシュ氏と山本健太朗氏らから翻訳に必要な多くの情報を得た。国立教育政策研究所から

は遠藤昭雄元所長、矢野重典所長、生涯学習政策研究部長山田兼尚氏に成人技能調査の研究へのご協力をいただき、国際研究・協力部長の渡辺良氏（PISA運営理事会議長）にはPISAの調査研究と国際的な教育指標の動向について多くの示唆をいただいた。また、文部科学省の国際課、生涯学習政策局政策課、調査企画課の皆さん、日本国大使館のスタッフ、労働政策研究・研修機構および厚生労働省のスタッフの協力がなければこうした研究機会も得られなかった。

本書の翻訳と刊行にあたって、明石書店から深い理解と協力を得られた。大変な出版事情の中、意義ある出版を続ける同社の姿勢とスタッフの努力に敬意を捧げる。また、翻訳への協力者を含め、最終校正をして下さった山本邦子さん、若杉尚子さんにお礼を申し上げたい。仕事の仲間や家族を含めて、多くの人々の協力や支援の存在に配慮し、大きな感謝を捧げることが私たちのコンピテンシー形成の第一歩となるのだろう。

国立教育政策研究所総括研究官
立田　慶裕

【参考文献】

太田隆次『アメリカを救った人事革命コンピテンシー』経営書院、1999年。

L・スペンサー他『コンピテンシー・マネジメントの展開——導入・構築・活用』生産性出版、2001年。

立田慶裕「ナレッジ・マネージメント——OECDの教育開発戦略を中心に」、赤尾勝己編『生涯学習社会の諸相』現代のエスプリ、至文堂、2006年。

謝辞

　過去5年間にわたり、DeSeCoプロジェクトに計り知れない貢献をした方々に、心からの感謝の意を献げたい。スイス連邦統計局（SFSO）の社会教育統計部長であり、DeSeCoの運営グループ委員長のハインツ・ジロメンには大変なお世話をいただいた。彼の指導と知的な意見はなくてはならないものであった。SFSOそのものにも感謝の意を献げ、その局長アデルヘイド・バージ・シュメルツとその前局長カルロ・マラゲラは、このプロジェクトのために国を導く役割を担ってくださった。また、OECD教育局長バリー・マックゴー、OECD教育局指標分析課長アンドレア・シュライヒャー、アメリカ合衆国国際統計センター（NCES）国際活動プログラム部長ユージン・オーエン、NCESの連携コミッショナー、ヴァレナ・ホワイト・プリスコ、そしてカナダ統計局の社会制度統計局長T・スコット・マレーに、そのDeSeCo運営メンバーとしての支援と参加に対しお礼を申し上げる。

　その開始以来、このプロジェクトは、著名な学者、専門家や政策担当者の国際的なグループの積極的参加や関心から支援を得てきた。このプロジェクトを通じた多様な活動に貢献してきた多くの個人、人々に感謝を献げたい。ジョルマ・アフラ、トーマス・アレキサンダー、マリリン・ビンクレー、ノルベルト・ボッターニ、サチャ・ブリンク、マルチン・ブルンシュウィッグ・グラフ、カルロ・カリエリ、モニーク・カント＝スペルベル、ジョン・カーソン、ジャック・ドロール、アレクサンドラ・ドラクスラー、ルース・ドレフィス、リタ・ダノン、ジャン＝ピエール・デュピュイ、ジャン＝クロード・エミン、ジャン＝パトリック・ファルージャ、ヘルムット・フェンド、バーバラ・フラツァック＝ルドニカ、デビッド・フレッツエル、イド・ガル、アンドリュー・ゴンチ、ジャック・グッディ、マリット・グランハイム、トム・グリフィン、フランソワ・グリン、ボブ・ハリス、ヘレン・ヘイスト、トー

マス・ヒーリー、ハンス・ヘイク、ウィリアム・フートクープ、ワル・ハットマイヤー、ダニエル・キーティング、ロバート・キーガン、フランセス・ケリー、エックハルト・クリーム、エリック・ナイン、レイナー・レーマン、フランク・レビィ、デニーズ・リーブスレイ、キャサリナ・マーグ・メルキ、ジョン・マーチン、ジョン・モーリー、ウルス・モーゼル、ジェイ・モスコウィッツ、リチャード・マーネイン、ティム・オーツ、アティリオ・オリバ、アダマ・ワン、フィリップ・ペレナウド、ジュール・ペシャール、ジョージ・サチャロポロス、レオ・レイボラ、セシリア・リッジウェイ、トレバー・リオダン、ローレル・リッチー、ジオンニ・ローザ、クロード・サーバジェオ、ゲリー・シェル、ジェニー・スッカン、サンドラ・スタイン、エリック・スベニック、ジュデス・トーニー＝プルタ、ウリ・ピーター・トリアー、アルバート・タイマン、レオナルド・バネラ、ピーター・ボジェリウス、フランツ・ワインナルト、ダグラス・ウィリアム、そしてラルフ・ウィット。

さらに次の人々には特別の感謝を捧げる。ジャン＝ピエール・デュピュイ、ヘルムット・フェンド、ジャック・グッディ、ロバート・キーガン、ロルフ・リッシェ、ハインツ＝ハーバート・ノル、ティム・オーツ、フィリップ・ペレナウド、セシリア・リッジウェイ、ポール・ロートリスバーガー、そしてウリ・ピーター・トリアーであるが、この人々からは本書の各章に対する貴重なコメントをいただいた。

本書の準備にも働いてくれた人々がいる。執筆と編集で大変な支援を行ったデビッド・ノハラとジョン・コンスタントに特に感謝したい。さらに、執筆と編集には、キャロライン・セント・ジョン＝ブルックスにも感謝する。最後に、グラフィック・デザインを担当したパブリ・デューティのアンドレアス・ド・ブリューイン、レイアウトのサンジェイ・セス、そして、最終校正を助けてくださったアメリカ合衆国研究学会、教育統計サービス研究所のロビン・ガーリィ、マーティン・ハーン、メアリィ・マクローリンとマリオン・スコッチマーらに感謝の意を捧げる。

はじめに

　世界は急速に新たな場へと変化し、グローバリゼーションや近代化がもたらす個人や社会への挑戦は、誰もが知り、誰の目にも明らかになりつつある。多様性を増しながらも相互につながりをもった世界の人々、職場や日常生活で毎日生じる急速な技術的変化、そして膨大な情報量を簡単に処理できる力は、こうした新しい需要のわずかな部分を示すにすぎない。その他の需要が、OECD諸国のめざす世界観に関係している。それらは、自然環境の維持可能性と経済成長のバランスであり、社会的なつながりを伴う個人の成功、そして社会的不平等の削減である。学校制度や職場の学習機会、生涯にわたるいろいろな学習の場を通じて、世界の人々の知識、技能、そして能力（コンピテンシー）は、こうした需要を満たす鍵となる。つまり、需要を満たすために必要な口火となる問いは、現代世界や明日の世界で最も重要なコンピテンシーが何か、そしてどのようにそのコンピテンシーを開発し育むことができるかである。OECD諸国は、こうした課題解決への取り組みと、青少年や成人の知識と技能に関する信頼できる指標の開発を最優先課題としている。しかし、今日までこの分野におけるOECDの仕事は、個人の読解力、数学および科学リテラシーの測定に焦点をあててきた。これに対し、「コンピテンシーの定義と選択：その理論的・概念的基礎」プロジェクト（DeSeCo）は、現代および将来の課題解決に必要な広い範囲のコンピテンシーにとって重要な理論的・概念的基礎の提供に着手した。多くのOECD諸国が参加したこのプロジェクトは、アメリカ合衆国の教育局と国立教育統計センターとの協働により、カナダ統計局の支援を受けてスイス連邦統計局が主導した。

　国際的で学際的、また先進的なアプローチを採用したDeSeCoプロジェクトの目的は、政策担当者に必要な情報を提供できるコンピテンシーの評価と指標の枠組みを開発することであった。

DeSeCo の最初の報告書『キー・コンピテンシーの定義と選択』は、2001年に公刊され、DeSeCo の第一段階期間を通じての学問的貢献を行った。この書では、DeSeCo の枠組みが構築された基礎的な研究を読むことができ、プロジェクトの学際的性格を十分に評価できる。本書では、DeSeCo の最終報告を行う。個人の有能さとは何を意味するのか、キー・コンピテンシーへの投資が個人や社会にとってどのような効果を生むのかについての私たちの理解を向上させるために、本書は必要不可欠な説明を与えてくれる。DeSeCo の全体的な枠組みが重要な理由は、それが広い範囲にわたり基礎づけられた概念的基礎を提供してくれるからである。その基礎を知ることによって、この問題の複雑性を理解し、なぜキー・コンピテンシーが重要なのかについてのいっそう総合的な視点を得て、個人のどのような有能性を重視してどのような世界を私たちが作ろうとするのかを考えることができる。

　青少年や成人のキー・コンピテンシーの評価と指標に関する OECD の長期的で一貫した戦略の計画と実行のためにも、DeSeCo の枠組みは、ガイドとしての役割を果たしてくれるだろう。DeSeCo の枠組みは、生涯学習のすべての段階での教育訓練プログラムの開発にとってもいっそう広く活用できる可能性を持っている。

　DeSeCo の仕事には多くの人々が重要な貢献をしてきたが、なかでもドミニク・S・ライチェンとローラ・H・サルガニクの2人は特別の貢献をした。この仕事が本書のような生産的成果を得ることができたのも2人の積極的な関わり、知的なリーダーシップ、そしてその情熱によるものである。また、ハインツ・ジロメンとユージン・オーエンはこのプロジェクトに重要な知的支援をもたらすとともに、スイス連邦統計局と国立教育統計センターを通じて重要な財政的支援を与えてくれた。このプロジェクトで4人とともに働く機会を楽しんだすべてのスタッフと、本書の読者に代わってこの4人に感謝を捧げたい。

OECD 教育局長
バリー・マックゴー

目次
◎
キー・コンピテンシー

日本語版によせて ………………………………………………………… 3
本書の内容と構成——監訳者序文 …………………………………… 7
謝辞 ……………………………………………………………………… 15
はじめに ………………………………………………………………… 17

序　章 ………………………………………………………………… 23
　　　　計画の策定　24　　基本的考察と研究課題　26　　作
　　　　業プログラム　28　　議論と意見交換：学際的な洞
　　　　察に向けての多様な視点から　29　　本書の概要　31

第1章　政策と実践にみるコンピテンスの優先順序 …………… 35
　　　　ローラ・H・サルガニクとマリア・スティーブン
　　　　はじめに　36　　乗り越えることができない差異か、
　　　　それとも共通の見通しか？　37　　教育、経済およ
　　　　び他の分野におけるキー・コンピテンシー　39
　　　　キー・コンピテンシーのリスト　56

第2章　コンピテンスのホリスティックモデル ………………… 63
　　　　ドミニク・S・ライチェンとローラ・H・サルガニク
　　　　はじめに　64　　コンピテンスの概念　65　　入念
　　　　さと明確さ　69　　政策の意義づけ：全人のための
　　　　コンピテンシーに向かって　78

第3章　キー・コンピテンシー——人生の重要な課題に対応する ……… 85
　　　　ドミニク・S・ライチェン
　　　　はじめに 86　　キー・コンピテンシーの定義 88
　　　　前提としての世界の共通ビジョン 90　　理論的・
　　　　概念的基礎 94　　キー・コンピテンシーの３つの
　　　　カテゴリー 105　　異なった文脈におけるキー・コ
　　　　ンピテンシー 121

第4章　期待される成果——人生の成功と正常に機能する社会 ……… 127
　　　　ハインツ・ジロメン
　　　　はじめに 128　　何のためのコンピテンシーなの
　　　　か 129　　人生の成功とは何か？ 131　　正常に機
　　　　能する社会とはどういう社会か 143　　クオリ
　　　　ティ・オブ・ライフと正常に機能する社会を両立さ
　　　　せるには 148

第5章　国際コンピテンス評価をふり返って ……………………… 151
　　　　T・スコット・マレー
　　　　はじめに 152　　コンピテンシーの比較調査から得
　　　　られる政策上の成果 152　　将来の評価はDeSeCo
　　　　によって成り立つ 159　　現在の評価プログラムか
　　　　らの教訓 165　　将来の課題のために 171

第6章　国際学力評価のための長期戦略の開発 …………………… 175
　　　　アンドレア・シュライヒャー
　　　　我々は今日、どこに立っているのだろうか？——回
　　　　顧 176　　我々が向かうべきところはどこか？
　　　　——将来への展望 178　　いかにそこに到達する
　　　　か？——挑戦と課題 183

終 章 ……………………………………………………………… 193
　　　ハインツ・ジロメン

キー・コンピテンシーの定義と選択［概要］………………………… 199

　　　PISAとキー・コンピテンシーの定義 200　　概観 201
　　　キー・コンピテンシーの基礎 204　　フレームワーク：
　　　枠組み 207　コンピテンシーの３つのカテゴリー・
　　　カテゴリー１　相互作用的に道具を用いる 210　　カ
　　　テゴリー２　異質な集団で交流する 213　　カ
　　　テゴリー３　自律的に活動する 216　　調査研究の実
　　　施と生涯学習支援への活用 219　　研究の経緯
　　　——専門家と各国の協働による総合作業 222

あとがき ……………………………………………………………… 225
参考文献 ……………………………………………………………… 229
執筆者紹介 …………………………………………………………… 245

序章

計画の策定

　近年、多様化と自由化が進む一方で、国際化とそれに伴う標準化が進んでいる。各国内外でのこの傾向は明らかな挑戦的課題を我々に提示している。この傾向に関わる個人や各国政府は、継続的な経済成長を求めながらもその成長が自然環境や社会環境に及ぼす影響について懸念している（OECD, 2001d）。同じ背景の中で、新しい技術の急速な導入は、生産性の増大をもたらすのだが、社会的不平等の増大にも力を貸すかもしれないという多くの不安がある。こうした背景の中、教育は、この課題に対応するための理論的・実践的取り組みにとって不可欠のものであると広く考えられており、それは、教育を個人的な目標達成や社会的達成にとっての資源であり資産とみる昔から言われてきた主張によっても裏付けられている。教育への高い関心に伴い、今後のカリキュラムは、世界中の政治的論議や教育改革への努力にとって重要なトピックとなってきている。各国政府や一般公衆は、教育と訓練の適切さとその質、そして公的な教育費支出の経済的社会的効果に大きな関心を持ち始めている。

　そこでOECD（経済協力開発機構）を初めとする多国籍機関は、教育分野の国際比較指標の開発に相当の努力を傾けてきた（Salganik, Rychen, Moser & Konstant, 1999、Salganik, 2001）。一般にこうした指標は、読解技能や数学的技能といった伝統的な学力や技能の発達の概念を測定している。その焦点は、部分的にはそうした学力や技能が役に立つという考え方に基づいた結果であるが、これらの教科が近代の経済や社会における成功に重要な要素であるという広く固定し正当化された考え方によっている。同時に、これらのカリキュラムを基礎として、主題に関連づけられたコンピテンンシーや基礎的な技能は、時に人間的発達や社会的発達、そして政治的経済的な活動にとって十分な程度の教育的な結果をもたらしてはいないということも認められてきた。

　読み、書き、計算することとは別に、どのような他の能力が個人を人生の

成功や責任ある人生へと導き、社会を現在と未来の挑戦に対応できるように関連づけられるのか？　各個人の基礎となる重要な能力の何組かのセットを定義し選択するための、規範的、理論的、概念的な基礎は何か（Rychen, 2001）？　こうした疑問への関心が、OECD主導の下、1997年末から行われた国際的・学際的努力へと結びついた。このプロジェクトは、DeSeCo（コンピテンシーの定義と選択：その理論的・概念的基礎、Definition & Selection of Competencies; Theoretical & Conceptual Foundations）と題され、スイス連邦主導によって実行されてきた。

　DeSeCoの目標は、広く全体的な次の概念枠組みの構築にある。それらは、生涯学習の視点に立った個人の基礎となるコンピテンシーの発達、国際的な環境におけるコンピテンシーの評価、そして国際的に比較可能な指標の開発と分析に関わる。DeSeCoで考慮されたのは、広く、ホリスティックな観点から、重要で、必要で、望ましいコンピテンシーというトピックである。こうしてキー・コンピテンシーの考察は、学校や生徒の成績、労働者の技能や労働市場の需要、あるいは大規模なシステムで簡単に測定できるようなものといった特定の背景には限られていない。むしろ、DeSeCoが焦点をあてるコンピテンシーは、人生の成功や社会の良好な働きに貢献するものなのである。

　コンピテンスの理論的・概念的アプローチに基づき、政治的実用的な配慮を加えて、DeSeCoプロジェクトは、キー・コンピテンシーの概念枠組みの開発に成功した。本書では、需要に応じたコンピテンシーが3つのグループのカテゴリーに概念化された枠組みを概観する。OECD内の、あるいはOECDを超えて、青少年や成人のコンピテンシーを評価する国際的な取り組みの堅実な概念的基盤をDeSeCoは提供する。その結果はまた、学習や教授の成果についての実証的結果を考察するための参照基準を提供する。さらに、コンピテンス発達の優先的領域やすべての人のキー・コンピテンシーを高めることを目的とした政策に関する議論に本書は重要な貢献をなす。この序章に続くのは、DeSeCoプロジェクトの基礎をなす基本的な考察のアウトラインであり、結果にいたるまでのプロセスの描写である。

基本的考察と研究課題

　政策的な文脈でOECDが始めたDeSeCoは、政策研究志向のプロジェクトとして組織されている。以下の問いは、キー・コンピテンシーに関する概念化の取り組みとその反省から導かれてきた課題を例示している。

- 経済的、政治的、社会的領域や家庭の領域、あるいは公的、私的な個人の人間関係、あるいは個々の人間的成長などを含め、生活の異なる領域への効果的な参加と人生の成功にとって第一に重要だと考えられる一連のコンピテンシーというものが認められるだろうか？
- もし認められるなら、そのコンピテンシーの性質は何か？　またキー・コンピテンシーを区別する条件は何か？　キー・コンピテンシーをどう記述し、理論的に正当化するか？　キー・コンピテンシーの要素は何か？　限られた数のキー・コンピテンシーの仮定を根拠づけられるか？
- キー・コンピテンシーは独立して機能するか、あるいはキー・コンピテンシーはコンピテンシーの相互依存的な数組もしくは一群のコンピテンシーとみなされるべきか？
- 社会的、経済的、文化的な条件に関連して、どの程度までキー・コンピテンシーは変わらないものなのか？　どの程度までキー・コンピテンシーは、国ごとにあるいは地域ごとに一般的に妥当なものなのか？
- 年齢、ジェンダー、階層、専門的な活動などとは独立したものとしてどの程度までキー・コンピテンシーを特定できるか？　生活のいろいろな局面でコンピテンシーが特に重要となるか、もしそうなら、どれがそうか？　若い時、職場に入る時、家族を作る時、自分の専門的あるいは政治的な経歴で昇進した時、あるいは引退する時に、同じキー・コンピテンシーを必要とするか？
- 指標の開発や解釈にとってこうした結果からの因果関係はどのようなものか？

本研究の開始当初から明らかなことは、キー・コンピテンシーの決定が単純な学術的な課題ではないという点である。DeSeCoのある貢献者が書いたように、「概念的方法論的枠組みを定義することはエキスパートにとってもそれほど単純なことではない。問いかけは倫理的側面と政治的側面の両面にわたる」のである（Perrenoud, 2001, p. 121）。結局、重要で正当なキー・コンピテンシーの特定は、政治や政策の領域で生じる議論や分析プロセスの成果である。そこでは、学者は担当者の一人にすぎない。その目的のために、DeSeCoのプロジェクトは、いろいろな分野の専門家や一定範囲の関係団体を代表する政策担当者からの招待参加による議論を拡げる形で試みられた。

特にキー・コンピテンシーのトピックに関連したものとして、いくつかの概念が強調された。第一に、DeSeCoは、社会にとっての基本的な機能や個人の直接的な生存という観点から単純にコンピテンシーを取り扱っていない。生産的な経済や民主的なプロセス、社会的団結や平和の概念を含むものとしてよく教育された市民の潜在的社会的利益を考えながら、人生の成功と良好に機能する社会という観点を通して、コンピテンシーを問うアプローチをとっている。個人的なレベルでは、コンピテンシーの潜在的利益は、労働市場や政治的プロセス、社会的なネットワークへの参加の成功を含むものだし、個人の人生にとって意義ある人間関係や一般的な満足を伴う。

第二に、認知的技能と知識は明らかに伝統的な学校プログラムを通じて伝達される重要な教育成果ではあるが、コンピテンシーに関する考察はそうした認知的要素だけに限定することはできない。労働市場での行動や知性と学習に関する最近の研究は、態度や動機づけ、価値といった非認知的要素の重要性を示している。これらの要素は、フォーマルな教育の領域では必ずしもあるいはまったく獲得されず開発されていない。

第三に、キーあるいはコア・コンピテンシー、生活技能、あるいは基本的技能といった用語は、複合的で、多様な、そして曖昧な定義を伴って広い意味で使用されている。したがって、コンピテンスとそれに関連した用語の概念の明確化が不可欠となる。

最後に、DeSeCoは、キー・コンピテンスの概念への多様なアプローチの可能性を認めている。この視点に立って、異なったそして必ずしも両立し得

ない議論や方法論が強調されるかもしれない。こうして、コンピテンシーは、多様な学問と実用的な観点から吟味される必要がある。

　こうした基本的考察を踏まえて、堅実な全体的枠組みの構築を通じてプロジェクトに要求されたことは、キー・コンピテンシーの分析や議論の基礎をなして導きを与える理論的構成やモデルに焦点をあてること、この事業に特有の規範的な考察を明らかに含むこと、そして最後に、とりわけ、異なる社会経済的文化的環境で生じる選択過程と定義を考えることであった。言い換えれば、プロジェクトの作業プログラムは、できる限り広い範囲でこうした基準を充足させるよう計画された。

作業プログラム

　DeSeCo の作業プログラムは、コンピテンシーのトピックに関して多様な視点を含み、国レベルあるいは国際レベルでいろいろな担当者の間での対話や交流を促進するよう計画された。この作業プログラムは 4 つの主要な活動で構成されている。

1）研究のレビュー

　第一の活動は、教育成果に関する指標に関して OECD 諸国で 1990 年代に行われたいくつかの研究の重要な分析であった（Salganik et al., 1999）。この分析では概念の原点や理論的規範的考察、問題となる研究の概念化や現実化に影響する定義のプロセスのメカニズムに焦点をあてた。

2）概念の解明

　共通理解の構築は、共通言語や重要な用語に多く依存する。これをしなければ、人が標語を操作するだけの活動に陥る危険性がある。第二の主要な活動は、コンピテンスや技能、資格、標準、リテラシーなどの概念に関する用語学的概念的混乱を整理し、コンピテンスという概念の予備的な説明を行うことであった（Weinert, 2001）。

3）キー・コンピテンシーの決定

　DeSeCo の作業プログラムの第三の活動は、専門家の意見を加えて理論的

な背景をもった一連のキー・コンピテンシーを決定することであった。人類学、経済学、心理学、そして社会学などの異なる学問分野からの学者たちが、それぞれの理論的な背景と学問的視点から一組の関連するキー・コンピテンシーを構築するよう求められた。[1] その人たちへの期待は、有益な最先端の研究基礎データを考慮しながら、その選択を理論的に正当化することであった。次に、意見を加えるプロセスが開始され、各学者の論文が、その著者同士の間や他の学者たち、そして多様な分野の指導的な立場にある人々の間に配布された。[2] まず第一段階として、異なる学問的視点での主要な意見のまとめや相違点が検討されて、次により実践的で政策志向的な観点から優先的な領域での洞察が加えられた。

4) 各国の報告

最後に、国別報告プロセス（country contribution process：CCP）がOECDで組織化され、キー・コンピテンシーの定義と選択に関する各国の経験と、コンピテンシーの開発と評価に関する課題のレビューと各国間の協議が行われた。12カ国がキー・コンピテンシーと教育指標のトピックについての報告を行った。[3] その結果、各国の教育要求とその優先的政策を決定し充足させるために各国がとったいろいろなアプローチが明確にされた。

議論と意見交換：学際的な洞察に向けての多様な視点から

上述の4つの各活動は、こうした活動から得られた知識や洞察を共に持ち寄ろうとするプロジェクトの意図をDeSeCoが達成し強化しなければならないであろう特別な課題を浮き彫りにした。この目的に対し、一連のシンポジウムが組織され、個々の活動や多様な視点を直面する課題の共通理解へと、そして最終的には統合化された枠組みの合意に向けて開催された。

DeSeCo シンポジウム　1999

第一回の国際シンポジウム[4]は、スイス連邦のヌーシャテルで1999年10月に開かれ、約60人の専門家や学者が招待されて集中的な議論と意見交換の

ためのフォーラムがもたれた。異なる学問分野を代表する論文の著者たちやその他の学者たち、DeSeCo の前述の 3 つの活動を反映する社会的経済的機関を指導する代表者たちが共に集まった。シンポジウムの成果は次の点である。

- 多様な学問分野や社会的領域を代表する学者や専門家の国際的なネットワークの創造。このネットワークは、キー・コンピテンシーを特定しようとする全体的な概念枠組みに向けて共に協力しあい協働することに関わる
- コンピテンシーとその調査に関わって生じる課題についての議論の機会と認識の増加
- どの選択がこの領域でのさらなる成果を実り豊かなものにするかを明確にしたこと

　第一回の DeSeCo シンポジウムに合わせて準備された専門家の論文は、『キー・コンピテンシーの定義と選択』としてまとめられ、2001 年 8 月に刊行された（Rychen & Salganik, 2001）。
　このシンポジウムに続いて、キー・コンピテンシーの概念化の取り組みが学問的な論文の著者たちを集めた 2 つの連続するワークショップとして組織化され、そこではキー・コンピテンシーを定義し選択する際の共通性や差異をできる限り探ることが試みられた。こうした考察を踏まえて、中間的なまとめ（Rychen & Salganik, 2000）が用意され、多くの理論的概念的課題に関する DeSeCo の論文が提示されるとともに、コンピテンシーを定義し選択しようとして提案されたアプローチに共通する特徴の概略がまとめられた。

全体的な枠組みの整理統合に向けて
　2001 年には、多くの追加の専門的論文が依頼されて、最初の刊行物で示されたキー・コンピテンシーを検討する補足と拡張が行われた。[5]　このプロジェクトと各国報告を通じて貢献した専門家の論文を基礎として、討議資料の形で修正されたまとめが、第二回の国際シンポジウムに先行する形で準備された（Rychen & Salganik, 2002）。この討議資料では、DeSeCo の作業プロ

グラムの過程で開発された主要なテーマや命題の概観が行われた。この資料の焦点は、(適切に提示できなかった) 諸論文に含まれる大変豊かな内容や多様性ではなく、21世紀のキー・コンピテンシーについての合意に向けて動く手段として共通のより糸であった。

DeSeCo シンポジウム　2002

　第二回の国際 DeSeCo シンポジウムは、ジュネーヴで 2002 年の 2 月に開かれた。[6]　このシンポジウムは、広い範囲で各国やその政策担当者、関連グループにキー・コンピテンシーの合意に向けて作業する多くの機会を提供した。シンポジウムでのいろいろなセッションへの多様な情報や関連する議論は、キー・コンピテンシーの構成要素に関するいっそう一貫した見解に向けての重要なステップをこのプロジェクトに与えることができた。

DeSeCo の最終結論と提言

　OECD の要求に応えて、プロジェクトの結論と提言を含む計画案が 2002 年前期に用意された（OECD, 2002）。この計画案をさらに展開したのが本書、DeSeCo プロジェクトの最終レポートであり、プロジェクト開始後の DeSeCo への主な貢献をまとめている。この序章に記したように、DeSeCo の結論と提言は、多様な学問領域の学者、教育やビジネス界、労働分野、健康分野のほか関連する領域の専門家、大規模なテストのスペシャリスト、OECD 加盟国の代表者、ユネスコや国際銀行、ILO、国連開発機構といった国際組織の代表者による国際的な協働作業の究極の成果なのである。

本書の概要

　第 1 章では、ローラ・H・サルガニクとマリア・スティーブンは、以降の章の背景として、各国間協議のプロセスからの各国報告を含めながら、DeSeCo への各論文を政策的な領域からの分析を提供している。
　第 2、3、4 章で論じられるのは、キー・コンピテンシーについての DeSeCo

の全体的な概念枠組みに関する主要な理論的概念的要素である。第2章は、ドミニク・S・ライチェンとローラ・H・サルガニクが執筆し、コンピテンスのホリスティックなモデルを提示する。このモデルは、需要や認知的・非認知的条件や社会的な文脈を、コンピテンシーの複合的な行為システムへと統合し関連づけている。第3章は、ドミニク・S・ライチェンが執筆し、キー・コンピテンシーの定義と選択の分析的な基準を示し、キー・コンピテンシーの3つのグループ・カテゴリー、①社会的に異質な集団での相互作用、②自律的な活動、③道具の相互的な活用へと論を展開している。第4章でハインツ・ジロメンが方向づけるのは、人生の成功および良好に機能する社会の質とキー・コンピテンシーの間の概念的つながりというトピックである。その初歩的段階として、これらの期待される成果についての多くの重要な要素が概観される。

　第5章および第6章では、キー・コンピテンシーの評価や指標の領域についての議論へと進む。T・スコット・マレーが執筆した第5章は、キー・コンピテンシーの評価研究についていっそう広い政策的な関連性と、将来における評価や指標開発にとってのDeSeCoの枠組みの意義についての議論を展開している。第6章では、アンドレア・シュライヒャーがOECDの観点から執筆し、DeSeCoが提供した理論的概念的土台に基づく統合的で長期的な評価の調査計画の開発に伴う挑戦的課題を論じる。

　最後に、ハインツ・ジロメンが終章を、ユージン・H・オーエンがあとがきを添えて本書は終わる。

【注】

1　学者は、哲学的視点から、モニーク・カント＝スペルベル（国立科学研究センター、フランス）、ジャン＝ピエール・デュピュイ（エコル・ポリテクニーク、応用認知心理学研究センター、フランス）、人類学的視点の代表者として、ジャック・グッディ（セントジョーンズカレッジ、ケンブリッジ大学、イギリス）、心理学的視点からは、ヘレン・ヘイスト（バース大学、イギリス）、経済学的視点からは、フランク・レビィ（MIT、アメリカ合衆国）、リチャード・マーネイン（ハーバード大学、アメリカ合衆国）、社会学的視点からは、

フィリップ・ペレナウド（ジュネーブ大学、スイス）がそれぞれ代表となった。
2 コメンテーターには、カルロ・カリエリ（Confindustria、イタリア）、ジャック・ドロールとアレキサンドラ・ドラクスラー（Task Force on Education for the Twenty-first Century、ユネスコ）、ジャン＝パトリック・ファルージア（Le Mouvement des Entreprises de France、MEDEF、フランス）、ボブ・ハリス（Education International）、ロバート・キーガン（ハーバード大学、アメリカ合衆国）、ジョージ・サチャロポロス（アテネ大学、ギリシア、世界銀行代理）、セシリア・リッジウェイ（スタンフォード大学、アメリカ合衆国）、ローレル・リッチー（Canadian Auto Workers、カナダ）、M・ボエディオノ（インドネシア教育文化省）、レオナルド・バネラ（Centro de Estudiós e Investigacion del Desarrollo Infanto-Juvenil、アルゼンチン）
3 オーストリア、ベルギー（フランダース地方）、デンマーク、フィンランド、フランス、ドイツ、オランダ、ニュージーランド、ノルウェー、スウェーデン、スイス、アメリカ合衆国。
4 このシンポジウムについての詳細は、
http://www.statistik.admin.ch/stat_ch/ber15/deseco/deseco_symp99.htm
5 この著者は、バーバラ・フラツァック＝ルドニカ（ワルシャワ大学、ポーランド）、ジュデス・トーニー＝プルタ（メリーランド大学、アメリカ合衆国）、ダニエル・キーティング（トロント大学、カナダ）、ティム・オーツ（資格・カリキュラム局、ロンドン、イギリス）。これらの論文は、Rychen, Salganik, McLaughlin（2003）に所収。
6 このシンポジウムについての詳細は、
http://www.statistik.admin.ch/stat_ch/ber15/deseco_int02.htm

第 1 章
政策と実践にみるコンピテンスの優先順序

ローラ・H・サルガニクとマリア・スティーブン
(Laura Hersh Salganik & Maria Stephens)

はじめに

　本章の目的は、OECD 諸国においてキー・コンピテンシーが考えられ、検証されてきたさまざまな方法を説明することにある。本章は、キー・コンピテンシーを定義し選択する際に取られてきたアプローチを分析し、それによって、各国間および各国内の定義の違いを明確にする。またキー・コンピテンシーに関連した多様な活動、たとえば政策の領域でも実践でも、いろいろな社会的局面あるいは背景を探ることによって、本章は DeSeCo (Definition & Selection of Competencies: Theoretical & Conceptual Foundations「コンピテンシーの定義と選択：その理論的・概念的基礎」) プロジェクトにおけるキー・コンピテンシーの概念化の背景をも設定することになろう。

　本章は、DeSeCo で行われた「国別報告プロセス」(country contribution process：CCP) の報告と、いろいろな面で貢献した経済的ならびに社会的領域の政策立案者と専門家によるコメントを紹介する。OECD 加盟国の参加により招聘された CCP は、キー・コンピテンシー[1]の定義と選択の過程に対し、また同時に企てられた理論的研究の補足に対し、コンピテンシーに対する各国の見解の導入と紹介を目的とするものであった。12 の国々[2]が CCP の活動に参加し、レポートを提出した。そのレポートは、ウリ・ピーター・トリアー (Uri Peter Trier, 2003) によって彼の概要レポートとしてまとめられた。[3]

　OECD 諸国、あるいはそれ以外の国にとっても関連するキー・コンピテンシーの存在を認めうる可能性について論じた後、私たちはまず最初に、OECD 諸国がキー・コンピテンシーの存在を認め、選択するのに用いたさまざまなアプローチを検討する。すなわち、まずその「活動」面に注目しコンピテンシーについての議論や適用から、コンピテンシーとは何かを表明していくものである。その後私たちは、その結果もたらされる「内容」、すなわち各国が認めたコンピテンシーのうちの類似性と差異性について論じる。多くの場合に採用した方法は国によっても異なるし、セクター（たとえば教育、経済力）によっても異なる。しかしながらトリアー (Trier, 2003) が指摘するように、多

様なアプローチを越えた内容に関してはかなり多くの重要な類似点が認められる。[4]

乗り越えることができない差異か、それとも共通の見通しか？

　まず論議を始める前に、キーであると考えられる一連のコンピテンシーを特定できるのか、さらにOECDの加盟国にわたって、あるいはそれぞれの国内でも同様の意味を持っているのかどうかという重要な問いを提起したい。多くのDeSeCoの助言者は、コンピテンシーとそれがもつ重要性が、文化、文脈や価値観の相違に関係していることに気づいてきた。この問題は、一連のキー・コンピテンシーの共通のセットを選択する際の挑戦的課題として、頻繁に提起されたものである。
　広く支持された価値としての自律性の解釈は、優れた事例を提供する。ニュージーランドのレポート（Kelly, 2001）が指摘するように、個人による自律的で思慮深い行動は西洋の模範を反映する好ましい特性であり、その模範的側面はしばしばマオリ族と太平洋に住む人々との文化的摩擦を引き起こす可能性があろう。これらの文化では、合意的意志決定、集団責任とグループのコンピテンシーが強調されるからである。もう1つの例としてティム・オーツ（Tim Oates, 2003）は、資本主義社会と中央アジアの共産的経済では「財産の尊重」がどのように考えられているのかという点と、逆にどのような影響が財に関わるコンピテンシーの価値観に及ぶのかという点では相違があると述べている。このように社会の中の個人の役割と、個人と集団のコンピテンシーの間のバランスは、重要な文化的差異になりうる。
　共通する価値もしくはコンピテンスの領域が、たとえばコミュニケーションあるいは市民性といった点で同一である場合でさえも、これを構成するコンピテンシーの詳細と、その詳細がどう評価されるかはコミュニティによって異なる。たとえば異なったグループが、異なった作法を伴う、異なった形のコミュニケーション法を使用する時に考えられる意志伝達の能力とはどのようなものであろうか。「善良なる市民」に求められるようなコンピテンシー

は、国によって異なるのではないか (Fratczak-Rudnicka & Torney-Purta, 2003)。このような懸念から、普遍的なコンピテンシーの国際比較という仕事よりも、個々の国々の訓練や労働体系の中での特定の文脈において、特定の集団（たとえば熟練していない人々）に焦点をあてるというフランス当局の提案に至ることになる (Emin, 2003)。

文化的差異が明白であるという点は、国を越えてのコンピテンシーの実証的比較を行うために意味をもつ。しかしながら、トリアー (Trier, 2003) の概要レポートで述べられているように、

> 普遍的なキー・コンピテンシーという考え方を支持するものは誰もが、これらのコンピテンシーを具体的な社会および文化的文脈に関係づけることができるとし、関係づけるべきではないかと言っている。そしてまた、コンピテンシーが、それを特定の文脈および社会政治的な条件に関係づけてはじめて、巧みに討議されると信じているものは、誰も普遍的な価値の存在を否定しないであろう (section 6.5)。

この説明は、フランツ・E・ワイナート (Franz E. Weinert, 2001) の考え方を補足するものであり、彼が強調するのは、キー・コンピテンシーの共通項を確定する活動が、相違点を認め、結合する規範的な枠組みの中に位置づけられる限り、実りの多いものになるということである。

ジャック・ドロールとアレクサンドラ・ドラクスラー (Jacques Delors & Alexandra Draxler, 2001) の指摘によれば、私たちがたえず状況と文化的相違の重要性を認めているなら、私たちには共有するものがあるということを心に留めておくことが重要であると指摘している。ドロールとドラクスラーが共通のビジョンをもって開発と研究ができるという証拠は次の事実による。私たちが日常的に主要な集団としての努力をしようとするのは——国連の設立とそのさまざまなミッションと実践を考えればわかるように——、私たちには共通の理想があるという信念をもつからである。彼らはまた、UNESCOが設置した21世紀教育国際委員会という特別な例を引いている（この委員会は、21世紀のための教育と学習について考えることを目的とした。1993-1996

第1章 政策と実践にみるコンピテンスの優先順序

年)。それはDeSeCoプロジェクトの目的に関連づけられ、重要なコンピテンシーの性質について諸国間で著しい一致を見出したのである（たとえば道徳的判断をすることやその適用、共通の未来の設計や、社会の中で生きることを含めた未来の構築のために私たち自身のスキルに優先順位をつけること）(UNESCO, 1996)。人々または政府はそのような共通の理想を普遍的に実践していくわけではないとわかっているが、彼らはこれらの理想が存在する可能性もあると反対する。彼らにとって、各国間で観察される相異の多くは要求の多様性ではなく、「適用の多様性」を反映している (Delors & Draxler, p. 215)。

教育、経済および他の分野におけるキー・コンピテンシー

キー・コンピテンスの概念は、多くのOECD諸国において、異なった社会的分野の政策協議に関連していた。しかしそれぞれの分野は、急速な技術の進歩、グローバリゼーションとそれに伴って増大する知識経済への動きがもたらすという点で類似した広い範囲にわたる要求に対応しようとしている。ただし、キー・コンピテンシーを確定するための特別なアプローチや特殊な要求には、おそらく理解しうる程度の差異もみられる。このような分野ごとの差異は、他の出典と同様に、大部分のCCPレポートに現れている。

たとえば教育において、キー・コンピテンシーは一般教育や職業教育の拡大、さらに社会革新のための教育改革との関連もよくみられる。

経済セクター内（たとえばビジネス、工業、労働）では、多種多様な展望が現れるので微妙な差異がみられるが、この領域のキー・コンピテンシーは、ビジネスや職業組織の新しい形態と関連している。市民社会の代表者からのレポートは、特に社会的均衡を達成することや、積極的で民主的な参画を育成することの重要性を強調している。

教育セクターにおけるキー・コンピテンシー

たしかにコンピテンシーの概念とその開発が、これまでも、また今でも力

が注がれ、論議されてきている社会のセクター（領域）の1つが、教育であるということは驚くことではない。ほとんどすべてのCCPレポートの中で、コンピテンシーは教育の展望のもとに広く論議されてきた。

教育セクターの中でコンピテンシーは、一般的にはカリキュラムの改革と拡張、あるいは教育目標の改善に関係するいくつかの方法で取り扱われている。CCPおよびその他の資料から、コンピテンシーは、(1) 高校以上の上級中等学校の修了の必要条件、(2) 学校のカリキュラム、および (3) すべてを包含するような教育目標にあらわれてきた。

──学校卒業の必要条件

少なくともドイツとスイスの2つの国において、各科目領域にまたがるコンピテンシーは、学制上の上級中等学校を卒業するための証明書を得る必要条件となってきた（ドイツでの「アビトゥール：Abitur」とスイスでの「マチュリタット：Maturität」）。たとえば、「アビトゥール」（ギムナジウムの卒業試験）を取得するには、ドイツ語、外国語および数学といった伝統的な科目の履修に加えて、生徒たちは知識の構造の理解、自分自身の学習の管理、自分自身の学習や思考、および判断と行動のふり返りを含んだ12項目の多岐にわたるコンピテンシーを必要とする（Witt & Lehmann, 2001）。スイスの「マチュリタット」（高等学校の卒業＝大学の入学資格）という「学際的な目標」も、生涯学習の力をもっているとか、独自の判断能力と知性的な表現力といった、12種の同じようなコンピテンシーを認めている（Trier, 2001b）。

トリアー（Trier, 2003）が指摘しているように、これらの国々が、こうした広い意味でのコンピテンスの必須要件を明白にして含めようとする契機は、1960年代にまで遡ることができる。その時代には、既存の教育システムの問題が明らかにされ、教育研究の結果からの知見が活用される。そして、さらに統合化されたカリキュラムが確立されて教育改革が促進された。広い意味でのコンピテンスの要件の確立が、統合されたカリキュラムの育成と達成、スクーリングの改良や生徒間のより大きな公平性を達成する手段と見なされてきた。しかしながら、トリアーがまた記すように、このようなコンピテンシーは、その重要性が増すことによって学校教育システムへの外部圧力が増

第1章　政策と実践にみるコンピテンスの優先順序

加することから、現在のシステムの実践の中に将来的には完全に統合されるだろうが、歴史的には書かれた目標と現実の実践との間にはなおもギャップが存在していた。

── 学校カリキュラム

　他のいくつかの国々では、コンピテンシーが新しく改訂されたり、開発されたカリキュラム内容に重要な位置づけを与えている例が見られる。オーストリアの例では著しい社会的かつ技術的な変化が教育システムの変化をもたらしてきた。「キーとなるスキル」という用語は、一般教育における知識や職業教育における専門化の偏重に対する批判と関連づけられた（Lassnigg, Mayer & Svecnik, 2001）。1999年に、オーストリアは、「人格重視」のコンピテンシーと、「現実の生活志向」を強化するコンピテンシーを多く取り入れたテーマ中心の知識に、現在の焦点を広げるため、10歳から14歳の生徒向けのカリキュラムを改革した（Lassnigg et al.）。5つの教育領域が教科の統合と新しいコンピテンシーを進めるために定められた。すなわち言語とコミュニケーション、人類と社会、自然と技術、創造性とデザインおよび健康と運動である。こうした方法は、先の例と似た点が見られる。つまり望ましい教育改革を強化し、推進させるための組織モデル達成の手段としてコンピテンシーが用いられている。

　ベルギー、フランダース地方のプロジェクトでも同じケースが見られる。そこでは中等学校の連合体（コンソーシアム）が、12歳から14歳の生徒向けの基礎的カリキュラムとしてキー・コンピテンシーの枠組みを開発していた。そのアプローチは、人間を「関係の交差点」と見なし（Dunon, 2001, p. 4）、社会の発展と個人の発展に批判的ならびに創造的な方法で参加するのに重要な、5つの広いコンピテンシーをまとめている。興味深いことは、このコンソーシアムもまた、キー・コンピテンシーをとりまく議論と活動を、学校文化や教授の実践において期待される改革を促進する機会とみなしていることである。

　最後の事例は、職業教育におけるカリキュラムに関わっている。ドイツでは、カリキュラムをテーマ別に組織するためのガイドとして、領域に関連し

たコンピテンス、個人のコンピテンス、社会的コンピテンスといった少数のコンピテンス領域を利用するアプローチをとっていた（Witt & Lehmann, 2001、Oates, 2003）。これはイギリスにおけるアプローチと対照的である。イギリスでは1990年代に、仕事の複雑さの増大に労働者が対処できるようなキーとなるスキルの確定に、かなりの努力が払われた。非常に早くから、この努力は生徒をスキル領域で評価しようとする要請によって特徴づけられていた（Oates）。このようにして確定されたスキル——それは6つの広い領域に分類され（コミュニケーション、数値の応用、情報技術、他者との共同作業、自分自身の学習と行動の改善、および問題解決）、さらに5つの行動水準に細分化される。オーツは、イギリスにおけるキーとなるスキルの使用における評価志向性は、教育学が焦点をあてようとする活動とは根本的に違うということを示唆している。

——すべて包含する教育目標

　コンピテンシーはまたいくつかの国、すなわち北欧諸国、ドイツ、ニュージーランドで全般的な教育目標として設定された。たとえば、ノルウェーやニュージーランドでは、全体の教育システム[5]に焦点を置いた包括的なカリキュラムの説明の中で、教育の目的についての幅広い考え方が述べられ、多くの多岐にわたるコンピテンシーを含んでいる。ノルウェーのカリキュラムは、教育の目的を「統合された人間」の発達、すなわち崇高で、創造的で、勤労家で、教養を備えて、社会的で、そして環境に対する意識の高い個人を育てることとしている（Knain, 2001）。ニュージーランドは、1998年の4つの広範な教育目標を概説する文書に続き、生徒に必要不可欠なスキルとして以下の8つを特定した。つまり、コミュニケーションスキル、数量的思考スキル、情報スキル、問題解決スキル、自己管理と競争的なスキル、社会的で協力的なスキル、身体的スキル、および仕事と学習のスキルである（Kelly, 2001）。

　スウェーデンとフィンランドの両国は、学校において発達させ、評価すべき、より一般的な性質のコンピテンス領域を設定している。スウェーデンの例では、その領域は、関係の理解、外部の世界に自分自身の道を見出す能力、

第 1 章 政策と実践にみるコンピテンスの優先順序

倫理的決定ができること、民主主義を理解して応用すること、および創造的になりコミュニケートできることをあげている（Skolverket, 2001）。フィンランドでは、学び方の学習、コミュニケーション・コンピテンシー、および生涯学習を含んでいる。さらに、これらの表題のもとに関係するいくつかの要素から構成されるコンピテンシーが加わっている(Etelälahti & Sahi, 2001)。デンマークでは、コンピテンシーは工業発展政策において重要な役割を果たしているのであるが、いろいろな段階の教育（たとえば初等教育、中等教育、職業教育、成人教育）にわたって「民主的社会への積極的な参加」や「人格の成長」を促進するための教育目的を強調する、さまざまな国単位の法令の中でコンピテンシーが教育に現れている（Otterstrom, 2001）。ドイツでは、「Forum Bildung」（教育フォーラム）が連邦政府の教育・研究担当大臣と地方に基礎を置く教育担当大臣の発議により、一般教育と職業教育の両方の目的として、個人の発達と社会参加の重要性を述べた教育目標を整理し、重要なガイドラインとして発表した。このガイドラインは、次の 6 つの基本的なコンピテンシーを提案している。すなわち知性のある知識、応用できる知識、学習のコンピテンス、方法に関連した／役に立つキー・コンピテンシー、社会的なコンピテンシー、および価値判断である（Witt & Lehmann, 2001）。

　本章で論じた各国の開発の推進力は、社会的革新を目標とする広義の国家的努力であり、その社会的革新に対して教育は必要不可欠な貢献をするものである（Trier, 2003）。学校卒業の要件とカリキュラムに関係する前述の事例のいくつかを見ると、よく出てくる質問は「どのようにして教育は改善することができるのか？」であったが、ここではその質問は「教育は何ができるのか？　そしてそれは何のためなのか？」ということであり、――それに伴う回答は、教育が広いヒューマニスティックな目標を達成するような、よりホリスティックなものであるべきだというものである。

　対照的にアメリカ合衆国では、『危機に立つ国家』（A Nation at Risk）（National Commission on Excellence in Education：教育における卓越性に関する国民委員会, 1983）の憂慮に見られるように、経済的な面で国の競争力を維持できるスキルを教育システムの修了者が持ち合わせていないことに関心があり、コンピテンシーの議論もその背景でなされている。このように、

国家レベルでのアメリカ合衆国のコンピテンシーに関する論議は、標準を設定したり、競争力を維持するという形をとっている（Trier, 2001c、2003）。

前述の分析では、1つのセクター内でさえ、コンピテンシーに対して各国で共通してとられるアプローチにも微妙な相異がその分類にはみられる。これらの事例の共通点の分析から、もっと一般的にはOECD諸国での目標とカリキュラムにおけるコンピテンシーの発展がみられることをトリアー（Trier, 2003）の観察結果から引用してきた。まず、これらのコンピテンシーが学習のプログラムにどのようにして暗黙のうちに織り込まれるか、しかし、コンピテンシーが時間が経つにつれて、どのようにして目標と枠組みにおいて、あるいは目標とする領域により明確に顕在化してきたかを彼は示してくれた。最後に、この10年間では、教育システムにとってどれが特に開発に重要なものであるかの指標を伴ったカリキュラム表に、いろいろなコンピテンシーが現れてきた。その各々の事例では、キー・コンピテンシーが学校での学習の組織化の際に優先的な枠組みとして用いられ、伝統的なテーマ利用に代わる枠組みを提供、もしくは供給する視点を示した。

経済セクターにおけるキー・コンピテンシー

コンピテンシーの概念、特にキー・コンピテンシーの概念は、経済セクターにおいて雇用者と被雇用者の両方から、多大な注目、議論ならびに努力の的となっている。経済セクターにおいては、教育の諸成果は生産性と競争力の観点から重要な要素として考えられている。「生産性と市場競争力を押し上げるために用いることができる第一の戦略的要素」（Callieri, 2001, p. 228）であり、生存戦略のキーとして、労働者の質、スキルとコンピテンシーの重要性は、ビジネスの視点からものをみる論者たちからあまり高く評価されてこなかった（Farrugia, 2001、Oliva, 2003）。

キー・コンピテンシーについての経済セクターの論議は、外部および内部の両方に注意が向けられた。外部的には、コンピテンシーを開発する役割をもつものとしての教育および訓練システムに対して、内部的には、競争力をもった被雇用者を引きつけ管理しようと望む雇用者たちと、キー・コンピテンシーを開発する機会をみつけて手に入れようと望む被雇用者たち（すなわ

第1章 政策と実践にみるコンピテンスの優先順序

ち組合）に対してである。経済セクターのコンピテンシーに関係する活動としては、以下のものがあった。(1) 新しい戦略としてのコンピテンス、もしくは技能の開発と管理、(2) 労働組合の利害と主導、(3) 職業プロフィールと職務の分析、さらに (4) キー・コンピテンシーに関する雇用者調査。

教育セクターの事例とは対照的に、本節で述べる活動は、キー・コンピテンシーの特定に焦点をあてていないし、多くの議論のテーマでもあまり取り上げられていない。アティリオ・オリバ（Attilio Oliva, 2003）によれば、「特に仕事と事業の世界において、『キー・コンピテンシー』だと見なされていることについては、次第に同意を得られつつある領域も存在する。……規制を伴う市場の様式がより広がれば広がるほど、そこで成功するために必要なキー・コンピテンシーは、より常識的で明白なものとなる」(section 2)。経済セクターにおいては、むしろ多くの事例はキー・コンピテンシーの獲得、評価、あるいは管理に関係してくる。

――雇用者の戦略としてのコンピテンスの開発と管理

経済セクターでのコンピテンシーに関する議論は、組織論的視点から、すなわちコンピテンシーの開発と管理の重要性に対する特定の関心の拡大から生じている。おおまかに言えば、組織管理と改善の包括的な目標の中に、人材配置や養成に関する組織的決定を取りまとめる構成要素としてコンピテンスとその能力開発を取り扱おうというわけである。

雇用者は、キャリア開発と人的資源管理のための指導的な枠組みの焦点にコンピテンスを置いている。フランスにおいては、もっぱら雇用者たちの姿勢に明らかに表れている。雇用者は被雇用者のキャリアをコンピテンス構築の過程という視点からみたり、人的資源を開発し管理するための資格（たとえば経験、教育の年月）の活用を補う――もしくは代替するためにコンピテンシーという考え方の利用法を求めている。さらに、コンピテンスの開発と管理は、被雇用者が職場の新しい状況や、変化のある状況に適応できることをより良く保証する1つのツールとしてみなしている（Farrugia, 2001、国民教育省：Ministère de l'Education Nationale, 2001）。たとえば、「フランス企業運動」（Mouvement des Entreprises de France：MEDEF）は、フランスでも

指導的で代表的な経営者団体だが、ビジネスで生き残るためのスキルやコンピテンスの開発の重要性によってもたらされる、雇用者と被雇用者の間の新しい社会的関係を探ることを目的としている (Farrugia)。MEDEF は、コンピテンス管理を生産性の創造的条件のキー戦略であるという。MEDEF の評価では、労働者は「周期的な雇用可能性」を維持するために、彼らのスキルを上達させる責任があり、一方雇用者は、労働者のコンピテンシーを最大限に引き出す方策をとって、コンピテンスの開発と組織化した生産のために資源を提供する責任がある。

フランダース地方のベルギーからのレポートによれば、またコンピテンスの管理は「増えつつある組織の構造と戦略の中でキーとなる構成要素」になりつつある (Dunon, 2001, p. 5)。フランダースの多くの企業では、コンピテンスの開発と管理は被雇用者の募集、訓練および選別に用いられ始めており、またそれぞれの企業の特定の目標に密接に結びついている。コンピテンス管理への関心は、主として人的資本開発への視点から生まれているが、このフランダースのレポートには、コンピテンス管理はまた個人学習や自律的な学習へと、被雇用者を促す役割を果たすという認識も示されている。

キャリア管理の視点から、コンピテンスの開発と管理に密接な関係がみられるのは、少なくとも理論的には、個人のコンピテンシーをいっそううまく包括的に理解できるようなシステムを確立しようとするいくつかの国の実践である。ここでも、フランスとフランダース地方のベルギーの事例をあげる。

フランスにみられる、最近の立法上ならびに制度上のいくつかの条項は、「すべての市民が学校教育以外で取得する職業スキルに対する認定を得られる」方法という重要な問題を方向づけるために、広範囲のコンピテンスの評価ができるよう試みてきた (Ministère de l'Education Nationale, 2001, p. 5)。その対策には2つの例がみられる。1つの先進例は、技能評価センター (Skill Assessment Centers：1980年代以降フランスに多様にみられる新しい施設) のものであり、このセンターは個人のスキルやコンピテンスの経歴を作り、特別な職務の研究や訓練をして個人を支援し、個人自身の専門的な発達を推進する支援者となりつつある。技能評価に関係した最も新しい法律は、被雇用者にこれらのサービスを利用するための有給休暇を認めている。第二

の先進例は、2つのキーとなる条項からなる職務経験の認証制（Validation of Job Experience）であり、この法律は一定の職務経験を、職業訓練プログラムに参加する際の別の資格として認めたり、あるいはある基準を満たせば、以前認められなかった学位も考慮しようというものである。

同じ文脈で、フランダース地方のベルギーの教育・雇用担当省は、最近、コンピテンスの認定に向けた統合モデルを開発するために、共同ワーキンググループを設置した（Dunon, 2001）。キャリアに関するモデルは、学校教育の分野だけでなく、インフォーマルな教育方法で獲得されたコンピテンシーも承認することになるだろう。

──労働組合の懸念と主導権

しかし労働者の視点からみれば、コンピテンスの開発と管理は、基本的には労働者にとって損になるという心配があり、労働者をさらに管理し、労働者が団体交渉を通して手に入れた権利や保護を侵すツールだという心配がある。ローレル・リッチー（Laurell Ritchie, 2001）は、雇用者がコンピテンシーを雇用者の利益から奨励すると断定する。すなわち「柔軟性」というコンピテンシーは、典型的には市場の規制緩和、および法律と契約条件の排除に関係する。……雇用者は、労働者を競争させて結果として仕事の喪失をもたらすような状況に労働者を置き、さらに企業文化に疑問を抱かない従順さを育てるために、「チームワーク」を育てるプログラムを活用できる（p. 236）。そのうえリッチーは、雇用者が労働者の訓練費用を転嫁する方法としてコンピテンスの開発と管理を使用すると論じる。個人は自分の再訓練へ投資すべきであるとする人的資本論の解釈を否定して、彼女は「これは企業の訓練費用の軽減を擁護する側にとって、明らかに利己的な解釈である」（p. 240）と述べている。リッチーの主たる批判は、労働者のコンピテンシーに焦点を合わせることは、労働者たちの視点からはるかに離れて、失業と不完全就業の責任というバランスにとって替わるというものである。彼女は「もしこの方向に行けばどうなるのか」（p. 237）と疑問を投げかける。たとえば柔軟性が求めているのは、教育プログラムに協力的な労働者の参加に雇用者が柔軟であることだろう。「信用」というコンピテンシーに求めるのは、キャンペーンを張る

組合の中で「中立性」を守る行為を雇用者がみていることであろう。チームワークが意味するのは、新しい技術と仕事の方法の導入において平等に参加する労働力の提供なのである。

　もう1つの主要な懸念は、広いコンピテンシーに雇用者が焦点を合わせると、労働市場において自らの市場価値が向上すると労働者が信じている新しい技能や資格の開発機会をほとんどもたらさないのでは、というものである。広い領域にわたるコンピテンスと、職務の特殊なコンピテンスとの間にはこうした緊張関係があり、労働者側は、広いコンピテンシーの重要性についてのレトリックと職務上の特殊技能の現実的な重要さとの間の緊張関係とみている。この関係については、各国のレポート（Trier, 2003）とその他のレポート（Ritchie, 2001）の両方で、コンピテンシーに関する論議の中でも考慮すべき重要な課題として、しばしば言及された。より正確には、この緊張関係は、労働者側と企業側の両方の関係者の関心を反映しており、一般的なコンピテンシーへの焦点化があまりにも大きく揺れ動くと、究極的には個人の資質を過大評価したり、特定分野の専門的な職業訓練の全体的な過小評価につながることもありうる。これは、一般的なコンピテンシー、その背景、あるいは職務に特有のコンピテンシー、ならびにより伝統的な資格の間の均衡が微妙なものであるということを意味する。

　コンピテンスの開発のために政府や雇用者の支援を促進するという、より広い目標の中で、最初の段階から労働組合自身がコンピテンシーの確定に携わってきた。このことはオーストリアの報告からの以下の引用でうまく説明されている。

　　　被雇用者組織は、自分たちの継続教育や教材開発といった多様な活動を通じて、キー・コンピテンシーの開発に貢献してきた。労働組合員は、常にキーとなるスキルの伝達を求める最初の人々であった（Lassnigg, 1998。Lassnigg et al., 2001, p. 22 に引用）。

　組合活動について詳しく報告している国がスウェーデンである。スウェーデンでは、主要な労働協議会が（代表的なものとしてスウェーデン貿易組合

協議会：Swedish Trade Union Conference、職業的被雇用のスウェーデン同盟：Swedish Confederation of Professional Employees、および職業連合のスウェーデン同盟：Swedish Confederation of Professional Associations がある）、生涯学習とコンピテンスの開発に関連する議論のために共通の枠組みを開発する試みとして、共同の覚書を 2001 年に作成した。その立場は、「学習する職場」の発展を支援するものであり、その職場を彼らは個人的成長および組織の発展の両方を含むものと理解している。前者は、一方では個人が自分自身のコンピテンスの開発に責任をもつが、他方では資質開発の機会が提供されるべきだとしている。後者の考え方は、組織がどのようなコンピテンシーを必要とするか確定したり、被雇用者の成長にふさわしい投資をするという一定水準での責任をもつ。この覚書の本旨は、コンピテンスの開発が個人レベルだけでなく、支援的な労働環境によっても育まれる必要がある労働と生活への展望であり、アプローチだという点にある（Skolverket, 2001）。

　スウェーデンの金属業労働者組合は、この考え方を一歩進めて、コンピテンスの開発と生涯学習を人権として要求している。その目標は、個人的要求に明確に結びつくような学習機会をすべての労働者に保証する条件を生み出すことである。そうすることによって、「人は何を知るのか。人は何ができるのか。人は何を求めるのか。そして、人は何を行おうとするのか」という 4 つの問いの組み合せとしてコンピテンシーを述べるとともに（Skolverket, 2001, p. 10）、あらゆる個人に対して個々の能力向上を援助するためのコンピテンスの開発を促進する組織的レベルでの多くの構成要素を確定している（たとえば、仕事のローテーションを決める、メンバー個々のコンピテンシーや興味に配慮しつつ仕事のチームを編成する、管理者間でキャリア開発への積極的な関心を促すなど）。

　一般的に言って、コンピテンスに関係した組合の主な努力は、特に最も弱い労働者（すなわち熟練度の最も低い人々）に対して――コンピテンスの開発の機会を増やすことである。このことはスウェーデンの前述の事例についてだけでなく、デンマークの事例についても言える。スウェーデンの貿易組合の連携活動と同様、デンマーク貿易組合連盟は、従業員の仕事の責任と影響を大きくし、より生産的な職場を作りだすために、従業員と雇用者の間の

協力関係の改善をめざす戦略を開発してきた（Otterstrom, 2001）。しかしながら、この活動から出てきたメッセージは、スウェーデンの金属業労働者組合の表明したものとほぼ同等のものである。それはキー・コンピテンシーを手に入れることが権利であり、雇用者は新しいコンピテンシーの開発の機会の提供と、労働者が学んだことを活用できる職場環境の構築の両方を保証すべきであるというものである。この実践の結果から、コンピテンスの開発は単にエリートのためだけのものではなく、教育程度のより低い労働者のためにもなされていることを保証できているかどうかを、デンマークのコンピテンス、もしくは人的資源について、監視しようとする組合の試みがなされている(Danish Federation of Trade Unions, 1999)。

―――職業プロフィールと職務の分析

重要なコンピテンシーを確定し、定義しようとする経済セクターの実践は、いくつかの国々で、職業プロフィールの開発と職務の分析を行う形をとってきた。

フランダース地方のベルギーの例を見ると、COBRAシステムはフランダース労働市場の多様なキャリアの中で要求されるコンピテンシーの一種の目録となっている。最も興味深いのは、フランダース雇用サービス局と職業訓練斡旋所との間の最近の協定である。その協定は、COBRAを保証し、将来的にはフランダースの社会経済協議会によって活用される職業プロフィールにつながるものである。言いかえれば、訓練セクターと経済セクターは、コンピテンスの重要性を共有するための1つのリンクをつくり出しつつある。この共同ならびに調整の結果として、プロフィール群は今ではさまざまな職業、あるいは職業集団によって求められる最も重要な仕事、知識、スキルとキー・コンピテンシーを詳述するものとなりつつある（Dunon, 2001）。

アメリカ合衆国もまた、職業やスキルおよびそれらの基礎となるコンピテンシーを目録に載せたり、説明したりするために国が開発したシステムを持っている（Trier, 2001c、2003）。合衆国労働省のO*NETのオンラインは、いろいろな仕事に必要とされるスキルをかなり詳細なレベルまで説明するツールであり、データベースである。たとえば、O*NETはそのカバーする範囲を

社会的技能としているが、さらにこれを社会的知覚、コーディネーション、説得と交渉といった構成要素の下位分類として作成している。

　上述の2つの事例は、雇用者、被雇用者、それにおそらく訓練担当者の利用を目的としたコンピテンシーの分類と目録作成に焦点をあてている。しかし職務分析という表題のもとでの最後の事例は実際、上述のO*NETにその先駆的な例をみるように、コンピテンシーを確定するためのより帰納的なアプローチというやや異なった目的をもっていた。合衆国労働省長官によって任命された達成すべき必須技能委員会（Secretary's Commission on Achieving Necessary Skills：SCANS）は、50の職務と900の基本的な作業の分析を参考にして、「職場のノウハウ」の確定をめざした。SCANSは、職場で働く人々がもつべき5つのコンピテンス領域（資源、人間関係のスキル、情報、システム、技術）と3つの基礎領域（基本的なスキル、思考のスキル、個人的資質）を確定する結論を得た（U.S. Department of Labor：アメリカ合衆国労働省, 1992, p. 83）。

——キー・コンピテンシーの雇用者調査

　経済セクターが、どのようにコンピテンシーにアプローチするのかという最後の事例として、雇用者側の調査を取り上げよう。この調査は獲得すべき労働に必要なスキルとコンピテンシーを確定しようとする試みである。たとえば採用時の職務能力についての雇用者の期待に関するニュージーランドの最近の調査によれば、必要とされるコンピテンシーの大部分が人間関係能力である。非常に強調されるコンピテンシーは、コミュニケーション、協調性、創造性および批判的思考力であり、いわゆるコンピュータスキルやコンピュータリテラシーも含まれる（Kelly, 2001）。フィンランドの709人の雇用者調査では、13の必要なコンピテンシーあるいは資質として、他者との関係の中での率先性、関心、正直さと誠実さを含んだ資質があげられていた（Etelälahti & Sahi, 2001）。スウェーデンの研究ではさらに、基礎知識にまでおよぶ広いコンピテンシーをもつことを雇用者が重視していることがわかった（Skolverket, 2001）。7つのヨーロッパの国々に及ぶ雇用者の国際グループは、教育の改善に関する政府への支持声明書の中で、労働者が協働する際に最も重要なコ

ンピテンスとして「情動的知性と抑制」の重要性を強調した(Oliva, 2003)。

他の文脈におけるキー・コンピテンシー

　コンピテンシーに関する議論は、その範囲も狭く、各国間の共通性も低いにしろ、教育や経済以外のセクターでも関連性がみられる。各国のレポートから、キー・コンピテンシーを次の4つの文脈で確定しようとする活動例を述べよう。それは、(1) 指標とアセスメント、(2) 国レベルの調査研究、(3) 若者の発達、そして (4) 市民社会、である。

——指標とアセスメント

　いくつかの国は、一国であるいは共同して国民のコンピテンスレベルを測定する指標の開発活動を行っている。その実践は労働省、教育省、あるいはその共同の取り組みで行われているらしく、成人層もしくは学生層に焦点を合わせている。

　まず、主として成人層に関連した指標、および調査活動についてのいくつかの事例を示そう。デンマークは、デンマーク経済委員会、53の加入企業、および公的セクターや学会の他の関係者を通じて、国民コンピテンス評価会議（National Competence Account）を設立した。その目標は、指標の開発によって、知識社会におけるデンマークのコンピテンシーの達成度を測定することである。国民コンピテンス評価会議は、デンマークを除くOECD加盟の6カ国の127の指標をデンマークの指標と比較して、3つの中核的価値（創造性、競争力、定着性）と4つの主なテーマ（学習、変化、関係および意味）にまとめられたコンピテンシーで構成される。

　他の国々では、成人スキルを直接に測定するような事業もみられる。たとえばフランスは、現状をふまえて、国民の識字および数量的能力に関するデータを収集するために成人の世帯調査を計画している。その際、計画担当者は、成人のスキルに関して根拠のある情報を手に入れることが必要不可欠な要素であると考えている。カナダでは、スキルに関するデータ収集のための広範な戦略が人的資源の開発支援の技能計画（Skills Agenda）という広い文脈において開発されてきた。この計画は、人的資源の開発を産業革新や生産性、

第 1 章　政策と実践にみるコンピテンスの優先順序

生活の質の改善にとって不可欠なものとみなしている(Brink, 2003)。このデータ戦略では、出生から90歳までのライフスパンをカバーするために7つの既存の国内および国際的調査を統合している。成人に関する情報は、そのうち4つの調査から得られたものであり、直接的な技能評価調査と他の関連データを含んでいる。

　各国で全国調査を実施し、スキルとコンピテンシーの各国間の比較と測定をめざす大規模な調査の努力もある。「成人のリテラシーとライフスキル調査」(Adult Literacy & Life Skills Survey：ALL)は、2003年と2005年の2回にわたって行われ、リテラシー、数量的能力、および読解力の測定がなされた。この調査は、情報通信技術の習熟度に関する調査を含んでいる。ALLは「国際成人リテラシー調査」(International Adult Literacy Survey：IALS)の成果から生まれている。IALSは1990年代の中頃から終わりにかけて3回にわたり20の国々で成人に対して実施されており、成人リテラシーのスキルとその経済的成果の間に重要な関係があることを見出した(第5章参照)。1960年代から2000年に至るまでの、学校生徒集団を対象とした多くの国内および国際的調査は、主要な学校教科の成績に焦点をあてていた。しかしながら、最近ではもっと広い視点で、生徒のコンピテンシーの測定を目的とした研究がなされている。たとえば、「OECD生徒の学習到達度調査」(Programme for International Student Assessment：PISA)は、15歳の生徒の読解力、数学的、科学的リテラシーに加え、教科間のコンピテンシー（たとえば自己規律的な学習や問題解決）の情報を収集している。他の事例では、国際教育到達度評価学会(International Association for the Evaluation of Educational Achievement：IEA)の市民教育研究(Civic Education Study)は14歳生徒の市民としての知識、スキルおよび態度を評価している。

――**全国レベルの研究活動**

　国全体で行われるものとしては、2つの大規模な調査研究プロジェクトが、近年スイスおよびアメリカ合衆国において始められた。各プロジェクトの目的は、総合的なキー・コンピテンシー群の確定（スイスの場合は評価を含む）と関連する指標の準備にあった。採用された方法は異なるが、両方のプロ

ジェクトでキー・コンピテンシーについて経験的に妥当な情報が確認された（Trier, 2003）。

スイスにおける若者調査の目的は、18歳から20歳の若者が学際的な内容の多様な指標やコンピテンシーをどのようにして達成するかの測定にあった。調査研究プロジェクトは、スイスにおける初等、中等教育および職業教育カリキュラムの目標の分析と、達成目標の確定から始まった。この調査はさらにテストが重ねられ、既存の理論的な研究について検討され、重要なキー・コンピテンシーを示すと考えられうる15の構成概念のセットへとまとめられた（Grob & Maag Merki, 2001）。

アメリカ合衆国の国家教育目標委員会のレポートでは、「将来に備えて（Equipped for the Future：EFF）——21世紀に大人は何を知る必要があり、何ができねばならないか」は、アメリカ合衆国の第六の教育目標を充足させるのにどのようなコンピテンシーが成人にとって重要であるかを明らかにすることを目的とした。そのコンピテンシーとは、「すべてのアメリカ成人は識字力をもち、グローバル経済において競争に勝ち、市民の権利と責任を遂行するために必要な知識と技術をもつ」である（National Education Goals Panel, 1999）。[6] このアプローチは、質問紙調査の結果とグループ・インタビューに基づき、成人が市民、家族の一員および労働者といったいろいろな役割の中で最も必要とするのはどのような活動かを分析し、どのような技能がその活動を支えるかを明らかにすることであった（Merrifield, 2000）。結局、「生成的技能」と呼ばれる16のEFF基準が13の共通する活動とともに設定された。EFFはDeSeCoの3つの分類の中でのキー・コンピテンシーを確定するための重要な資料となった（第3章参照）。

各プロジェクトによって明らかにされた一連のコンピテンシーは、その内容においていくつかの類似点をもつけれども（たとえば共同するコンピテンシーは両方のリストに見られる）、トリアー（Trier, 2003）によれば「キー・コンピテンシーを構成する上で、各コンピテンシーを集めるためのカテゴリーや形態に深く」方法論が影響するという（section 2.2）。スイスの場合では、その構成は一般的には多岐にわたり、その根拠を教育学上の理論と国の教育目標においている。アメリカの場合、スキルはより特定の役割ごとに記

第1章　政策と実践にみるコンピテンスの優先順序

述され、その根拠を共通の要求があると考えられたものにおいている。

――若者の発達への視点

　コンピテンシーに関する論議はまた、若者の社会的、感情的、身体的または知的、そして両方の発達に寄与することを目標とする学校教育体系以外の組織でも起こっている。このテーマに関するプロジェクトでは、キー・コンピテンシーの発達における家族の重要性とコミュニティの支援がよく強調される。アメリカ合衆国においては、若者の発達に必要な生活技能を整理する研究計画が、4Hプログラム（Hands, Health, Head, Heart）によって行われた。このプログラムは、農務省が関わりつつ、1914年以来5歳から19歳の青少年に対する学校外教育活動として行われてきた。研究から確定された技能は4つのHをとりまいて組織された。すなわち、ハンド Hands、与えること、仕事をすること。ヘルス Health、存在すること、生きること。ヘッド Head、考えること、管理すること。ハート Heart、関係すること、世話をすることである（Trier, 2001c）。オランダでは、青少年政策審議会が、青少年が直面する必要性と課題に対応するため、青少年に必要な6つのキー・コンピテンシーを確定した（Peschar, 2001）。そのコンピテンシーは、自己決定力、自信、コミュニケーション能力、問題解決力、集中力と社会参加能力であった。

――市民社会の展望

　市民社会の代表は、コンピテンシーが必要な、あるいは重要なスキルと資質のリストの見地からではなく、投票権の行使、あるいはコミュニティ活動への参加といった特定の活動の見地から論議する傾向がある。というのも、そうした活動が望ましい社会的目標（たとえば平衡感覚、公平、結束力、民主主義への積極的な参加）に寄与すると見られるからである。市民活動の領域のコンピテンシーに関する議論は、一般には、これらの活動の中で何が知られていないか、何が欠けているかといった形で行われる。少なくとも2つの国における研究報告では、政治的参画というコンピテンシーがそれぞれの国民に不足しているという（スイスについては、Trier, 2001b。アメリカ合衆国については、National Commission on Civic Renewal：市民活動刷新委員

会, 1998)。OECD 加盟国とそれ以外の 28 カ国の 14 歳生徒を調査した IEA の市民教育研究の結果では、いっそう楽観的な結果が見られた (Torney-Purta, Lehmann, Oswald & Schulz, 2001)。

　市民社会の視点からわかることは、他の例でもみられるように、コンピテンシーが個人レベルでのみ見出される (あるいは示される) のではなく、社会レベルでも同様に見出されることである。IEA 研究モデルの例をみると、市民活動のコンピテンシーはまず、個人、地域、国、国際レベルへと個人が段々とコミュニティに関係していく道筋に関わり、次に意味の形成、実践、コミュニティとの関係、およびアイデンティティ形成といった成長を含む市民活動学習のプロセスに関係をもつ (Fratczak-Rudnicka & Torney-Purta, 2003)。

キー・コンピテンシーのリスト

　これまでの節では、キー・コンピテンシーの確定をめざした多様な活動に焦点を合わせた。本節では、こうした活動から得られた成果をその内容という点からふり返る。すなわちどのようなコンピテンシーが確定されたか、各セクター間と各国間に共通するキー・コンピテンシーについての結論を、たとえ予備的にではあってもひき出してみることにしたい。

セクターと各国間の優先領域

　CCP レポート等の資料には、キー・コンピテンシーの多くの異なったセットあるいはリストが含まれる。考察の対象となったセクターには、各国の差異や特性があるが、私たちは重要で説得力のあるいくつかの共通性に光をあてることができるし、セクター間および各国で共通して重要視され適用できるキー・コンピテンシーを構成できるという証拠を提供しよう。

──セクターをまたがる収斂点

　前節までの結論を簡潔に述べると、教育と経済(およびその他の)セクターの間には、キー・コンピテンシーの議論の中に相違点もみられることである。

第 1 章　政策と実践にみるコンピテンスの優先順序

このことは部分的には正しいが、論議の内容を細かくみるとセクター間の収斂は実際には相違点より大きいことを示している（Trier, 2003）。

まずセクター間の違いは、しばしば言葉の意味の違いに起因する。たとえば、教育セクターにおいてはキー・コンピテンシーについて、直接あるいははっきりと言及するのではなく、多くの場合、教育の特定化した目標、教育カリキュラムの開発、あるいは学習標準といった文脈の中で、キー・コンピテンシーが規定されている。これは、キー・コンピテンシーをいろいろな表現によって直接的に言及している経済セクターとは対照的である。

第二に、セクター間の主要な違いは、どのキー・コンピテンシーが重要であるかの決定によるのではなく、コンピテンシーあるいはその構成部分に与えられる相対的な重要性に由来する。たとえば「価値を志向する」コンピテンス領域は、教育と経済セクターの両方でかなりの論議をするメリットがある。ただしその場合、教育セクターが倫理、社会的ならびに民主的価値観、寛容および人権を強調するのに対して、経済セクターは、誠実さ、信頼性、忠実さや正直さといった個人的な徳を強調する（Trier, 2003）。このことは、誠実さが教育にとって重要ではなく、寛容性が職場では重視されないと言っているわけではない。単に同じ一般的な理想の異なった要素が、何に焦点をあて、必要と考え、目的とするかによって、あるセクターでは他のセクターよりも、いっそう（相対的に）重要である（あるいは重要でない）かもしれないと述べている。

——各国間に共通するコンピテンスの領域

CCPレポートは、同じようなコンピテンシー、あるいはほとんど同じ内容を持つコンピテンス領域が、参加国間で特に重要であると共通に考えられ、強調されていることを示した。CCP報告の概要が示すように、よく取り上げられたコンピテンス領域のグループは、多くのOECD加盟国で特に関心と関連性が見られた領域の貴重なリストとなっている（表1）。

事実、すべての参加国は社会的コンピテンシー／協力、リテラシー／知性および応用的知識、学習ならびにコミュニケーションに関連した領域の重要性を認識している。これらのコンピテンス領域を定義するために、私たちは

表1　各国のレポートに見るキー・コンピテンスの領域の記載頻度

高い	中位	低い
社会的コンピテンシー/協力	自己コンピテンス/自己管理	健康/スポーツ/身体的コンピテンス
リテラシー/知性応用的知識	政治的コンピテンス/民主主義	文化的コンピテンシー（美的感性、創造性、異文化間能力、メディア）
学習コンピテンシー/生涯学習	生態学上のコンピテンス/自然に対する関係	
コミュニケーションコンピテンシー	価値志向	

出典：Trier（2003, section 2.3.3）

実際にはトリアー（Trier, 2003）から詳細な引用を行った。

- 社会的コンピテンシーと協力は、他の人々との協力関係、主張することと影響を及ぼすこと、そして争いを解決し、交流するといった対人関係技能から構成される。より狭い意味では、このコンピテンスの領域は一緒に働くこと、他の人々を指導し支えること、他の人々からの指導と支持を求めること、および（きわめて重大なことは）異なった文化的背景を持つ人々を理解し協力することに及ぶ。しかしながら、コンピテンス領域は、まずコンピテンスが最初の場所でどのように定義されているかに影響する文化的差異に、特に左右されやすい（たとえば、西洋の文化とマオリや太平洋の人々の間の相異例のように、自分勝手な行動という考え方には違う価値が与えられる）
- リテラシー、知性と応用的知識は、本質的には古典的なリテラシー（識字能力）を意味する。これは言語処理過程（たとえば読み書き、話し、聴き、理解する能力）と、基本的ニューメラシー（計算力）と関係する。より深いレベルでは、それらは数学の活用、高度に複雑な情報処理、問題解決、批判的思考、内省力およびメタ認知に結びついている。各国間の主要な相異は、メタ認知と情報コミュニケーション技術（ICT）を、別々のコンピテンス領域としているかどうか、たとえば後者を新しい

「基本的リテラシー」としていたり、もしくは同じコンピテンス領域としているかどうかによる
- 学習コンピテンシーと生涯学習は、技術的、方法論的、戦略的および動機づけの要因の意味を含む広がりを意味する。たとえばそれは、「自分自身の学習についてどれだけわかっているかを知ること」を求める。言いかえると、知識を水平方向に応用したり深めて転移する能力で、ベルギー、フランダース地方のレポートが記述したように、「勇気を持って探求し、熱心に学ぶこと」を必要とする（Dunon, 2001, p. 9）
- コミュニケーション・コンピテンシーは、時に「社会的コンピテンシー」の見出しに含まれるが、認知的、あるいはより道具的、技術的な側面と情動的な側面をもつ。前者はすなわち、対話を続け、相互に議論でき、個人的意見を守れることであり、後者はすなわち、力説したり、あるいは他の人々に関わることができることである。この2つの面を含むコミュニケーション・コンピテンシーがまちがいなく「真」の対話を可能にする。しかしながら、この分類にどの程度外国語のコミュニケーション・コンピテンシーを組み入れるかは国によって異なる

各国のリストに一貫してみられる、頻度が低い領域としては、次のようなものがある。

- 価値志向性すなわち誠実、責任、世話、正直さのような個人的徳を含む広い領域である。普遍的な倫理規範の受容や頻度は少ないが精神性と宗教が含まれる
- 自己コンピテンス／自己管理。自己規制のような行為志向的コンピテンシーと、自己の感性を発達させ表現するような反省志向的コンピテンシーの両方をみることができる
- 政治的あるいは市民的コンピテンシー。これは近隣居住地域から国に至る民主的な市民生活を強化する個人的、および集団的コンピテンシーを意味する。また権利を行使し責任を果たすことや、社会的正義あるいは平和的な紛争解決のような要因がここに含まれる

- 生態学的な気づきと行動、すなわち環境と人間の相互作用に関する知識や態度、行動を含む領域である

美的感性、創造性、異文化間交流あるいはメディアのような文化の領域、フィットネスおよびスポーツに関連した健康のコンピテンスの領域はそれほど多く取り上げられていない。トリアー（Trier, 2003）は、私たちが文化的活動に費やす時間の量、および健康の意識や態度、習慣および身体的自己イメージの重要性を考えると、これはかなり驚くべきことであると懸念している。

形式的な統合の限界

キー・コンピテンシーのリストの中には、多くの共通性と相互関係がある。そして上述の統合は多くのOECD諸国に見られる特別な関心や関連性をもった領域についての貴重な概観を与えるけれども、さまざまなリストの統合は整然とした論理的体系をなすものではない。CCPレポートに提案されたコンピテンシーのリストは、主として実際的なアプローチの結果である。そのリストはそれぞれの文脈での合意形成を反映しており、ヘレン・ヘイスト（Helen Haste）が言うように、リストを確定することに責任をもった論者たちが非常に高く評価した価値と、修正が必要と見られる不足点の両方によってしばしば変化する。

このように、次のような形式的で限定的な制約を行うよりもむしろ、多くのリストは異なった概念的なレベルに属し、あるいは異なった程度の一般性に位置し、異なった分類の規準に従う項目を含んでいる（Rychen, 2003）。同じリストが、必要に迫られたコンピテンシー（たとえば技術的コンピテンス）、知的技能（たとえば分析技術）や価値判断（たとえば正直さ、生態学的気づき）を含むこともあれば、コンピテンスの領域が特有の社会的分野の場合には、たとえば文化的、政治的、健康、環境コンピテンスを含むことになる。さらにオーツ（Oates, 2003）は、研究のプロセスよりもむしろ世論調査的プロセスから開発されたものの場合、多くのコンピテンスリストは、技能の区別に失敗していると言う。たとえば共通に生じる技能、つまりいろいろな環境で効果的な行動ができるような生成的な技能や、環境が変わっても転

第1章 政策と実践にみるコンピテンスの優先順序

移できる技能と、現代には一般的ではないが将来には必要とされる技能のような区別である。オーツはもしキー・コンピテンシーが、調査やカリキュラムの開発のために確かなものとすべきならば、しっかりした理論的基盤にキー・コンピテンシーを置くことを主張している。

最後に、本当に基本的なレベルでは、キー・コンピテンシーの概念と「人々は何ができるのか」という発想は、多くの国々において（この問題に）高度に関連した政治的課題だという点は明白である。キー・コンピテンシーの概念は、政策立案者と他の個人およびグループによって、いろいろなセクターおよびいろいろな環境で、それぞれに特有の計画を表現し進歩させるために利用される。さらに重要な、あるいは「キー」と認められるコンピテンシーの中に、数多くの収斂点がある。以下の諸章では、この背景の中でコンピテンシーと、キー・コンピテンシーに関連した課題を論じ、学際的視点と理論的な研究の両方から、キー・コンピテンシーをどのように確定するか方向づけていくことにしたい。

【注】

1 CCPレポートでは、種々の用語が使用されている。たとえば不可欠な、あるいは核心となるコンピテンシーやスキルなど。これらの用語は、本章を通じて同じ意味で使用される。

2 12の国々は、オーストリア、ベルギー（フランダース）、デンマーク、フィンランド、フランス、ドイツ、オランダ、ニュージーランド、ノルウェー、スウェーデン、スイスとアメリカ合衆国であった。私たちはまた、DeSeCoプロジェクトのために作成された他のレポートからも引用している。たとえばオーストラリア（Gonczi, 2003）、カナダ（Brink, 2003）やイギリス（Oates, 2003）からである。これらはコンピテンシーに関係した実践の、国家レベルのレビューを意味するのではなく、むしろ特別な実践を記述するためのものである。

3 著者らは、この概要レポート（Trier, 2003）に謝意を表したい。というのは、トリアーのレポートは、本章を作成する貴重な出典であったし、本章の中での多くの分析や結果はそのおかげである。

4 このセクションでも他のセクションにおいても、実践の記述は 2000 年、およびそれ以前の見解と国のレポートに基づいている。
5 ノルウェーの核となるカリキュラムは、初等教育、中等教育、さらに成人教育を含む。ニュージーランドのカリキュラムの枠組みは、上級中等教育学校の生徒を含む。
6 国家教育目標委員会（National Education Goals Panel）は、1989 年、州知事と大統領が同意した、国の教育目標に向かっての国および州の発展状況を監視することを目的に連邦政府の独立した実行機関として 1990 年に設立された。この委員会は 2002 年の初頭までその役割を果たし、アメリカ合衆国における新教育法の制定に伴って解散された。

第2章

コンピテンスのホリスティックモデル

ドミニク・S・ライチェンとローラ・H・サルガニク
(Dominique Simone Rychen & Laura Hersh Salgnik)

はじめに

　主要な論説（Oates, 2003、Trier, 2003、Weinert, 2001）をいろいろと再検討すると、コンピテンスに関連する語の使用に、厳密さと一貫性が欠けていることがはっきりとわかる。公表された論説においても、時には専門的な文献においてさえも、スキル（skill）、クオリフィケーション（qualification）、コンピテンス（competence）、リテラシー（literacy）といった語は、不明確であったり、また違いがはっきりしないままに、学校や職場、もしくは社会生活で成功するために、何を学び、知り、できなければならないのかを説明するのに用いられている。多様な概念を定義するため、もしくはこれらの語を区別するために払われている注意は最小限度であり、時にはまったく払われていないことさえある。たとえば、経済の分野では「スキル」と「コンピテンス」という語を同義に用い、「認知的スキルだけでなく、忍耐など非認知的スキルを含むスキルの広い定義」を採り入れて、使用されることが多い（Levy & Murnane, 2001, p. 183）。

　DeSeCoは「コンピテンシーの定義と選択：その理論的・概念的基礎」（Definition & Selection of Competencies: Theoretical & Conceptual Foundations）の略であるが、これは前章で述べた取り組みを含む、多くの関連した活動とは一線を画している。他の取り組みが、意味、もしくは概念の細かい区別をせずに行われてきたのに対して、DeSeCoは一歩後退して、コンピテンスの概念を明確にすることから始める。OECDの後援者たちは、社会的にも経済的にも重要なコンピテンスを定義し、選別し、評価するための、確固たる理論的、概念的基礎の必要性を認識している。だから彼らは、DeSeCoの理論に基づくコンピテンスへのアプローチを歓迎し、支持したのである。

　観念や概念はその中に、もしくはそれ自身が定義を含まないというのが私たちの前提である。それらは事実の理解を促進できる社会的構成物であるが、一方ではまた、一般的なイデオロギーの前提や価値をある程度反映し、補強

第2章 コンピテンスのホリスティックモデル

していくものでもある。このように、コンピテンスの意味と性質を明確に定義することは、生涯学習の観点からコンピテンスに関する一貫した本質的な論説を可能にする重要な一歩となる。

　コンピテンス概念への理論的アプローチ（Weinert, 2001）を再検討すると、コンピテンス概念には単一の使用法などなく、また広く公認されている定義も画一化された理論も存在していないことが明らかである。社会科学の文献には、コンピテンスの複合的で多様な定義が存在している。ワイナート（Weinert）の勧告やプロジェクトの中で行われたその後の議論に従い私たちは科学的に妥当で実用主義的に適切な方法でもってコンピテンスという単語を定義するために、彼が言うところの「概念的プラグマティズム」を選択する。

　本章では初めに、政策や実践、理論的かつ経験的な研究に実際的な価値を持つコンピテンス概念の定義を提案する。次に、この概念を詳しく述べ、別の類似した単語や考え方の使用とは区別する。最後に、政策のためにこの概念から派生する考え方を論じる。

コンピテンスの概念

コンピテンスへの機能的アプローチ

　心理社会上の前提条件が流動する状況で、固有の文脈に対して、その複雑な需要にうまく対応する能力として、コンピテンスは定義されている（認知的・非認知的両面を含む）。これは、コンピテンシーを定義するための需要志向アプローチや機能的アプローチを象徴している。[1]　行為、選択や行動の仕方を通して、需要に対する個人の達成結果に第一の焦点がおかれる。その需要は特定の専門的地位、社会的役割、もしくは個人の計画と関連づけられる。

　DeSeCoへの学問的な貢献から出された2つの事例は、需要志向アプローチを説明している。その1つの事例は、コミュニティの結びつきの発見と支援が高度先端技術社会の中で形作られたコミュニティに関連している需要の周辺に構築されていることである（Haste, 2001）。もう1つの事例は、職場のグループ内で働く際に、働く人が会社組織の変化に関わる需要にうまく対

応していくことである(Levy & Murnane, 2001)。イギリスにおける国家職業資格検定(The National Vocational Qualifications:NVQs)やドイツでの国家職業プロフィールは特定の職業に必要とされる需要を特徴づけている(Oates, 2003)。

　このコンピテンスへの機能的アプローチは、個人が職場や日常生活の中で直面する複雑な需要や挑戦を、概念の中心に位置づけようとしている点にその意義がある。ワイナート(Weinert, 2001)が指摘するように、需要志向アプローチは、個人や社会的需要の包括的な社会学的区分に依存しているわけではない。それはむしろ需要の程度、行動基準、コンピテンシーの指標についての典型的あるいは特定の説明を必要としている。このため、カリキュラム理論、測定モデル、職業の課題プロフィール、そして典型的な生活場面での課題プロフィール(すなわちマスメディア、余暇行動、社会慣習との相互作用)が価値ある情報を提供してくれる。

……その内的構造とともに

　この機能的で需要を志向するコンピテンスへのアプローチは、コンピテンスの概念化に重要な意味をもつ。ラルフ・ウィットとレイナー・リーマン(Ralf Witt & Rainer Lehmann, 2001)は、「機能的アプローチなしでは、コンピテンシーについてその関連性を深く考えることは不可能であり、また、内的な構造の研究なしでは、たんなる『〜できる』(ability to 〜)という表現のわなや誘惑に対してバリアを築くことはできない」(p. 5)と論じた。このように需要志向アプローチは、能力、性質、もしくは個人に埋め込まれた資源という意味での内的、もしくは心的な構造としてコンピテンシーの概念化によって補完される必要がある。図1に示したように、ダイナミックに相互に関係する多様な構成要素は、生活の中で直面する複雑な需要の特徴によって定義される(Weinert, 2001)。

　たとえば、IEAの市民教育研究(Civic Education Study)では、(民主主義原理の)知識、(政治的コミュニケーションを説明する)技能、(公的機関、国家、女性の昇進、政治的権利と関わる)姿勢、そして(市民が関わる活動への)参加の期待は、すべて民主主義社会における市民参加の需要への対応と関

第2章 コンピテンスのホリスティックモデル

図1 需要がコンピテンスの内的構造を定義する

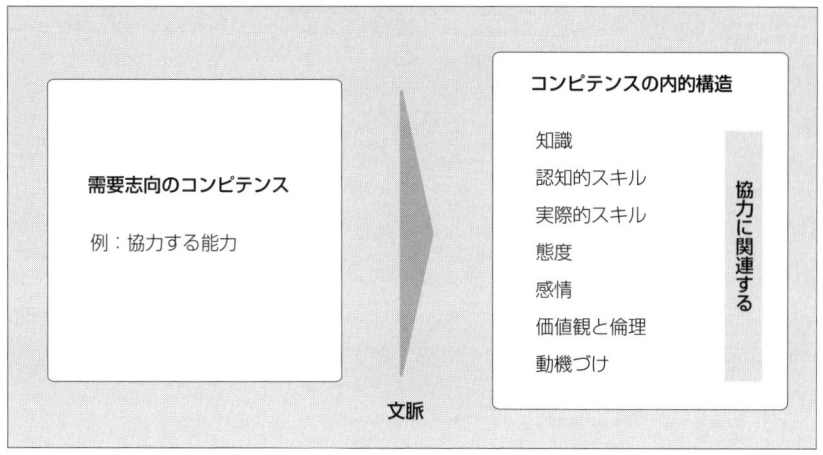

```
┌─────────────────────────────────────────────────────────┐
│                                                         │
│  ┌──────────────────┐         ┌──────────────────────┐  │
│  │                  │         │ コンピテンスの内的構造│  │
│  │                  │         │                      │  │
│  │ 需要志向のコンピ  │   ▷    │  知識                │協│
│  │ テンス           │         │  認知的スキル         │力│
│  │                  │         │  実際的スキル         │に│
│  │ 例：協力する能力  │         │  態度                │関│
│  │                  │         │  感情                │連│
│  │                  │         │  価値観と倫理         │す│
│  │                  │         │  動機づけ            │る│
│  └──────────────────┘         └──────────────────────┘  │
│                         文脈                            │
└─────────────────────────────────────────────────────────┘
```

出典：DeSeCo

連があると考えられている（Fratczak-Rudnicka ＆ Torney-Purta, 2003、Torney-Purta, Lehmann, Oswald & Schulz, 2001）。

　コンピテンスの内的構造の構成要素は広範囲の属性を包含している。認知スキルや知的能力（分析的で批判的な思考スキル、意志決定スキル、一般的な問題解決スキルのようなもの）、および知識基盤が、決定的な精神的資源を構成することには疑問の余地がない。この精神的資源は高い実行能力や、効果的な行動のために結集される必要がある。需要に対応し、目標を完遂するには、動機づけ、感情、価値観といった社会的で行動的な構成要素の動員が必要だという点については、広く合意が得られている（Canto-Sperber & Dupuy, 2001、Haste, 2001、Perrenoud, 2001、Witt & Lehmann, 2001）。オーツ（Oates, 1999）は、高い実行能力に必要なすべての資源の重要性を強調し、土台となる知識と価値観の両方の重要性を曖昧にする職業プロフィールでは、功績に必要とされる属性を十分には捉えていないと述べている。コンピテンスに関してのこのホリスティックな懸念は、神経科学からの最近の発見によって支持されている。それは「理性と感情は生命上関連しあっている」というものである（Gonczi, 2003, section 4 ）。コンピテンスを持つことは、構成要素

の資源を持つことのみを意味するのではない。そのような資源をふさわしい時、複合的な場面で適切に「動員し」(mobilize)、「組み合わせる」(orchestrate)能力を含んでいる（Le Boterf, 1994、1997）。

このアプローチは、ワイナート（Weinert, 2001）によって説明された行為コンピテンスモデルと一致している。それは、1人の人が行動する時の複雑なコントロールシステムと結果を、同時に表す要素を結合するものである。引用すると次のようになる。「行為コンピテンスの理論的な構成は、以下の能力を広範囲に結合したものである。それは、知的能力、特定事項に関わる知識、認知的スキル、特定領域の戦略、日課と習慣、動機づけの傾向、意志的なコントロールシステム、個々の価値観の適応そして、複雑なシステムの中での社会的行動である」(p. 51)。

……そして文脈への依存

私たちのコンピテンスモデルの基礎をなす仮説は、個人と社会との関係は論理的で動的であるということだ。社会的に空白な状況では個人は動けるわけがない。行為は常に、社会的もしくは社会文化的な環境の中で起こるものであり、ある意味で、それは社会の多様な領域で構成されている（たとえば、政治領域、職場、健康面、家庭など）。一連の構造化された社会的地位の各構成部分は、一定の社会的利害と挑戦の組み合わせの中で動的に組織される。こうした領域において、効果的なふるまいと行為の判断基準や需要が具体化され、それ自身として表明され、個々人はそれらに対応した行動をとる。必要な文脈へのコンピテンスの対応は、状況に埋め込まれた学習の理論（situated learning theory）をよく反映している。それは発達し、使用されている文脈から分離できないものとしてコンピテンスを捉えており（Gonczi, 2003、Oates, 2003）、また認知科学の研究では、脳に蓄えられたものと環境に存在するものとの差異を認めていない。アンドリュー・ゴンチ（Andrew Gonczi）は以下のように書いている。「明らかに（心的資源の）パターンは心の中に蓄えられているのではなく、環境の中にある。聡明で有効な行動の適切なパターンを作り出すために、脳は環境と相互作用している」(section 5)。このように、コンピテンスは個人の属性と、その人が働きかける文脈との相互作用の生産物

であるから、「個人の『特性』に関する綿密な調査だけでは、環境の中での効果的なふるまいを説明するには不十分である」(Oates, section4.1)。

要するに DeSeCo によって採択されたコンピテンスの基礎となるモデルは、包括的（ホリスティック）で動的なものである。その中では、複雑な需要、心理社会的に不可欠なもの（認知的で、動機づけとなり、倫理的で意志的、および社会的な要素）、高い実行能力を効果的な行動を可能にする複雑なシステムの中での文脈に組み合わせている。このように、コンピテンシーは行為と背景のそれぞれと別個には存在しない。そうではなく、コンピテンシーは需要との関わりの中で概念化され、また特定の場面における個人の行為（意志、理由、目標も含む）によって実現されていくものである。

入念さと明確さ

ここで定義されたコンピテンスの性質がもつ複雑さは、さらなる入念さと明確さを求める多くの問題を提起している。しかしながら、その問題の詳細な議論は本書の範囲を超えてしまう。詳細な分析に関心のある読者は、他のDeSeCoの出版物（特に、Gonczi, 2003、Keating, 2003、Oates, 2003、Weinert, 2001）と引用文献を参照してほしい。

転移と適応

文脈が高度な遂行能力に不可欠な要素であるという考えは、ある文脈や場面で需要に応える能力のある人が別の文脈でも同様の需要に応えられるかどうかという問題を提起している。しばしば、このトピックは「転移」(transfer) という言葉によって表される。それは新しい状況の中で新たなコンピテンスやふるまいを獲得するためにこれまでの経験から利益を得ることである。ここから、新しい状況とはいつのことかという問題が生じる。

オーツ (Oates, 2003) による指摘では、我々が直面するすべての状況はどちらにしろ、異なった新しいものである。その差異は些細なこともあるし、重要なこともある。そしてその差異の重要性は人によって異なってくる。

コンピテンシーのうち、既存のものと新たな需要に応えるために必要なものとの相違は「適応」(adaptation) を通して解決される (Oates, 2003)。このアプローチによって、古い状況から新しい状況へとスキルやコンピテンスを移動させる転移の考え方から、新たな文脈の需要をうまく処理するための既存のスキルやコンピテンシーの適応という考え方が導かれる。この理解は、ピアジェの主張と一致する。それは効果的なふるまいが、個人のもつ既存のコンピテンシーと新しい状況や文脈の需要との間の弁証法的相互作用の働きをもつというものだ (Oates)。人生の異なる領域の中でコンピテンシーが適用されるようなケースにおいて、適応とは、積極的にある社会的分野において発達した知識、技能、戦略を用いること、新しい分野を分析すること、そして新たな状況の需要に応じて、もとの知識、技能、戦略を翻訳し適応させることを含んでいる。

コンピテンスの観察

　コンピテンスはある特定の状況や文脈における行為、行動、選択となって現れる。これらの行為、行動、選択は観察され測定されるが、そのふるまいの基礎となるコンピテンスはそれに寄与する多数の属性と同様、単に推察されるのみである (Gonczi, 2003、Oates, 2003、Weinert, 2001)。言いかえれば、コンピテンスの属性（すなわち、個人が所有するある水準レベルのコンピテンス）は、基本的に推論から導かれたものであり、ふるまいの観察から得られる証拠に基づいて作られるものである。

　「コンピテンスの存在を推察するためにどんな証拠が必要か？」という問いが重要である。たとえば次のようにも議論できるだろう。コンピテンスの文脈上の性質ゆえに、ある文脈におけるコンピテンスは、別の文脈において集められた証拠からは推察できないということである。オーツ (Oates, 2003) とゴンチ (Gonczi, 2003) は、コンピテンスの証拠は、関連する行動が多様な時間状況と多数の環境で観測された時に、いっそう強固なものになると提案している。加えて、ワイナート (Weinert, 2001) は、ふるまいが認知的、非認知的両方の条件に依存しているから、コンピテンシーについて推察をする時には、コンピテンスを形作る決定的な要素（認知的スキル、動機づけと

なる側面、また倫理的、感情的側面を含む）の範囲を説明することが重要であると論じた。

コンピテンスのレベル

個人や社会が直面する需要に注意を払ってコンピテンシーを定義すると、これら多面的で広範囲の需要を処理するためには、どのレベルのコンピテンスが適しており、また必要であるかという疑問が湧いてくる。ロバート・キーガン（Robert Kegan, 2001）は、コンピテンスレベルの発達は、子ども時代から成人期への過程を通して、個人の「知る方法」がどのように変化するかという発達心理学からの理論的観点に基づく提案をしている。コンピテンスのレベルの向上は、精神的複雑さの緩やかな発達と関連している。およそ青春期の間に、人々は抽象的に考え、価値や理想を自己反省を通して構成し、自分自身の興味を他の人やグループに従属させる能力を発達させる。より高次な精神的複雑さは、成人が「社会化への圧力」から距離をおいて考えることができる時に到達されるものであり、また彼ら自身の判断を作るものでもある（第3章参照）。

コンピテンスの考え方は特定レベルの能力に起因するものであり、つまり個人が確かなレベルの専門性と能力に達した時に、その人を有能であると定義することを意味するので、コンピテンシーやそれに関わる構成要素は、連続体として存在すると考えられる（第5章参照）。この考えの基礎には、低いレベルから高いレベルまでまたがる理論的なスケールがあり、個人が直面する需要の困難度を表している。コンピテンスに関して判断する時はいつも（たとえば、評価の場合において）、個人が特定のコンピテンスや構成要素を持っているか、持っていないかを調べるという問題ではない。それはむしろ低いレベルから高いレベルまでの連続性に沿って、個人の遂行力が安定する場を決定することである。将来的な評価のために、コンピテンスの全レベルを含んでいることが重要であろう。それには、現代的な生活の需要に対処するために必要な精神的複雑さのより高度な序列を反映したものを含むことになる。

コンピテンシーは学習される

　コンピテンシーは学習可能であり、教えることもできるものだという想定を明確にすることが重要である。「学習過程は、複雑な要求をうまく習得するための前提条件の獲得に必要な条件である」(Weinert, 2001, p. 63)。ワイナートは、能力やコンピテンスと関連づけられる考えが、時には特性を説明するために用いられることを認めている。その特性は、「基本的な認識的装置の一部であり、特定の実行目標に到達するために必須なものとして学ばれているわけではない」(pp. 59-60)。主要な認知的能力のシステムは先天的であり学習したわけではないものだが、学習された特定の需要に対するコンピテンスと区別すべきこと、そしてコンピテンスの観念は、再び学び教えることが可能な能力に適用すべきことを彼は勧めている。

個人的および集合的なコンピテンス

　DeSeCo のプロジェクトでは、「集合的」というよりは「個人的」なコンピテンスの概念に焦点がおかれている。集合的な能力とは、チーム、会社、組織、共同体、または国などの団体や個人が集まったグループが直面する需要に焦点をおくものである。組織を能力のあるものにするために、すなわち直面している需要に応えるために、メンバーはさまざまなコンピテンシーを必要とするが、個々人とそのすべてを必要とするわけではない（Weinert, 2001)。集合的な能力に関する概念は、労働の分配、リソースの配置、そして機会均等と正義の原則に関連しており、DeSeCo の中では答えられなかった基本的な問題を提起する（第4章参照）。もう1つの問題は、構造的および制度的な要因と集合的なコンピテンスの間の相互関連によるものである。また集合的なコンピテンスが、個人のコンピテンシーと文脈の構造的および制度的特性との間の弁証法的な関係の結果であることにも関わっている。文化的背景によっては、個人がグループの能力として見なすものも自分自身にあると考えることで、集合的なコンピテンスは自分のコンピテンスの判断基準としても役立つかもしれない。

　個人に基礎をおくコンピテンシーに焦点をあてた DeSeCo の決定は、グループやコミュニティが直面する要求への配慮も重視している。現代の生活にお

第2章 コンピテンスのホリスティックモデル

ける複雑な需要の多くは、たしかに個人とグループとの間での相互作用を含んでいる。これはキー・コンピテンスの3つのカテゴリー(第3章において議論する)のうちの1つである社会的に異質な集団での相互作用の中に反映されている。このカテゴリーに現れるコンピテンス(他者とうまく関わる能力、チームの中で協力し作業をする能力、紛争を処理し解決する能力)は、すべての人が獲得し、発達させるべきコンピテンシーとみなされている。

コンピテンシー、スキル、そして個人的資質

研究と政策領域の両方の文献を再検討すると、「コンピテンシー」、「スキル」、そしてコンピテンシーのリストにもあげられる個人の資質としてしばしば性格づけられる「特質」もまた、その区別が定義されたり、概念化されたりすることがほとんどない(Weinert, 2001、第1章参照)。前述したコンピテンスの概念に関するこれらの語句の意味と使用法を明らかにすることは、コンピテンスとその関連問題とのさらなる議論に有益だし、その促進にもつながる。

第一に、「コンピテンス」と「スキル」は同義ではない。しかしながら、時に「スキル」という語句は、コンピテンスの観念とまったく同義か、同一のものとして用いられることもある。[2] けれど多くの場合、その意味や言外の意味はまったく異なるものとされる。たとえば、抽象的な規則やアルゴリズムへと分解されるものとしてのスキル(Canto-Sperber & Dupuy, 2001)、十分に自動化されたものとしてのスキル(Weinert, 2001)、もしくは、「複雑な原動力でありかつ認知的な行為をたやすく、正確に、変化する条件への適応可能性をもってふるまうことができる」スキル(Weinert, 1999, p. 35)である。比較的困難さが低いレベルとして使われる「スキル」という単語は、しばしば「基礎スキル」という単語に該当する。[3] それぞれの概念は、コンピテンスの概念や考え方とは明らかに異なる。後者は複雑な行為のシステムであり、認知的スキル、態度、そして他の非認知的要素を包含し、別々の構成要素には還元できないからである。

第二に、「コンピテンス」という単語は、正直さ、誠実さ、責任などの一般的な個人の資質に言及する時に使用されることがある。しかしながら、通常、

これらの資質は特定のタイプの需要に関連づけられない。特定のコンピテンスの一般的な基礎を構成しているが、コンピテンスそのものではない価値観や倫理、および動機づけの側面にも同じことが言える。

「他者との協力」や「効果的な技術や情報の使用」といった需要を表すのには、スキルよりもむしろコンピテンスという語を思い起こす。そしてホリスティックな観点から、精神的な条件を動員する必要性が想定されている。他方では、もし焦点が、評価や教授実践というものであっても、それが単一の構成要素のみにあてられるものであったら（たとえば、認知的機能や動機づけ）、コンピテンスという単語は、実に不適当なものということになる。認知的な構成要素も、動機づけの側面もそれだけではコンピテンスを形成しない。たとえば、批判的思考のスキル、分析スキル、一般的な問題解決スキル、そして忍耐力などはコンピテンシーとはみなされない。なぜなら、それらは個人の需要への全体的な反応を説明しないからである。しかしながら、それらは絶対必要なものでないにしても、行為コンピテンスの重要な要素を構成している。

コンピテンスとリテラシー

コンピテンスと同様に、「リテラシー」の観念も現在、教育政策の議論の中で広く普及している。伝統的には、「リテラシー」という語は、社会の中で最小限の機能として必要とされる読み書き能力のレベルを表すものとして用いられてきた。人々は、「読み書きができる」（基準以上）、もしくは「読み書きができない」（基準以下）のどちらかに分けられて、その二分法を越えた段階的な表現の可能性がまったく用いられてこなかった。1990年代に、国際成人リテラシー調査（International Adult Literacy Survey：IALS）はOECD加盟国の政策の議論に、リテラシーの新しい概念を提唱した。それはこの語の従来の使用法についての重大な変更を表している。つまり、リテラシー能力の低い人々が目標を達成し、その潜在的な知識を発達させていく、またはそれが継続されている、その概念に関する評価法を確立しようとするものだった（OECD & Human Resources Development Canada, 1995、Salganik, 2001）。

近年では、OECD生徒の学習到達度調査（Programme for International

Student Assessment：PISA）が、リテラシーを教科領域の横断的な概念の統合として捉えている（すなわち、読み書きリテラシー、数学リテラシー、科学リテラシーを PISA は評価している）。リテラシーの概念は、カリキュラム内容へ焦点化した排他的なものから、知識をふり返り、個人的な目標を達成し、社会への適切な参加をしているかといった評価をめざしている（OECD, 2000）。

しかし、国際的な調査やまた政策形式[4]においても、リテラシー概念のこの拡張的な使用は、多様で不正確な用途に由来する用語上の困難さがいまだに残っている。この困難さは、コンピテンスの使用が直面しているものと同様なものである（Weinert, 2001, pp. 45-46）。その上、「リテラシー」を他の言語に翻訳することは多くの問題を生み出す。英語でさえ、それは一般的に認知的領域に関連するものであり、精神的な前提条件の動員によって、複雑な需要に対応できる意図的で概念的・中心的意味をまっすぐに伝えることはまれなのである。

最近の調査枠組みの中で定義されたリテラシー概念と DeSeCo のコンピテンス概念との間の収斂と、「リテラシー」という語に関する複雑性の間の収斂は、ともにコンピテンス概念とリテラシーの概念を置き換えることで、国際調査に役立つということである。さらなる利点は、そのような変化が OECD 教育大臣レベルでの政治的議論と一致したということだろう。それは彼らの公式発表「全人のコンピテンシーのための投資」（Investing in Competencies for All）（OECD, 2001b）に反映されており、以下のように述べられている。「発展の持続可能性と社会的結合は、批判的に、全人のコンピテンシーに依存している。そのコンピテンシーとは、知識、スキル、態度、価値観すべてを含むと理解されるものである」（p. 2）。

コンピテンスとキー・コンピテンス

「キー・コンピテンシー」、「コア・コンピテンシー」、「キー・クオリフィケーション」、そして「ライフスキルやコア・スキル」といった用語は、社会科学および教育政策において大変人気がある。一般的に、これらの語は「多くの重要な目標を達成し、いろいろな課題を習得し、そしてなじみのない状況で

行動するのに役立つ多機能で学際的なコンピテンシー」に該当する（Weinert, 2001, p. 52）。成人のリテラシーとライフスキル調査（Adult Literacy & Life Skills Survey：ALL）において、ライフスキルは「個々人が、社会文化的な周辺の文脈の中で、環境に適応し、それを形成し選択することを通して、人生の成功に到達するために必要なスキルやアビリティー」(Binklry, Sternberg, Jones & Nohara, 1999, p. 3 ）であると定義されている。特に重要なコンピテンシーに焦点を合わせる DeSeCo の目的に沿って、まず重要で大切なコンピテンシーの同義語として、キー・コンピテンシーの概念を用いる。さらにその詳細を次章で論じるが、DeSeCo ではキー・コンピテンシーが個人に基礎をおくコンピテンシーであるとし、人生の成功や正常に機能する社会に貢献する働きを持つとともに、人生の異なる領分に横断的に関連し、またすべての人にとって重要なものであるとしている。コンピテンシーの広い概念に一貫しているのは、それぞれのキー・コンピテンスが、認知的スキル、態度、動機づけ、感情、そして他の社会的構成要素の相関的な組み合わせという点である。

　上記の基準のすべてにあてはまらないコンピテンシーは、キー・コンピテンシーとはみなされない。たとえば近代史を教えたり、カラス貝や牡蠣を養殖するなど、ある人にのみ関連があり重要なコンピテンシーは、キー・コンピテンシーとは考えられない。これらのコンピテンシーはある人にとっては人生の成功のために重要であるかもしれないが、すべての人にとって重要であるというわけではない。加えて、それらは特定の作業や仕事であって、多様な社会分野に横断的に適用する条件には合わないのである。

　オーツ（Oates, 2003）は、キー・コンピテンシーが、特定の文脈や職業の需要に対して必要な全範囲の資源を提供するという解釈には注意を促した。明らかにワイナート（Weinert, 2001）が指摘するように、1つのキー・コンピテンスとして何かを定義し、認定するのは不十分であろう。

　　いくつかのキー・コンピテンシーを所有するにも不十分だし、学び方を学習しても不十分であり、いくらかのメディアコンピテンスを獲得したとしても、いつでも必要な情報を電子形態で得ることができるだけで

第 2 章　コンピテンスのホリスティックモデル

は不十分なのである。……近代の認知心理学は、そのような教育モデルはユートピアといえるだけでなく、ほとんどの場合ナンセンスでもあると教えてくれている（p. 53）。

　このように、キー・コンピテンシーに焦点をあてた DeSeCo は他のコンピテンシーの重要性に疑問を呈したわけではない。キー・コンピテンシーは特定の領域のコンピテンシーの代理になるものではない。そのような特定領域のコンピテンシーもまた、必要であり、しばしば特定の文脈や状況の需要にうまく対処するための重要な資源を構成しているのである。

コンピテンスの評価

　コンピテンシーが複雑な性格をもち、文脈と深い関係にあるという点が、コンピテンスの評価には重要である。第一にコンピテンスは直接測定できないし、観測できない。多数の状況の中での需要に対応するふるまい（パフォーマンス）を観察することで、推察しなければならないのである(Oates, 2003)。「パフォーマンスに基づく」大規模調査は、実生活の中で、個人が直面する需要の近似値でしかないことが認識されなければならない。多数の戦略が、調査の問題と個人への実生活の需要とのギャップを狭めるために提案されている。それは、実生活の状況からの広範囲にわたる素材の使用や、[5]　調査結果が人生の成功を予測できることを示すことによって結果の妥当性を検討したり（Weinert, 2001）、調査の中に生活に似た要求に個人が適応するよう求めるいろいろな文脈や状況を含めて調査を設計する（Oates）などである。

　加えて、学校の教室でのテストや大規模調査を含むコンピテンシーの評価の多くは、伝統的にコンピテンスの認知的な要素に限定されていた。ワイナート（Weinert, 2001）は、もしある範囲の領域の横断的な需要に対応する個人の能力に関するものであれば、コンピテンシーの認知的要素の評価に注意が限定されている点に警告を発し、国際比較による測定が認知的・非認知的な要素の両方を測定するための尺度が求められると注意を促している。

　コンピテンスがふるまいから推察されるしかないという事実は、評価の基本的批判の根幹的課題であり、調査項目の問題を具体的に特定することは必

ずしも中立的な課題ではない。

　これらの関心を活性化する権力の要素が明らかに存在する。もし私が機能主義者的な立場から課題要求を設定すれば、あなたのふるまいに基づき、コンピテンスを推察する権限が私に与えられる。だがそれは一方で、自分のコンピテンスを私に説明するために、あなたが最大限のパフォーマンスを強いられるということでもある。ここには明白な権力格差があり、人が集団的な指標から説明責任を問われたり、選抜体制に巻きこまれたりするという状況になる。エリートや力を保持する人々にとっては一般的に何の問題もないが、もしも目標がコンピテンシーのより広い普及に向かうことであるならば、この権力格差は無視できない問題である（Keating, 2003, section3.2）。

これらの考察は、コンピテンシー調査の設計と解釈に従事している人々にとって、重大な挑戦と重要な責任をもたらすことになる。

政策の意義づけ：全人のためのコンピテンシーに向かって

　DeSeCoで見出された能力の概念は、政策にとって重要な意味を含んでおり、伝統的な教育と学習の方法の妥当性と有効性についての疑問を引き起こす。DeSeCoの主要な焦点ではないにもかかわらず、コンピテンスの開発と、特に教育政策に関わる多くの問題が、DeSeCoに提案として記述された報告で言及され、第二回の国際シンポジウムに提起された。ここで私たちは、その実用的な意義とともに危機にさらされている問題のいくつかを描き、さらなる考察につながる可能性をもった話題としてみたい。

学習を促進する戦略

　どうしたらコンピテンシーを発達させ、強化することができるだろうか？全人のためのコンピテンシーとキー・コンピテンシーを育成し、強化しよう

第2章 コンピテンスのホリスティックモデル

とする場所としての学校(教授と学習に責任がある近代社会の初等教育機関)の意味は何か？ 学校は訓練の基礎的カリキュラムを通して、知識と認知スキルの伝達を伝統的に強調してきた。この長期にわたって継続してきたモデルでは、知識を持つ教師が知識を持たない生徒に知識を伝えるよう任されている。多くの場合、学校がどう経営されているか、学校における日常生活がどのようなものかについて比較的わずかな知識しか生徒には与えられていない。

ゴンチ（Gonczi, 2003）は、まるで心が容器であるかのように事実、知識、信念、および観念で学習者の心を満タンにしてしまう、この伝統的な学習の概念に対して強く疑問を投げかけている。

> 古い学習理論のパラダイムは、学習が生じる環境に学習者を結びつける新しいパラダイムに代えられる必要がある。新しい学習の概念は、個人の認知的側面と同様に、感情、道徳、身体を考慮したものであり、そして現実の学習が行為の中で、および行為を通してのみ生じるという。したがって、キー・コンピテンシーの学習は、判断を下す力量をおそらく生涯にわたって増大させるという点で、現実の世界への働きかけを通してのみ生じることができる（section 1 ）。

彼は、1990年代にオーストラリアで行われたパイロット事業を取り上げ、この学習モデルを一貫させて行った学校を基盤とした活動を例として示している（Gonczi, 2003）。それらは学校後の人生生活を模擬体験するという点で、活動的で自律的な学習の促進を含んでいる。このアプローチの基盤となっているのは状況学習理論（situated learning theory）であり、日常生活の中で生じる行為を通して学習者の中で発達し、創造される知識を議論するものだ（Lave & Wenger, 1990）。ゴンチはまた、キー・コンピテンシーの教授と他の教科素材の教授を統合することを勧め、他の活動と統合することによってキー・コンピテンシーが明確になると勧めている。

さらに、教えられたことが個人にとって意味あるものとし、いろいろな状況で直面する生活要求に個人が対応できる能力を保証する重要性にキー・コ

ンピテンスの考え方は焦点をあてている。このため、適応性の考えは重要である。いくつかの研究は次のことを示した。それは学習の戦略が、適応性を向上させ、短期記憶よりも深い学習に結びついたというだけでなく、また動機づけや自律性を強化するものでもあったということだ。効果的な学習戦略は、広範囲の文脈の活用や、演繹的というよりは帰納的なプロセス、バラバラで人為的な要素よりも問題が全体として統合された問題中心の学習状況、自己決定学習や自己反省的な学習スタイルの促進を含んでいる (Oates, 2003, section 3.2)。

DeSeCo の発見は社会生活の中で、あるいはいろいろな領域にわたる複雑な要求への適応のためには、生活の中でのフォーマル、インフォーマルな知識や体験に基づく反省的アプローチやクリティカル・シンキングの全面的な発達が必要だということである。この結果は、いっそうの学校カリキュラムやプログラムの改善や拡張を求めている。つまりそこで求められているのは、

> 教師－生徒の関係と教育制度の機能とを「自治」タイプの教育へと向かわせる相当に重大な移行である。それゆえ予想されるべきことは、カリキュラムの変化はもちろん、ハイリスクな教育、つまり教授および学習の関わり方や態度に求められる変化である (Perrenoud, 2001, p. 147)。

市民のコンピテンシーを開発する分野として、IEA の市民教育研究 (Civic Education Study) の発見によると、多くの国々において、教室が開放的で信頼できる雰囲気にあると回答する生徒の割合が、将来の選挙の投票率や、市民的知識、そして学校の決定に効果的に参加する生徒の能力や自信といった予測の指標になったという (Fratczak-Rudnicka & Torney-Purta, 2003)。

このように、人々が現代生活の要求に対応するために必要なより高度な精神的複雑さのレベルに達するには、学校はだんだんと挑戦的なカリキュラムを習得するためのサポートを生徒や学生に提供していかなければならない。「生徒や学生がすぐに習得できるカリキュラムを提供する学校はない」(Kegan, 2001, p. 203)。さらに、人々が通常は成人期までにこのコンピテンスレベルに到達しないので、「スキルの獲得あるいは知識の基礎的な資源の増大だけ

第2章　コンピテンスのホリスティックモデル

でなく、発達のための教育、変容のための教育」を認めていくために、学習と精神的発達のための教育的な経験と機会は、成人期にも提供される必要がある（p. 203）。キーガンにとって、この理解は成人教育の、もしくは生涯教育の目的の重要な基礎となるものである。

好ましい環境

　コンピテンシーの獲得は、個人だけの責任とすることはできない。そしてそのためにはまた、個人的な努力、動機づけ、学習スキルの問題に帰すこともできない。コンピテンシーの発達と実現は、好ましい素材、制度、そして社会的環境の存在に依存している。経済的社会的な政策、そして特に教育政策は、若い人にも成人にも、必要なコンピテンシーを学習するだけでなく、それらを使用するためにふさわしい機会を提供することが求められている。事実、「社会が市民に対して、彼らが持っており大切にしているコンピテンシーを使用する意義ある機会を与えないならば、コンピテンシーの強化よりもむしろ衰退が結果として生じるだろう」（Keating, 2003, section 2.3.5）。

　これまで、人的資本に関する社会政策は、学校教育と経済的成果に焦点を合わせてきた。しかしながら、持続可能な発展へ向けて努力する本物の学習社会の構築がいっそう求められている。そのために必要な条件が「集団を通じてコンピテンシーを新しくし、保持し、補強するために、社会的なアフォーダンス（環境）についてともに考える社会へのシフト」なのである（Keating, 2003, section2.3.5）。

　　完全な分析には、少なくとも、家族政策、職場参加・学習・コンピテンシーの更新に影響を与える政策、人々が生活し、働いている社会的で身体的な環境の質に影響する政策、健康とヘルスケア政策、退職や高齢者の活動と高齢者ケアに対処する政策を考慮する必要があるだろう（Keating, 2003, section2.2.4）。

　さらに、学習社会は、学校、職場、家族、労働組合、クラブ、専門家組織などのように、メンバーの成長と発達のための責任と学習の特性とをもって

いるすべての社会的な組織を巻きこむだろう（Gonczi, 2003, section 12）。しかしながら関連する組織の中での適切な「仕事の割り当て」は明確になっていない。キー・コンピテンシーの強化と発達においてそれぞれが果たすことができる特定の役割（および、それらのパートナーシップ）は、信頼できる概念的で理論的な基礎に基づいて明らかにされる必要がある。これは、個人の基礎となるコンピテンシーをめざす努力が、各組織にとって実際的で望ましいコンピテンシーを分析することによって補完される必要を示唆しているだろう。社会的な組織は、各個人にとって基礎となるキー・コンピテンシーの実現を可能とする環境をどう提供することができるだろうか。また、正常に機能して、持続可能な社会にどう貢献できるだろうか。

　この章では、コンピテンスの定義を形づくることに焦点をあてて需要、個人の心理社会的な条件、および文脈を中心に論じた。このコンピテンスのホリスティックなモデルが理論的に根拠づけられ、それはキー・コンピテンシーの定義と選択のための概念的な基礎をレイアウトすることによって、DeSeCoの全体的な準拠枠組みの重要な要素を構成しているのである。

【注】

1　この問題に対する、より包括的な議論は、以下を参照のこと。Weinert (2001)、および Witt & Lehmann（2001）。
2　たとえば、チームワークスキルや社会的スキルといった非認知的な領域に見られる活動に関して。
3　しかしながら、基礎スキルは常に、低レベルであるとは言っていない。SCANS(the U.S. Secretary's Commission Achieving Necessary Skills）プロジェクトでは、読むこと、書くこと、演算、数学、話すこと、聞くことが基礎スキルと位置づけられる。しかしここでいう基礎とは、レベルの困難さを示すよりもむしろ、それらが他のスキルの基礎となっていることを意味している。たとえば、「読むこと」には「他の作家が書いたレポートや提案、理論について、その精度、適切さ、スタイル、そして妥当性を判断する」ことができるという点を含む。また、数学は「事態の発生と予測についての機会の役割を理解する」ことができるという点を含んでいる。そして、「話すこと」は

第 2 章　コンピテンスのホリスティックモデル

「聞き手の背景を理解して応じることができ、必要な時には質問をすること」ができるという点が含まれている（U.S. Department of Labor, 1992, p. 83）。

4　たとえば、健康リテラシー、メディアリテラシー、家族リテラシー、環境リテラシーなどがあげられる。

5　たとえば、PISA や ALL がこのアプローチを使用している。

第3章

キー・コンピテンシー
──人生の重要な課題に対応する

ドミニク・S・ライチェン
(Dominique Simone Rychen)

はじめに

　DeSeCoは、国際的に妥当性をもついくつかの限られた数のキー・コンピテンシーの構築に関する多くの疑問や批判に、当初から直面していた。社会学者のフィリップ・ペルノー（Philippe Perrenoud）は1999年の第一回DeSeCoシンポジウムでの発表に、「普遍的な中核的能力（コア・コンピテンシー）を明らかにする：技術主義者の空想か、あるいは人権の拡張か」という挑発的なタイトルをつけた。また人類学者のジャック・グッディ（Jack Goody, 2001）は、各国や社会領域において、またそれらを横断して妥当性をもつような限られた数の能力が見つかる可能性を否定するやり方で、プロジェクトに挑戦した。彼の議論は、文化、生活様式やスキル、あるいはそれらのスキルが定義されたり価値づけられたりするやり方が、社会によって、また集団や時代によって大きく異なるという観察に基づいていた。このような主張はOECD加盟国において、また国境を越えて、文化、価値体系、政治的・経済的優先課題、生活条件、そして生活様式が、きわめて多様な現実に直面しているという事実によってさらに強化される。これらの差異は社会、機関、組織、個人に対して加えられる要求に大きな幅があることを示唆する。
　各国の内部、また各国間において、個人的にも社会的にも相当な差異が予測されるもとで、一般的な（あるいは普遍的に適用可能な）キー・コンピテンシーの集合を定義する基盤は存在するのだろうか。限られた数の共通のキー・コンピテンシーを構築できるという基本的な前提自体、どの程度まで正当化しうるのだろうか。DeSeCoにおけるさまざまな発表は、重要な応答を生み出す。つまり、多様性は共通のビジョン、共有された理想、グローバルなプロセスや課題の認識を排除するものではない、ということである。
　キー能力を定義する際の第一ステップが能力の概念化だとするなら（第2章参照）、次のステップは何がある能力を「キー」（鍵を握る）にするのかを記述することである。キー能力の考え方は新しいものではないが、近年、特に多くのOECD諸国の社会科学者や教育政策立案者の間で一般的になった（第

第3章 キー・コンピテンシー

1章参照)。このような関心の高まりにより、キー・コンピテンシーのさまざまな定義やリストに関する提案が行われた。しかし、概念的な一貫性や理論的な根拠はあまり見られない（Oates, 2003）。何らかの共通性はたしかに存在するものの、多くの違いがあるために、キー能力の定式化された定義、あるいは「能力」と「キー能力」という用語の定式化された区別を推論したり、総合したりすることを困難にしている。さらに、DeSeCoの国別報告書に見られるように（Trier, 2003）、「キー・コンピテンシー」という用語は「中核的能力」、「スキル」、あるいは「教育目標」などの用語と交換可能なものとして使われることがしばしばである。ワイナート（Weinert, 2001）はこの状況を次のように述べている。

> キー能力の概念は、能力の概念とおなじくらい曖昧で両義的である。この2つの概念の明確で納得のいく区別は恣意的なものか、あるいはまったく存在しない。過去数年間にドイツの職業訓練の文献だけでも、650以上の異なったキー・コンピテンシーが提案されている。これらは、創造性、論理的思考、問題解決スキル、達成レディネス、独立心、集中力のような概念から、外国語スキル、コミュニケーションスキル、メディア能力などの概念にいたるまで幅広い（pp. 51-52）。

明らかに、もし「キー」という言い方が何らかの意味、信頼性、あるいは有用性をもつとするなら、650ものキー・コンピテンシーが存在するはずがない。したがって、DeSeCoプロジェクトの1つの主要な目標は、専門家の意見を引き出し、検討することにより、キー・コンピテンシーに必要な何らかの基準や要件を明らかにすることであった。そのような定義は政策や実践だけでなく、研究においても適切で役に立つにちがいないし、国際的な文脈でキー・コンピテンシーを選び出す基盤を提供するだろう。

本章はキー・コンピテンシーに関するDeSeCoの全体的枠組みの重要な要素を示す。それらは、キー・コンピテンシーの定義、個人や社会が今日直面している複雑な要求に照らして必要とされる能力のレベル、そしてキー・コンピテンシーをマップ化し、記述するための概念的基盤としてキー・コンピ

テンシーを3つの要素でカテゴリー化することである。この3要素によるカテゴリー化においては、個別の基盤をもつ多くのキー・コンピテンシーが強調される。最後に、文脈の多様性が基本的な問題であることを認識しながら、異なった状況においてキー・コンピテンシーがどのように機能するのかについて考えるためのモデルが、本章の最後に述べられる。

キー・コンピテンシーの定義

　第2章で述べられた能力モデルの定義の基準を用いるなら、いくつものコンピテンシーを思い浮かべることができるだろう。しかし、特に政策的な観点にたつと、そのすべてが検討や開発に対する幅広い関心と支持を生み出すわけではないだろう。政策立案者は個人や社会の幸福にあまり影響を与えないようなコンピテンシーの開発、あるいはすでに広く存在すると考えられるコンピテンシーに対して貴重な資源をささげようとはおそらく考えないだろう。したがって、能力とキー能力を区別すべき明確な理由が存在するのであり、「不可欠な」あるいは「重要な」と同じ意味で「キー」という言葉を使うかぎりはそのことに注意しなければならない。すると、これに続く質問は当然「何にとって重要なのか」ということになるだろう。
　能力の領域における既存の研究の見直しと、さまざまな分野の専門家の意見をもとに考えると、DeSeCoで定義されたキー能力の概念は3つの一般的な基準に基づいている。つまり、「キー・コンピテンシー」は、

――1) **全体的な人生の成功と正常に機能する社会という点から、個人および社会のレベルで高い価値をもつ結果に貢献する**
　このとらえ方は、個人的、経済的、社会的な幸福に関して人的・社会的資本におかれた重要性と一貫している。最近の研究は、人的資本が経済パフォーマンスにおいて重要な役割を果たすだけでなく (Levy & Murnane, 2001など)、人的資本への投資によってよりよい健康、福祉の改善、よりすぐれた子育て、社会的・政治的関与の増大などの重要な個人的、社会的な利益が生み

出される、という見方をさらに補強している（OECD, 2001d）。

―― 2）*幅広い文脈において、重要で複雑な要求や課題に答えるために有用である*
　個人は多くの異なった活動領域に参加する。雇用者あるいは従業員、消費者、市民、生徒、家族の一員として有能に機能したり、成功したりするために、領域（ドメイン）や役割に固有の異なった能力が必要とされること、あるいは望ましいことは明らかである。しかし、DeSeCoの焦点は幅広い文脈において重要な個人的、社会的必要に対応するために役立つと考えられる能力におかれていた。したがって、キー・コンピテンシーは、さまざまな社会領域（経済セクター、政治生活、社会関係、家族、公的・私的な対人関係、健康分野など）のそれぞれにおいて、またそれらをまたがって、個人がうまく対処し、参加するのを可能にすることをめざしている。これはキー・コンピテンシーが1つの領域だけに限定されないことを意味する。生活の複数の領域に適用されるという意味で、横断的である。

―― 3）*すべての個人にとって重要である*
　この基準は、単にエリートの利益を促進するのではなく、むしろ社会的平等に貢献するように能力を高めることにこだわる（Ridgeway, 2001）という意味で、政治的な選択を反映している。「このこだわりは、生まれつきの能力よりも学習で身に付けられたスキルに対して、また本質的にエリートだけではなく、すべての人が適切で意味のある生活を手にするために必要なコンピテンシーに対して注目していることに示されている」（p. 205）。あるいは、ペルノー（Perrenoud, 2001）の言葉を借りるなら、「すべての市民、特に何よりも現在資源を取得できていない人々が、資源を手にすることができるようにするということでなければ、いったい『基本的な』能力を定義することの意味はどこにあるのか」（p. 121）ということである。すべての人の能力に投資することは、OECD諸国が生活のさまざまな領域で個人が手にする機会を拡大し、社会の全体的な生活条件を高め、これらの目的のためにすべての人の能力の開発に投資することに全般的にコミットしていることと一致する。
　この定義における「人生の成功」、「正常に機能する社会」、「複雑な要求」へ

の言及は、社会的目標、および能力が適用される世界を規定するいくつかの主要な特徴についての全般的なビジョン、あるいは合意に関するさらなる説明を必要としている。

前提としての世界の共通ビジョン

　「経済学は経験的に検証可能な仮説の開発と入手可能なデータで測定できる結果に価値をおく。その結果、ほとんどの経済分析は、存在するかもしれない理想的な経済ではなく、現に存在している経済に焦点をあてる」（Levy & Murnane, 2001, p. 151）。しかし、「さらなる発展の可能性が限られた今日の世界に個人が適応することを越えて、適切な能力を人々に与えることによって世界を変えたいと考えるなら、キー・コンピテンシーを定義する際に、経験的なものではなく、規範的な出発点を選ぶ必要がある」（Weinert, 2001, p. 53）。キー・コンピテンシーを定義づけ、選び出すことは、単に学術的な問題ではない。世界と個人に関わる規範的な検討が、重要で望ましく、価値ある結果と考えられるものにおいて役割を果たすのである。

　したがって、「個人がうまく責任ある人生を送り、また社会が現在と未来の課題に対応するために必要な能力は何か」という一見単刀直入な問いかけに答えようとすると、「私たちはどのような社会を想像し、願うのか」、「人生の成功とは何か」、「どのような社会的、経済的な発展に言及しているのか」といった、より深い問いかけがただちに生じてくる。さらに重要なのは、DeSeCoの前提がOECD加盟国、および潜在的には移行期の国や発展途上国のすべての個人にとって適切な答えをみつけることを要求しているということである。すると、最初のステップは社会や世界のいくつかの共通する目標や確認できる特徴の概要を明らかにすることである。不十分なものであったとしても、共通性を描き出すことは、キー・コンピテンシーを定義づけ、選び出すための前提となる一連の実践的な価値観、要求、条件を提供するのである。

第 3 章　キー・コンピテンシー

規範的出発点

　ドロールとドラクスラー（Delors & Draxler, 2001）が述べたように「国連システムと民主主義的な政府は、私たちが合意することができ、共同の事業をうちたてるために用いることのできるある種のアイデア、価値観、概念が存在するという前提で機能している」（p. 214）。したがって、地球規模の社会改革と社会・経済発展のための目標を具体的に述べたいくつもの国際協定によって、共通する規範的な世界のビジョンを探求する作業を始めることができる。条約や合意、特に世界人権宣言、万人のための教育世界宣言、環境と開発に関するリオ宣言は、基本的人権、民主主義の価値観、持続可能で統合的な環境・経済・社会開発をすべての社会にとって望ましい目標として具体的に述べている。たとえば、教育的開発の定義にあたって、万人のための教育世界宣言（1990年）は、すでに10年以上も前に出されたものだが、その第一条において、教育機会は個人が「生き残り、能力を全面的に開花させ、尊厳を持って生活や仕事を行い、開発に全面的に参加し、自らの生活の質を改善し、情報に基づく決定を行い、学習を継続する」ことを支援すべきであると定めている。さらに教育のニーズを満たすことは、

> いかなる社会の個人をもエンパワーするとともに、共通の文化的、言語的、精神的な伝統を尊重しつつそれらをさらに発展させ、他者の教育を促進し、社会正義の大義を前進させ、環境保護を達成し、自らのものとは異なる社会的、政治的、宗教的システムに対して寛容であり、共通に受け入れられた人道主義的価値観や人権が守られるよう確保し、相互依存社会において国際的な平和と連帯のために取り組む責任を与える（第一条）。

　私たちを統一させる共通の特徴と共有する価値があるという前提は、モニーク・カント＝スペルベルとジャン＝ピエール・デュピュイ（Canto-Sperber & Dupuy, 2001）の哲学的視点からの DeSeCo への理論的貢献によって、さらに強化される。「よき生活」の理想に着目しながら、彼らは個人が「多くの同じような生理的ニーズと能力」を持っているだけでなく、「心理的な類似性

もある」と述べ、たとえば、

> 必要以上のことをすることに関して、生き残るために必要なことをすることや余裕・選択・別の選択肢をもてるような状態をめざすなどの心理的な志向において、彼らは異なっていない。私たちは過去から学び、未来を計画する能力においてよく似ている。決して明確に示されることはないものの、私たちは人生をどのようにしたいかについての見解をもっている。私たちは思考し、記憶し、想像し、感情と感覚をもち、自らを抑制する力をもっている。他の人々との接触は人間生活の一部であり、ほとんどの時、私たちはそれに依存している（pp. 73-74）。

著者たちはさらに、一般的によき生活をつくり、主要な道徳理論と一貫性をもつ基本的な価値観を明らかにする(Canto-Sperber & Dupuy, 2001, p. 75)。彼らによれば、よき生活の価値観には以下のものが含まれる。

- なしとげた業績
- 人間存在の諸要素（人生を通じて自分の道を選び、人間らしい生活をおくること）
- 自分自身と自己をとりまく世界の理解
- 楽しみ
- 深い人間的な関係

これらの価値観は個人的、社会的な多様性に合致した一般原則である。個人のライフスタイルや社会経済的、文化的状況によって、よき生活としては多くの異なった形のものを考えることができる。しかし、これらの価値観を実現することは、日々の生き残りに四苦八苦している多くの人々、とりわけ発展途上国の人々の手にとどかないものとなっている。
　私たちの目的（人生の成功と正常に機能する社会のためにキー・コンピテンシーを定義し、選択することなど）にとって、共通する価値として前提となっているものや国際的な協定が幅広く受け入れられていることは、人権の

第3章　キー・コンピテンシー

尊重や持続可能な開発などの普遍的な目標が存在すること、またそれらがキー・コンピテンシーを議論するうえでの規制的な理想や規範的な立脚点となりうることを意味する。より具体的な問いかけ、つまり「キー・コンピテンシーは人生の成功と正常に機能する社会のどのような側面に対して貢献し、またその意味がどのようにして検証されるべきなのか」については、第4章で述べる。

共通する地球規模の課題

共通する規範的枠組みの中では、国々や社会はOECDの内部においてさえ、経済的・政治的目標や優先課題、文化的伝統、環境条件、利用可能な資源、雇用や社会的機会などにおいて大きく異なっており、キー・コンピテンシーの共通の集合を作りあげることに課題を投げかけている（Goody, 2001）。一般的なレベルにおける共通の価値観や原則にもかかわらず、表象や信念は実際に適用するときに矛盾を生じさせることがある。したがって、根底にある価値観の階層構造とともに、個人的、社会的な目標の意味や具体化（および、ときに対立する目標間の折り合い）は、社会経済的、文化的要因によって影響を受け、力関係や個人的、社会的、あるいは政治的な選択や優先課題によって影響を受ける（Carson, 2001）。

多様性、差異、バリエーションをことさら強調すると、相対主義に陥る危険性があり、社会の現実に適切に対応できない。文化的多様性と社会経済的不平等は、すべてではないにしても、ほとんどの国々に例外なく存在し、しばしば同じような理由で生じている。職業、職場、社会的・政治的機関の間の違いが何であれ、これらの状況や機関はほとんどの国に（多くの場合はすべての国に）存在しており、類似する側面と同じように異なる側面をもっている。したがって個人的、社会的多様性の高まりは、単に世界に共通する1つの側面でしかない。複雑さと相互依存性の高まりも、今日の世界におけるもう1つの主要な特徴である。その結果、社会や個人は、生活のすべてのレベルにおいてさまざまに異なる影響や現れ方をみせる、新旧の多くのグローバルな問題や課題に直面している。たとえば、機会の大きな不平等、さまざまな形をとる貧困、人口移動、経済変化、競争、生態的・政治的不安定化、

コミュニティの崩壊、新しい形態のコミュニケーション、疎外、暴力などである。政治的、社会的、経済的な力における特定の形態の非対称性と関わっているものもあれば、むしろ近年のグローバル化の過程の結果として生じたものもある。たとえば、経済的、文化的グローバル化と技術・生産の標準化は、真にグローバルな交換形態と標準を生み出した。その証拠としては、大規模な国際的運動、組織、企業の台頭、あるいは知識や技術を地球規模で交換することの容易さをあげれば十分であろう。（多くの個人や集団にとって、「地球村」はいまだに神話であるため）個人が「地球村」に接近したり、参加したりする程度にはかなり幅があるが、[1] その台頭は国家の政策や取り組みに対して、よい意味でも悪い意味でも、強力な影響を及ぼす。

　各国の国内において、また国々を越えて多くの類似性を指摘することができるという事実は、それらが自動的に意味のあるキー・コンピテンシーに転化するということを意味しない。また、1つの国でみつけられたキー・コンピテンシーを、すべてのOECD加盟国に広げて考えることもできない（第1章参照）。しかし、フランク・レビィとリチャード・マーネイン（Levy & Murnane, 2001）が述べるように「貿易のグローバル化と技術の国際的な広がりは、地球規模での一連のキー・コンピテンシーへと導く強力な力である」（p. 170）。

　さまざまな地球規模の課題や問題とともに、共通の価値や目標に言及することは、多様性を否定するものではなく、一連のキー・コンピテンシーの構築を有用なものとするに足る十分な類似性が人々の生活に存在することを強調するものである。

理論的・概念的基礎

　キー・コンピテンシーの定義にかかわる制約、および広範な社会的目標や地球規模の課題に照らして、私たちは学際的な視点から一連のキー・コンピテンシーの概念を下支えすることができる概念や理論のモデルを明らかにすることに努力してきた。

第3章　キー・コンピテンシー

　スイスのヌーシャテルで1999年10月に開かれた第一回DeSeCo会議、[2]およびその後のワークショップは、さまざまなアプローチやインプットの特異性を越える共通の特徴に関して、複数の学問領域からの学者や専門家が集中的な議論やふり返りを行う機会を提供した。ある種の一般的な全体に共通する概念に関する幅広い合意が生まれ、キー・コンピテンシーに関する理論に基づく参照枠を形作っている。

　この枠組みには、能力のモデル（第2章参照）と上記の重要なパラメーターに加えて、2つの主要な要素がある。まず、心の複雑化についての進化モデルに基づく、現代生活に求められる精神的複雑さのレベルの具体化であり（Kegan, 2001, p. 194）、第二に、人生の成功と正常に機能する社会につながるキー・コンピテンシーの3要素によるカテゴリー化である。私たちは必要とされる精神的複雑さについて、反省性（reflectivity：個人による人生への思慮深いアプローチという意味において）の概念を通じて理解し、キー・コンピテンシーについての概念を3つの幅広いカテゴリーによって表現する。それらは、社会的に異質な集団で交流すること、自律的に活動すること、相互作用的に道具を用いることであり、すべてより高次の精神的複雑さの発展を前提としている。

　複雑な精神的必要への応答としての反省性という概念とキー・コンピテンシーの3要素によるカテゴリー化は、意見交換、議論、分析的・創造的な作業の結果であり、DeSeCoプロジェクトの多分野にわたる専門横断的な視点から学際的な理解と理論化への移行を表すものである。

　本節は、反省性という包括的概念の記述から始める。続いて、キー・コンピテンシーの3つのカテゴリーの概要が、理論的基礎をより行動志向型のキー・コンピテンシーに翻訳するモデルとして示される（反省性とカテゴリーの底に横たわる概念など）。

現代生活の複雑な要求に直面した思慮深い実践

　先に述べたように、キー・コンピテンシーに関する私たちの分析と概念化は、複雑かつ相互依存的で対立を生じさせやすいものとして、また国々、コミュニティ、制度、組織だけでなく、最終的には個人やその精神にまで影響

を与えたり、課題を投げかけたりするものとして世界をとらえる見方に立脚している。[3]

たとえば、カルロ・カリエリ（Carlo Callieri, 2001）が述べているように、

　たしかに、問題は状況がますます複雑化するとともに不確実性が増大している世界にある。社会は不確実性を克服するようなやり方で複雑さと取り組めるようにする道具（ツール）を身に付けなければならない。この新しい視点において、個人は不確実性を管理し、それを自らの利益に転化する道具を作りだすことで絶対的に重要な役割を担う（p. 231）。

個人が複雑な状況に対応するだけでなく、そのための「道具を作りだす」必要があるという考え方は、最初に学習されたやり方でくり返し適用することのできるスキル以上の能力という考え方を生み出す。そのようなスキルはたしかに必要とされているが、現在の挑戦は個人がイノベーション（革新）や継続性に対応し（Haste, 2001、Oates, 2003）、能力をあたかも公式や明白なプロセスであるかのように単に「適用する」ことを越えるようなレベルの能力を必要としている。

複雑さ、あるいは関連した用語の問題は、中心的なテーマと同様に、能力や教育目標に関するさまざまな言説に反映されている。DeSeCo が利用できるスキルや能力のリストのレビューによれば、キー・コンピテンシーあるいは教育目標として示されているものの多くは、蓄積された知識を想起すること、抽象的に思考すること、よく社会化されていることなどをはるかに超えるものである（Trier, 2003、第1章）。現代生活の多くの必要に対応するためには明らかに不十分である。キーガン（Kegan, 2001）が述べ、また各種学術的エッセイ（Rychen & Salganik, 2001）に示されているように、さまざまな社会的な領域において、またそれらを交差して現れる複雑な挑戦に対応するためには、より高次レベルの精神的複雑さ、あるいはキーガンの用語を使うなら（Kegan, 2001）「精神的複雑さの自己著述的秩序」の発達を必要とする。この精神的秩序は、個人が「排他的な思考や環境の期待の虜になることなく、経験から学び、自ら考える」ことを可能にするような批判的なスタンスと思

慮深く、ホリスティックな生活へのアプローチを必要とする（Perrenoud, 2001, p. 146）。

　底によこたわる反省性は客観化の過程のアイデアである。つまり、主体であったものが、対象となる。「『対象』とは、思考し、取り扱い、ながめ、それに責任をもち、互いに関わりあい、コントロールし、内面化し、同化し、あるいは別なやり方で操作する、私たちの認識や組織化の対象となる要素を表し、『主体』とは、私たちが同一化し、結び付けられ、交じり合い、あるいはそこに埋め込まれていたりする、私たちの認識の対象となる要素を表す」（Kegan, 1994, p. 32）。言い換えるなら、またキー・コンピテンシーの開発に重要な影響を与えるものとして、個人は対象であるものに対してのみ責任を負ったりコントロールしたり、思考したりすることができるのである。

　キーガン（Kegan, 2001）によれば（また、さまざまな学術エッセイにおいて考察されているが）、この「精神的複雑さの自己著述的秩序」は私たちに次のことを必要とする。

- 社会化の圧力から一定の距離をとることで、あらゆる方向から私たちに向けられる期待や要求について目をむけたり、判断したりすることができること
- 私たちが感情や思考を作り出す主体であるという事実に責任をもつこと。つまり、私たちが内面の心理が生み出すドラマを眺める観客となって、自らの機能不全的なふるまい、思考、感情の源を幼い頃の家族体験の中に反省的に見いだすということでは不十分であり、むしろ成熟した大人としてステージを次から次へと飛び移り、ドラマそのものの脚本を書き換える劇作家のようになることが期待されている
- 明確な抽象あるいは価値観を生み出し、それらに優先順位をつけ、その間の対立を内的に解決する、より複雑な抽象化あるいは価値観の体系（全体の枠組み、理論、あるいはイデオロギー）を作りだすこと

　この見方に立てば、柔軟性や適応性、寛容性、開かれた心、責任、主導性など、通常は有能な成人に結びつけられるさまざまな要件は、特別な意味を

もち、より高次の精神的複雑さにかかわるものとして、キー・コンピテンシーを考える必要性を裏付ける。

さまざまな人生の状況において成人が直面する精神的な課題に対応するために必要な能力のレベルとして反省性の意味を捉えるために、3つの概念を以下に示しておく。それは、社会空間を乗り切ること、差異や矛盾に対処すること、責任をとることである。「精神的」という言葉は、「その人の意味を構築する、あるいは意味を組織する能力」を表す広い意味で用いている。単に「どのように考えるか」ではなく、「自らの思考、感情、社会関係を含みながら、経験をどのようにより一般的に構築するか」である（Kegan, 1994, pp. 29, 32）。

——社会空間を乗り切ること

グローバル経済と情報社会における柔軟性と移動性（空間的、精神的）は、DeSeCoにおける多くの発表に共通するテーマである。キーガン（Kegan, 2001）はこのような見解を、以前のDeSeCoの出版物において「21世紀の成人はさまざまな文脈を乗り切れる必要がある」として整理した（p. 192）。たしかに、今日の成人は成功した、責任ある、生産的な人生を送ることが求められており、社会において、また人生を通じて、さまざまに異なった役割を果たすことを期待されている。すなわち、異なった文脈において理解し、行動することや、現代生活の複雑な挑戦や要求に応えることなどである。

社会空間を乗り切ること、あるいはさまざまな文脈を移動するとはどういうことなのだろうか。まず、社会空間、文脈、あるいは環境は、見かけ以上のものである。DeSeCoのプロジェクトにおいて、私たちは文脈というものを、社会をつくる多元的な社会領域（Bourdieu, 1980、1982）に構造化されたものとしてとらえている。ペルノー（Perrenoud, 2001）は、社会領域の多くの例をあげているが、その中には親子関係、文化、宗教、健康、消費、教育と訓練、仕事、メディアと情報、コミュニティなどが含まれる。人生を通じて、今日の個人はこれらの社会領域のすべてではないにしても、ほとんどに関わっている。

社会領域は独自の課題や利害、異なった形態の資本（お金、特定の知識、

承認、ネットワーク、関係など)、力を獲得して領域の境界を定義づけようとする領域内の主体間で生じている現在進行中の闘争によって特徴づけられる。したがって、社会領域はある意味でゲームに似ている。社会領域もゲームもともにプレーヤー、ルール、利害、認識された闘争をもっている。したがって、個人が単なる観客ではなく、プレーヤーであるためには、「問題になっている領域に特有の知識、価値観、ルール、儀礼、コード、概念、言葉、法律、機関、および対象物」に慣れ親しむ必要がある (Perrenoud, 2001, p. 130)。ゲームに参加するために (あるいは複数の重要な人生の領域を乗り切るために)、個人はそのゲーム特有の要求と、さまざまなゲームに共通する要求が類似していることに気づいている必要がある。領域を越えて移動したり、不慣れな文脈に柔軟に適応したりするうえで、まず必要なのは「何かを知っていること」よりも、「どのようにするかを知っていること」である。それは、何よりも、過去の経験においてすでに出会ったパターンを認識したり、以前に経験した状況と新たに経験する状況の類似性を認識したり、世界における活動を導くためにパターンを活用することである。(Canto-Sperber & Dupuy, 2001, pp. 81-82)。

──**差異や矛盾に対処すること:「あれかこれか」を越えて**

多文化主義、多元主義、ポストモダニズムに関わって、もう1つしばしば言及される要件は、差異や矛盾を扱うことである (Haste, 2001, pp. 105-108)。複雑な問題に対する自然な反応の1つは、それらをより複雑ではないものにすること、たとえば、問題や問いを一連の相互に排他的な選択肢の集合に還元したり、差異や矛盾を扱うための厳重な規則を採用したりすることである。しかし、このようなやり方は多くの点で実用的ではないだけでなく、世界を全体的に理解したり、世界とうまく相互作用することを妨げる。私たちの多様な世界は、「あれかこれか」という形で1つの解決策を急いで求めようとするのではなく、明らかに矛盾していたり、相容れない目標を同じ現実の諸側面として統合することにより、緊張関係 (たとえば、平等と自由、自律と連帯、効率性と民主的プロセス、エコロジーと経済の論理、多様性と普遍性、イノベーションと継続性) を扱うことを要求している。たとえば、持続可能

な開発という概念は、経済成長、生態学的制約、および社会的結合を対立しあう目標ではないとしても、それぞれ別個の相互に無関係な目標として取り扱うのではなく、複雑でダイナミックな相互作用を認識しながら、その間の緊張関係を扱おうとする1つの答えである。もう1つの例は、個人が社会関係の中に埋め込まれているという考え方であり、個人と社会の弁証法的でダイナミックな関係を前提にしている。

より一般的には、現代生活が投げかけるしばしば複雑で、手に負えない、ダイナミックで多面的な諸問題に対して、統合的で全体的なアプローチが最善の応答である可能性が高い。曖昧な、あるいは矛盾する立場や行動に対処すること自体は、難しいことではない。実際、私たちの大部分は、そのことを考えることもなく対処している。課題は（キー・コンピテンシーに反映されなければならないが）、多元的でダイナミックで、しばしば対立する側面に、うまく思慮深いやり方で対処することであり、解決策や解決方法が1つではないことを認識することである。ヘイスト（Haste, 2001）が述べているように、「世界をより複雑な姿で捉える必要があることを認識するなら、求められる能力は多様性や不協和を創造的で巧みなやり方で扱い、途中であきらめたり、相対主義に陥るのを避けようとする力である」。したがって、矛盾していたり（時にはただ表面的にそのようにみえるだけの場合も）、あるいは互いに相容れない考え方、論理、立場の間に存在する多くのつながりや相互関係を考慮にいれつつ、より統合的なやり方で考えたり行動したりすることを学ばなければいけない。

──責任をとること

DeSeCoプロジェクトにおいては、「想定されているのは、ただ有能であればどんな個人でもよいということではなく、少なくともOECD諸国を特徴づける自由民主主義や資本主義経済体制の中で有能に機能することができる人間である」（Carson, 2001, p. 39）。今日、ほとんどのOECD諸国において、起業家精神や個人の責任に価値がおかれている。個人は単に適合的なのではなく、革新的で、創造的で、自己主導的で、内発的な動機づけをもち、したがってさまざまな社会領域において自らの決定や行動に責任がもてる（親、パー

第3章 キー・コンピテンシー

トナー、雇用主、従業員、市民、学生、あるいは消費者のいずれであっても）ことが期待されている。

DeSeCo での発表の多くにみられる考え方は、教えられたことや言われたことにただ従うだけでなく、「自ら考え」（道徳的、知的な成熟の表現として）、自らの知識と行動指針を作り出すことが、個人に期待されているということである。

キーガン（Kegan, 2001）は次のように要約している。

> ヘイスト（Haste）、ペルノー（Perrenoud）、カント＝スペルベル（Canto-Sperber）とデュピュイ（Dupuy）、およびレビィ（Levy）とマーネイン（Murnane）は、すべて社会化のプロセスについて述べているが、彼らは共通して「有能な成人」が社会化の虜（疑われることのない一連の仕組みの単なる忠実な部分）になるのではなく、同時にそのプロセスに留意する（したがって社会病質者や社会の無責任な被後見人にならない）ことを求めている（p. 199）。

責任をとるとは、個人が（自らに課されたさまざまな要求に応えるために）批判的なスタンスをとり、「当たり前と考えられてきた多くのことを問い直す」（Canto-Sperber & Dupuy, 2001, pp. 84-85）ことに積極的になる必要があるということであり、したがって「社会化の圧力を『対象』として、つまり思考し、ときに意志決定できるもの、しかし再構成することはできないものとして捉える」（Kegan, 2001, p. 199）必要があるということである。そこにはたとえば、「どのように生きるべきか」、「良い人生とは何かについての自らの全体的な考え方からすると、この具体的な状況において何をなすべきか」、「あのようにした自分は正しかったのか」、「自分の行ったことが何をもたらしたのかわかったが、はたしてああすべきだったのか」、「この目標を達成するために、なぜ自分はこのやり方を選んだのか」といった問いかけ（Canto-Sperber & Dupuy）が関わっている。したがって、「自分自身の視座をつくりだした当事者であること、それを所有していること、そしてそれを自らの目標のために節制していることに責任がある」（Haste, 2001, p. 115）。しかし、

これは自己中心的な、あるいは個人主義的な行動の概念化とは関係がない（個人は社会的に埋め込まれている）。実際、「何かの『意味』は（私たち自身のアイデンティティや道徳性を含めて）私たちの社会的コミュニティにおいて理解可能で、認識されているものに依存している」（Haste, p. 101）。

精神的なプロセスに関して、このことは何を示唆するのだろうか。このような責任の捉え方は、「個人レベルで良い人生の枠組みを作り出し、私たちが従っている道徳的伝統と私たち自身の個性の相互調整を通じて、どのような価値観が重要なのかを発見する」（Canto-Sperber & Dupuy, 2001, p. 86）能力を必要とする。すると人生のすべての側面において、責任ある個人はその経験と個人的・社会的目標、教え・伝えられてきたこと、人生全体の視点からふるまいにおいて何が正しく、あるいはまちがっているのか、などの事柄に照らして、自らの行動についてふり返り、評価することが求められている（Canto-Sperber & Dupuy, 2001, p. 86）。これはものごと、行動、できごと、経験、重要な価値の意味を全体的に理解することを前提としている（特に、Canto-Sperber & Dupuy, pp. 89-99、Haste, 2001, p. 101 を参照）。このように意味、知識、ルール、価値観を思慮深く作り出したり、拡張したり、応用したりするプロセスは、さまざまな状況において成人が直面している多くの複雑な要求の基本的な精神的前提である。

―― 反省性：キー・コンピテンシーの精神的前提

先に述べたこの精神的複雑さの高次レベルは、高度な認知スキル、あるいは高度な教育を前提とするものではないが、「フォーマル、およびインフォーマルな知識や人生経験の総和に関係する、批判的思考や思慮深い実践の全体的な発達を必要とする」（Perrenoud, 2001, pp. 145-147）。したがって、このアプローチはまずもって認知的、あるいは知的な問題ではなく、認知的・知的な要素とともに、適切な動機、倫理、社会的・行動的な要素を含む複雑な行動システムに関係している（Canto-Sperber & Dupuy, 2001）。[4]

研究によれば、このような精神的複雑さのレベルは成人になるまで通常獲得されない。個人が「社会化のプロセス」から距離をおき、自立した判断ができ自らの行動に責任をとれるようになるまで、十分に社会化される必要が

ある。このような理解は、個人がより高次な精神的複雑さをその思考や行動に組み込む、人間の発達に関する進化論的モデルに基づいている (Kegan, 2001)。

反省性は、キー能力の内的構造に関わっており、要求と行動に立脚したキー・コンピテンシーの概念化に関連する重要な横断的特徴である。したがって、第2章で概要を示した能力モデルに関して、この分析はキー・コンピテンシーの内的構造の重要な側面を明らかにするために、さらに一歩前進することを可能にした。

概念的基礎としての3要素によるカテゴリー化

DeSeCoプロジェクトのもとで採用されたコンピテンシーへの要求志向型、および行動志向型のアプローチは、領域を越えて共通する能力に関連した3つのカテゴリーの要求を具体化することにつながった。すなわち、「社会的に異質な集団で交流すること」、「自律的に活動すること」、「道具を相互作用的に用いること」である。もっとも基本的なレベルにおいて、生きるということは自ら行動すること、道具を用いること、他者と交流することを伴う。現代生活が必要とするレベルの精神的複雑さ（反省性）と組み合わせると行動するだけでは十分ではなく、思慮深く責任を持って、つまり「自律的に」行動しなければならない。同じことは、道具を用いたり、他者と交流することにもあてはまる。つまり、3つの活動はすべて生活への思慮深いアプローチを必要としており、そのことは各カテゴリーの名称にも示されている。道具を使うだけでは不十分であり、それを「相互作用的に」使わなければならない。また、他者と交流するだけでは不十分であり、「社会的に異質な」集団の中で他者と交流しなければならない。

キー・コンピテンシーを3つのカテゴリーで概念化することについては、DeSeCoに関わった研究者の理論化に多くを依存している。たとえば、「社会集団に参加し、社会集団を形成し、社会集団の中で有能にふるまう能力」はセシリア・リッジウェイ (Cecilia Ridgeway, 2001, p. 206) によって、「1つの真に普遍的なキー・コンピテンシー」として述べられたものである。「自律的なアクター」(行為者) という概念はペルノーのエッセイ (Perrenoud, 2001) の中心的テーマである。そして「道具使用者」モデルは、ヘイスト (Haste, 2001)

によって作られた。これらの概念やモデルは、上記のそれぞれのエッセイにおいて詳しく述べられているが、同じ特徴は他の論文においても（しばしば強調点は異なるが）見られる。私たちの理解すべきことは、これらの概念および研究者によって示された理論モデルや議論は、さまざまな学問分野を越えてあてはまるものであり、したがって学際的な特徴をもっているということだ。当然のことだが、プロジェクトの作業を通じて行われた多くの意見交換により、概念のいくつかはさらに具体化され、修正され、同化された。

3つのカテゴリーを作りだすうえで特に関連した概念的要素やモデルとしては、個人と社会の関係を弁証法的でダイナミックなものとして理解すること、個人と環境の能動的な対話にとって有用な道具の概念（言葉のもっとも広い意味で）、社会領域によって構造化されたものとしての環境の概念化、反省性概念を下支えする精神発達の進化モデル、キー能力概念が示唆する必要な適応プロセス、などがある。

キー・コンピテンシーの3つのカテゴリーは相互に関連し合っているが、概念的にはそれぞれ独自の抽象である。ウェーバーに従えば、これらは「理念型」であり、すべての潜在的なキー・コンピテンシーを記述したり、マップ化したりするための、またそれらをより広い理論的基礎に概念的に結びつけることでキー・コンピテンシーの説明力を高めるための概念的基礎、あるいはツールを提供している。それぞれのカテゴリーには特有の強調点がある。「社会的に異質な集団での交流」というカテゴリーは、個人の他者との交流を強調する。「自律的活動」の焦点は、相対的な自律性とアイデンティティにある。「相互作用的な道具使用」は、個人が物理的・社会文化的な道具を通じて（言語や伝統的な学問分野を含む）世界と相互作用することにかかわる。キー・コンピテンシーの3つのカテゴリー（またこれらのカテゴリーの内部で明らかにされたキー・コンピテンシーのそれぞれ）は、現代生活において有能な行動をとるための条件としての高次の精神的複雑さの発達を含意している。自律的に活動するためには、社会領域を乗り切るために必要な精神的プロセスが必要であり、多様性に対処したり、責任をとったりすることが求められる。相互作用的に道具を使用したり、社会的に異質な集団で交流することにも、同じことがあてはまる。理論に基づいた概念として、この3つのカテゴ

リーは、個人が関連するすべての社会領域において能動的で責任ある役割を果たせるようにエンパワーする能力を構築する基盤を構成する。

　次節では、3要素からなるカテゴリー化についてくわしく述べ、いくつかのキー・コンピテンシーを例示する。そこに示されるキー・コンピテンシーは、それらが位置するカテゴリーとともに、民主主義、人権の尊重、および持続可能な開発が中核的価値とみなされる規範的な枠組みの中に埋め込まれている。これらは、人生のさまざまな領域（ブルデューの言葉では社会領域として理解されているもの）で、国境を越えて適用されるものである。また、本節で詳しく述べたように、現代生活の多様で複雑な要求に対応するために、批判的なスタンスと思慮深いアプローチの発展を含意している。

キー・コンピテンシーの3つのカテゴリー

　3つのカテゴリーを構築することと、これらのカテゴリー内部において特定のキー・コンピテンシーを同定することは、補完的ではあるが異なった道筋をたどった。前節で述べたように、キー・コンピテンシーのカテゴリーは最初の研究者によるインプットと、それに続いた学際的な考察によって構築された。他方、この3つのカテゴリーの中で焦点化されたキー・コンピテンシーは、すでに確立された定義、規範、概念に関する各基準に照らしながら、プロジェクトの全体を通じてつくられた多くのリストを検討した結果である。

　次に、キー・コンピテンシーの3つのカテゴリーそれぞれの重要な特徴を概要的に示すが、これは相互に依存しあっており、DeSeCoが提供した概念的基礎に適合するキー・コンピテンシーの簡単なスケッチであることを強調しておきたい。[5]

社会的に異質な集団での交流

　このカテゴリーにおける焦点は、他者との交流である。社会化や対人的交流の発展を通じて、個人は集団や社会と結びつけられる。関係性の崩壊や分節化、および個人的、社会的な多様性と不確実性の増大に照らせば、社会的

まとまりの強化や社会的認識と責任の意識を発達させることは、重要な社会的、政治的目標として提示される。統合、ネットワーク化、パートナーシップ、連帯、そして協力は、しばしば言及されるキーワードの例である。専門家たちの間には、多元的で多文化的な社会において、また異なった文化、利害、価値観、信念をもつ世界において、個人が多様な背景をもった人々で構成される集団や社会秩序に加わり、その中でうまく機能し、差異や矛盾に対処する必要があるという一致した見解が存在する。

もっとも一般的な意味で、このカテゴリーの中の能力は個人が学習し、生活し、他者とともに取り組むために必要である。提出されたキー・コンピテンシーのリストには「社会的能力」、「ソーシャルスキル」、「異文化間能力」あるいは「ソフトスキル」などの用語と、それらに関連する多くの特徴があらわれている。これらの用語は、さまざまなやり方で他の人々と交流する能力をさしているが、しばしば明確な区別や定義づけが行われていない。

人間は人生を通じて、物質的・精神的に生存し、自己概念、アイデンティティ、社会的な意味（Ridgeway, 2001）を得る点で、他者とのつながりに依存している。アイデンティティは私たちをとりまく環境との関係や対話、他者との交流によって発達する。他の人々との接触は生活の一部であり、大部分の時間私たちはそれに依存している。私たちは緊密な関係のネットワークの中で生活し、そこで協力し、競争し、分かち合っている（Canto-Sperber & Dupuy, 2001, p. 74）。したがって、社会的に異質な集団の中で交流することは、異なった背景をもち、同じ言語（文字どおりの意味で、あるいは比喩的に）を話すとは限らない、あるいは同じ記憶、歴史、文化、社会経済的背景を必ずしも共有していない人々との社会的結びつきや共存の発展に関わる。

このカテゴリーの能力の開発は、特に社会資本、相互に強化し合う義務のネットワーク、期待、情報チャンネル（OECD, 2001d）に関係する。次のコンピテンシーは、他者と思慮深く責任をもって交流することに関わる。

- 他者とうまく関わること
- 協力すること
- 紛争を処理し、解決すること

第3章 キー・コンピテンシー

──*他者とうまく関わる力*

　このキー能力は個人が、たとえば、家族、友人、あるいは隣人との人間関係を開始したり、維持したり、取り扱ったりすることを可能にする。相手が歓迎され、包み込まれ、生き生きしていられる (Stein, 2000) と感じられるような環境を作りだすために、その人の価値観、信念、文化、歴史を尊重し、大切にすることが前提となる。この能力はDeSeCoの国別報告書に記載された能力リストにおいても言及されている (Trier, 2003)。フィンランドにおける教育の成果を評価するための1999年の枠組みには、コミュニケーション能力の要素として「社会的、交流的スキル」や「言語的、非言語的知覚と表現」が含まれている。ノルウェーの初等・中等・成人教育のコア・カリキュラムは、「精神的な人間」の2つの特徴をリストアップしている。それらは、「他の文化と開放的にかかわる能力」と「他の宗教や信仰への尊敬と知識」である。同様に、アメリカ合衆国の「将来に備えて」(Equipped for the Future：EFF) プロジェクトにおいては、「他者を尊敬し、多様性に価値をおくこと」が、市民、家族の一員、労働者として関与する共通の活動として示されている (Stein, 2003)。

　他者とうまく関わることは、社会のまとまりに必要なだけでなく、経済的成功のためにもますます必要とされている。レヴィとマーネイン (Levy & Murnane, 2001) は「会社や経済における変化はともに他の人々とうまく関わる能力を含む『EQ（こころの知能指数）』にますます力点をおいている」と指摘し、さらに「高い給与が得られる仕事は認知的スキルだけでなく、エコノミストがソフトスキルと呼んでいるスキル、特に他の人々とうまく交流するスキルをますます必要としている」と述べている (p. 166)。これらのスキルは同僚とだけでなく、依頼人や顧客と関わるために必要である。

　他者とうまく関わるためには、いくつかの前提条件がある。共感は他者の役割にとってかわったり、その人の視点にたって状況を想像したり (Ridgeway, 2001)、その人が感じていることを感じたりすることであり (Goleman, 1996)、おそらく最も重要なものであろう。それは「何よりも倫理的な動き」である (Canto-Sperber & Dupuy, 2001, p. 87)。共感は、多くの意見や信念を考慮するときに、ある状況において当たり前と考えていたことが必ずしも他者と共

有されていないことに気づくという意味で、自分自身のふり返りにつながる。他者とうまく関わることのもう1つの重要な側面は、自らの感情や内面の気分に効果的に対処することである。この能力は自己認識、および自分自身や他者の根底にある情意や動機の効果的解釈を前提としている（Haste, 2001）。

――協力する力

　現代生活の多くの要求や目標は1人の個人によっては達成できず、むしろ同じ利害、目的、あるいは確信を共有する人々が、職場チーム、市民組織、政党、あるいは労働組合などの集団として力を合わせることを必要としている。

　したがって、社会的に異質な集団での交流というカテゴリーの第二のキー能力は、共通の目的に向かって他者と協力し、一緒に仕事をする能力である。このキー・コンピテンシーの重要性については広範なコンセンサスがあり、ほとんどすべての各国報告書において、集団やチームで仕事をする能力がキー・コンピテンシーとして述べられている（Trier, 2003）。

　DeSeCoで用いられているキー・コンピテンシーの定義と同じく、ここでの焦点は、集団全体として必要とされる能力ではなく、集団の個々の成員が必要とする能力である。協力には、集団とその規範へのコミットメントと自律的な活動の間でバランスをとること、および集団に能動的に参加する責任とリーダーの役割を共有し、他者を支援する必要の間でバランスをとることが含まれている。この能力の重要な要素は、まず自らの考えを提示し、他者の考えに耳を傾けること、枠組みを切り替えて異なる視点から問題に接近すること、他者の役割や責任および全体の目標との関係で、自らの具体的な役割や責任を理解すること、そして自らの自由を制限してより大きな集団に調和することである。協力的なふるまいにいったん関与すれば、議論の力学や議題、およびそこに存在する傾向を理解すること、連帯の限界を探知し、戦術的あるいは持続可能な提携を構築すること、そして対立する利害の間で妥協をはかることなどが、中心に位置づく（Perrenoud, 2001, pp. 140-141）。最後に、この能力は、交渉し、合意を築くこと、そして異なった色合いの意見を許容する決定を行うことをともなっている。

第3章　キー・コンピテンシー

──対立を処理し、解決する力

　第三の能力は対立を処理し、解決し、対立する利害を調整し、または許容しうる解決策をみつけだす能力である。統治者、弁護士、調停者、オンブズマンなど、対立解決をもっぱら、あるいは部分的に扱う職種があるが、すべての人々が日常生活において対立に直面し、通常は外部からの介入なしにその解決をはからなければならない。対立は家庭であれ、職場であれ、より広いコミュニティであれ、社会であれ、生活のあらゆる側面で生じる。2人以上の個人あるいは2つ以上の集団が異なるニーズ、目標、あるいは価値観によって互いに反目し合うときに対立が生じる。

　対立は社会的現実の一部であり、人間関係に内在するものであり、自由と多元主義の見返りとして存在している（Perrenoud, 2001, p. 142）。対立に前向きに接近する鍵は、それを対処すべきプロセスとみなし、したがって全面的に避けようとか、排除したりしようとせずに、賢明で、公正で、効率的なやり方で対処することである。

　この能力は個人が他者のニーズや利害を考慮し、ある問題の当事者が他者を犠牲にしてそのすべての目標を達成しようとするのではなく、すべての紛争関係当事者がある程度利益を得る（どちらにとっても有利な解決をはかる）ことが望ましいと考えることを前提としている。対立の処理と解決に個人が能動的な役割を果たすために必要なのは、問題や関係する利害（たとえば、権力、利益の認識、分業、公平）、対立の原因、およびすべての立場からの理由づけを分析し、異なった立場をとりうることを認識することである。他に重要な要素としては、最初に合意と意見の相違の領域を識別すること、問題を構成しなおすこと、そしてニーズと目標に優先順位をつけること（何をあきらめることができるか、またそれはどのような状況においてか）などがある。この能力は、他者のニーズや目標が自分の目標に優先するときの認識することや、すべての関係当事者が利益を得るようなやり方で対立を解決するための選択肢の生成を最終的に必要とする（Stein, 2000）。

自律的に活動すること

　社会的に異質な集団の中で交流することや自律的に活動することは、同じ

コインの裏表としてたがいに補完し合う関係で理解しなければならない。自律性は集団的生き残りの手段であり、公平な協力への鍵である。

明確に言えば、自律的活動は1人で、あるいは独立して行動することと同義ではない。世界の中で、また世界に対して効果的に行動したり、影響を及ぼしたりすることは、社会的に孤立した状態で機能することでもなければ、ただ自己利益のために行動することを意味するものでもない。私たちはすべて「アイデンティティや個人的な意味を私たちに与える多元的なコミュニティの成員」としての役割を果たしている (Haste, 2001, p. 101)。しかし、他者との関係において、関係している他者の期待によって自らを方向づけることと、関係の条件を作りだすために自分自身の基準を用いて自らを方向づけることの間には、重要な差異がある。前者の場合、その人は関係的志向性の虜になっているが、後者の場合、その人が自律的に活動しているのは、ある形をもったつながりへの手段としてである。

自律的に活動することは、社会空間を乗り切り、生活や労働の条件をコントロールしながら自らの生活を有意義で責任ある形で管理するように個人がエンパワーされていることを意味する。したがって自律的活動とは、だれかに働きかけられるのではなく、自ら行動することであり、だれかに形作られるのではなく、自ら形成することであり、他者が決めたことを受け入れるのではなく、自ら選択することである。自律的活動は社会の発展、およびその社会的、政治的、経済的機関に有能に参加することであり（たとえば、意志決定のプロセスに参加すること）、生活の異なった領域（職場、個人としての生活や家族生活、市民的・政治的生活）において有能さを発揮することである。

自律的に活動することは、2つの相互に関連し合った重要な考え方を組み込んでいる。1つは自らを定義づけ、個人的アイデンティティを発展させること（価値体系を含む）であり、もう1つは与えられた文脈において決定したり、選択したり、能動的で思慮深く、責任ある役割を果たしたりするという意味で相対的な自律性を行使することである。したがって、個人は自らが自己概念を育て、表現すること、権利を行使すること、生活の異なった領域において市民、労働者、家族の一員、学習者、消費者などとして責任を果たすことができるような能力を与えられ、エンパワーされるための能力を必要

第 3 章　キー・コンピテンシー

としている。

　関係性や結果に影響を及ぼす行為者（アクター）のイメージは、もっとも一般的には権力者と結びつけられるが、自律的活動に関連したキー・コンピテンシーは社会的周辺に位置づけられたり、差別されたりする人々にとっても、また自らの大義を掲げて戦う人々にとっても同じように不可欠である。両者とも自明とされた、既知の、明白で受け入れられた立場性から退くことができなければならない。前者は自らの解放を勝ちとるために、後者は他者の考え方を転換させ、同じ立場に立たせるためにである。

　このカテゴリーは自律性を志向の対象として、また個人的アイデンティティの基盤として推進する価値体系と両立する。相対的自律性の構築は個人的アイデンティティの発達とあいまって進む（Perrenoud, 2001, p. 132）。しかし時には、社会化のプロセスが個人の自律性の発達に逆行することもある。状況や文脈により、このことはさまざまな理由で起こる。たとえば、自律性に価値が置かれなかったり（たとえば、軍隊、党派、ある種の業界など）、価値観が対立したり（たとえば、従順、謙虚、あるいは画一性など）、新来者の立場と自律性が関連していなかったり、ということなどがある。したがって、自律性は相対的自律の問題である。つまり、それぞれの組織や場の限界の範囲内で、可能な限り個人を自律的にするということである（Perrenoud, pp. 145-146）。

　一般的に、自律性は未来志向と意味のある人生計画、自己をとりまく環境とその機能（たとえば、社会的力学やそれが含意する具体的な課題の理解）、および自分が果たす役割や果たしたいと思う役割の認識を必要とする。健全な自己概念、および必要や欲求を意志に基づく行動に転化する力（決定、選択、行動など）をもっていることが前提となる。これは、個人が集合体や確立された秩序の中に自らのアイデンティティを埋没させるように強要される世界観（たとえば、全体主義的国家）とはまったく対照的なビジョンである。

　このカテゴリーにおいて、責任と思慮深さをもって自律的に活動することにかかわる以下のコンピテンシーを提案する。

- 大きな展望、あるいは文脈の中で行動すること

- 人生計画や個人的プロジェクトを設計し、実行すること
- 自らの権利、利益、限界、ニーズを守り、主張すること

―― 「大きな展望」の中で活動する力

　このキー能力は「大きな展望」つまり、行動や決定のより大きな規範的、社会経済的、歴史的文脈、またその文脈がいかに機能するのか、その中における自らの立場性は何か、問題となっている事柄、自らの行動が導く長期的で間接的な影響、さらにこれらの要因を行動する際に考慮すること、等々を理解したり、検討したりすることに関わる。この考え方は「グローバルに考え、ローカルに行動する」というスローガンにある程度表現されている。大きな展望の中で行動することは、個人がその行動やふるまいにおいて一貫性を育て、築き、維持することを必要とし、また可能にする。

　多くの場合、この大きな展望はグローバルなシステムである。他の場合には、個人が生活する社会、あるいはコミュニティや職場などの特定の社会的領域をさす。どのような文脈においても、個人は身近な状況を越えて、自らの行動がもたらす長期的で間接的な影響を見通し、また自分の必要や利害を越えて、他者の必要や利害を見通さなければならない。

　この能力は個人が問題となっている事柄をグローバルなレベルで理解し、また自らの役割と行動の結果をより広い文脈で（歴史的、文化的、あるいは環境的に）理解できるようにする。社会においては、個人が公正で責任あるやり方で行動することを確実にするのを助ける。たとえ、そうすることが努力や犠牲を強いることになったり、不便で、あまり直接的なインパクトを与えることができなかったり、あるいはそうしないことの影響が極めて小さかったり、皆無であったりした場合においてもである。このような行動の例としては、投票、リサイクル、あるいは「フェアトレード（公正な貿易）」商品の購入など、数多くある。職場や他の集団的な取り組みにおいては、「大きな展望で思考したり行動したりすること」は、事業の全体的な機能やインパクトに対して行える貢献を価値あるものとみなすことを可能にすることにより、人々に動機づけを与える。たとえ、その具体的な任務や責任が相対的に些細なものであったとしても、あるいはその集合的な努力のインパクトがか

第3章　キー・コンピテンシー

なりあとになってからでしか感じられないとしてもである。

　この能力はペルノー（Perrenoud, 2001）が「行動システムの概念的青写真」（p. 138）として記述しているものに類似している。この概念を発展させると、大きな展望で活動することの要素やスキルには以下のものが含まれる。

- システムの構造、文化、実践、フォーマル・インフォーマルなルール、および期待を理解すること（Stein, 2000）。これは法や規則の理解を含むが、明文化されていない社会規範、道徳コード、マナー、慣習の理解も含まれる。自らの行動の制約に関する知識によってその権利の理解を補うものである
- システムの中で自らが果たす役割および他者が果たす役割を決定すること。自らの行動がもたらす直接的、間接的な影響やその行動が他者の行動にどのように関係するかを明らかにすることを含む
- 一連のさまざまな行動をその結果とあわせて構想し、共有された規範や目標に関してさまざまな可能性を評価すること
- 力の及ぶ限りシステムをモニターし、変化を予想し、行動の影響をコントロールすること、およびその過程で見通しや行動計画を再調整すること（Perrenoud, 2001, p. 137、Haste, 2001, p. 106）

——人生計画と個人的なプロジェクトを設計し、実行する力

　ここに記述する規範的枠組みは、私たちそれぞれが義務、目標、そして夢（達成しなければならない、達成すべき、あるいは達成したいこと）をもっているとする。具体例としては、新しい仕事、キャリア、あるいはアパートを見つけること、再訓練や新しいスキルの学習、旅行、地域コミュニティやその周辺を改善することなどがある。それぞれの目的は、私たちがそれを達成するためのアイデアや計画を作ることを必要とする。その計画がインフォーマルでシンプルなものであれ、形式ばっていたり詳細なものであれ、同じことである。

　特定のプロジェクトや計画に焦点をあてる際に重要なのは、それらが他と無関係に存在しているのではないと認識することである。私たちのアイデン

ティティやセルフ・エスティーム（自尊感情）の意識は、生活の中で経験し、作りだす継続性に基づいている。私たちは人生を、それに意味と目的を与える構成された物語（ナラティブ）として捉える必要がある。このことは人生が破壊され、分断されたりするなど変化する環境において（Sennett, 1998）、また伝統や絶対的な道徳的枠組みが影響力をかなり失った現代世界において特にあてはまる。その結果、個人は自らの個人的なプロジェクトや目標のために計画を立てるだけでなく、その計画が自らの人生において意味をもち、またより大きな人生計画と一致するようにする必要がある。

　これは、個人が自らの基本的な理念を作り、それぞれのプロジェクトを公式に見直してより大きな人生計画との一貫性を確保しなければならない、ということではない。むしろ、人々が選択を作り出したり、選択に直面したとき、その決定が人生の目標や義務に導かれたものであることが理想的だということである。たとえば、転職を考えるとき、個人的なスキルや関心との適合、家族やライフスタイルを支えるのに十分な所得を提供する見通し、新しいスキルを獲得するのに必要な時間が得られる可能性、長期的なキャリア目標との一貫性などを検討する必要がある。

　人生計画や個人的なプロジェクトを作る能力には、未来志向であること、つまり楽観主義と潜在的可能性が前提となる。同時に、可能な領域の範囲内でしっかりとした足場をもつ必要があり、それはアクセスできる資源や必要な資源（たとえば、時間、お金、その他の資源）を見つけ出し、評価すること、そしてプロジェクトを実現するための適切な手段を選択することなどである。目標に優先順位をつけ、その意味をさらに明確にしたり、効率的、効果的なやり方で自らの資源を使ったりすることを含意する。言い換えれば、多重のニーズ、目標、責任に応えるために自らの資源のバランスをとるということである。プロジェクトや人生計画を確立するためには、過去の行いから学び、将来の結果を考慮することが必要となる。未来志向は当然のことながら過去の行動や経験に立脚していなければならない。いったんプロジェクトや戦略が作られれば、そのプロジェクトの進捗をモニターし、必要な場合は調整し、その効果を評価することが重要な取り組みとなる。

　個人的なプロジェクトを作って実行することに類似し、また関連している

能力を基礎とする必要条件は、キー・コンピテンシーのリストにしばしば登場する。各国の報告プロセス（Trier, 2003）では、そのような多くの事例が明らかにされている。自己管理能力や自ら学習し仕事をする能力といった用語で表現されていることが多い。この中には「いかに新しい任務に取り組めるかを評価する能力」や「自らのスキル、および学習プロセスと結果を評価し、分析すること」（フィンランド）、「自己決定学習」（ドイツ）「自らの仕事と学習プロセスを計画し、組織する能力」（ノルウェー）、「効果的な自己管理」、「戦略的能力（学習と仕事、計画、スキルの移転、具体化、モニター、忍耐、評価スキル）」（スイス）、そして「時間、お金、材料、空間、スタッフの配置」、「ビジョンや目標の創造と追求」（アメリカ合衆国）などがある。

——自らの権利、利益、限界、ニーズを守り、主張する力

選択肢をもち、ニーズに応え、責任をとるためには、「自らの利益、権利、限界、ニーズを常に守らなければならない」（Perrenoud, 2001, p. 133）。現代世界においては、個人の権利、利益、ニーズがたえず他者のそれらと対立し、個人が多くの重要な決定や機能に関してますます多くの責任に直面している。またこれらの対立、決定、機能を支配するルールがますます複雑になっており、自らの権利を擁護し、主張することは自律した活動の根底に位置づく。この能力は自己決定的な権利（たとえば、同一労働同一賃金）やニーズ（たとえば、適切なヘルスケア）、および集合体の成員としての個人の権利やニーズ（たとえば、民主的制度や地方・国レベルの政治プロセスへの能動的参加）の両方に関係している。

この能力は高度に構造化された法的問題からアサーティブネス（上手な自己主張）を必要とする日常的な事柄にいたるまでのさまざまな状況に関連している。人々はこの能力を家族、友人、雇用者、職場の同僚、教師、隣人、法律家、医者、企業、サービス提供者、政府などとの対応にあたって、公的にも私的にも活用しなければならない。

個人の権利、利益、ニーズが法律、契約、およびその他の公的な文書を通じて確立されたり擁護されたりしているからといって、個人が自ら行動することの責任を免れるわけではない。法律に言及しながらペルノー（Perrenoud,

2001)は、それは「単なる資源」であると強調している (p. 131)。必要であれば調査を通じて、自らの権利、ニーズ、利益を明らかにし、評価すること、またそれらを能動的に主張したり、擁護したりすることは、個人に任されている。この能力の発達により、個人は個人的な権利および集団的な権利を主張し、尊厳ある存在を保障され、自らの人生に対してより大きなコントロールができるようにエンパワーされる。つまり個人は有能に自らを主体として確立し、市民として、家族の一員として、消費者として、また労働者としてその責任や選択を熟練した形で担うことができるのである。

道具を相互作用的に活用すること

　道具の相互作用的な活用はキー・コンピテンシーの第三のカテゴリーである。「道具」という言葉を最も広い意味で使っており、モノとしての道具も社会・文化的なツールとしての道具も含んでいる。グローバル経済と現代社会の社会的、専門的な要求は、機械やコンピュータなどのモノとしてのツールだけでなく、言語、情報、知識のような社会文化的な道具活用に対する熟練を必要としている。この分野における能力は、DeSeCo の国別報告プロセス（CCP）やこのプロジェクトのために開発された関連資料を含むキー・コンピテンシーのリストにおいてしばしば言及されている。

　道具を相互作用的に用いるうえで、「相互作用的」という副詞に意味がある。個人が知識やスキルを作りだし、採用することが期待されている世界において、道具を使う技術的なスキルをもっている（たとえば、文書を読む、コンピュータ・マウスを使うなど）だけではもはや十分ではない。道具を相互作用的に使うためには、道具そのものになじんでいることや道具が世界との相互作用のやり方をどのように変化させ、また道具を使ってより大きな目標をどのように達成するのかについての理解が前提となる。「道具」は単なる受け身的な媒介物ではなく、「個人と環境の間の能動的な対話」に欠かせない部分である (Haste, 2001, p. 96)。文字どおり人間の心身を拡張したものなのである。

　私たちは道具を通じて世界と出会うという考え方が底流にある。これらの出会いが、世界を意味づけ、世界との相互作用における有能さを作りだし、

第3章　キー・コンピテンシー

変化への対処や新たな長期的課題にどのように対応するかを形作る。したがって、道具の相互作用的活用とは、道具とその活用に必要な技術的スキルをもつだけでなく、道具の活用を通じて確立される新しい形の相互作用を認識し、日常生活において自らのふるまいをそれに従って適合させる能力を含意している（Haste, 2001）。

このカテゴリーにおいては、次の能力が関連している。

- 言語、シンボル、テクストを相互作用的に活用すること
- 知識や情報を相互作用的に活用すること
- 技術を相互作用的に活用すること

――言語、シンボル、テクストを相互作用的に活用する力

言語スキル（話し言葉、書き言葉の両方）や、計算その他の数学的スキル（たとえば、グラフ、表、さまざまな形のシンボルなど）をさまざまな状況（たとえば、家族、職場、市民生活など）において効果的に活用することに焦点がおかれる。社会や職場でうまく機能し、個人的・社会的な対話に効果的に参加するために欠かせない道具である。このキー能力は「コミュニケーション能力」あるいは「リテラシー」とも呼ぶことができる。しかし、ほとんどのこのような用語と同じように、その意味は幅広く、画一的な定義は存在しない。そのため、用語としての魅力は乏しい（第2章参照）。

このキー能力の例はPISA（OECD生徒の学習到達度調査）において定義された読解リテラシーの枠組みである。すなわち「読解力とは、『自らの目標を達成し』、自らの知識と可能性を発達させ、効果的に『社会に参加する』ために、書かれたテクストを理解し、利用し、熟考する能力である」と定義されている。参加には職場、個人的な生活、社会的、政治的、文化的な生活における「個人的願望の充足」と「社会的、文化的、政治的関与」が含まれる。さらに、参加の程度については「個人の解放やエンパワメントに向けた一歩としての批判的スタンス」をできれば含むものと定義している（OECD, 1999, pp. 20-21）。この能力の別の例としては数量的思考能力、つまり計算能力や数学的リテラシーの概念がある。成人のリテラシーとライフスキル調査（ALL）

の枠組みに示されたように、数量的思考能力は多様な状況の数学的要求を効果的に処理するために必要な知識や認知スキルだけでなく、一連の行動やプロセスの活性化を含んでいる (Gal, Tout, van Groenestijn, Schmitt & Manley, 1999)。数学的リテラシーは PISA によると「数学が世界で果たす役割を見つけ、理解し、現在および将来の個人の生活、職業生活、友人や家族や親族との社会生活、建設的で関心を持った思慮深い市民としての生活において確実な数学的根拠に基づき判断を行い、数学に携わる能力」(OECD, 1999, p. 12) である。書いたり話したりするためのリテラシーについての同じように幅広い、機能志向的な記述は、単に言葉を正確に使うという技術的な側面だけでなく、与えられた目的や目標を達成するために使うことを含むだろう。

　言語を使いこなせる力はこの能力にとって当然重要な側面である。母語を習得することはすべての国々において基本的なことと見なされている。しかし、CCP (国別報告プロセス) への応答が示しているのは、現代生活の必要に応えるために外国語を習得することの重要性に関して大きな差があるということである (Trier, 2003)。

──知識や情報を相互作用的に活用する力

　サービスや情報セクターが世界経済において果たすますます重要な役割は、知識や情報の能力をキー能力として位置づける。職場の外で、情報技術は個人に対してほとんどどのようなトピックであっても関連する材料への改善されたアクセスを提供しており、いかなる決定をくだすにあたっても広範な調査・分析を行うことを可能にしている。人生のあらゆる分野でうまくやっていくために、個人は知識や情報にアクセスするだけでなく、それらを効果的に思慮深く、責任をもって活用する必要がある。たとえば、この能力は製品やサービス (たとえば教育や法的援助など) の選択および選挙や住民投票における選択を調査したり、評価したりするような状況において欠かせない。

　このキー能力の具体的な例は科学的リテラシーであるが、PISA においては「自然界および人間の活動によって起こる自然界の変化について理解し、意志決定するために、科学的知識を使用し、課題を明確にし、証拠に基づく結論を導きだす能力」(OECD, 1999, p. 12) と定義づけられている。

もう1つの例は、ノルウェーの初等・中等・成人教育のコアカリキュラムからとったものであるが、「教養を身に付けた人間」は「健全な知識の土台と幅広い参照枠組み、知識を構成する能力、方法論的スキル、事実と健全な議論の尊重、新しい知識を獲得し達成する能力」（Trier, 2003）を保有しているとしている。

このキー能力は他者に依存することなく、情報や知識を自律的にみつけ、その意味を理解する力に関係している。情報そのものの特徴、その技術的なインフラ、およびその社会的、文化的、イデオロギー的な文脈と影響を批判的に考察することを前提としている。情報能力は選択肢を理解し、意見を形成し、意志決定を行い、賢明で責任ある行動をとるための土台として必要である。

したがって、知識や情報を相互作用的に活用することは、まだ知られていないことを認識して明らかにすることに始まり、適切な情報源をみいだし、特定し、そこにアクセスすること（サイバースペースにおいて情報や知識を組み立てることを含む）にいたる一連の行動や傾向を含意する。情報源が特定され、情報が得られれば、その情報源とともに情報の質、適切さ、価値を批判的に評価する必要がある。知識を組織化し（自らの知識ベースに選択された情報を組み込む）、賢明な決定を行ったり、一貫した行動をとったりするために情報を効果的に活用し、情報活用をとりまく経済的、法的、社会的、倫理的な諸問題をある程度まで理解することは、この能力に関連した他の要件である。

——*技術を相互作用的に活用する力*

技術分野（特に情報・コミュニケーション技術）における進展は職場の内外において個人に新しい課題を提起している。同時に、これらは個人に対して、さまざまな課題に新しく、異なったやり方でより効果的に対応する機会を与えている。知識・情報社会においてこの能力は情報、コミュニケーション、およびコンピュータ技術に関係している。技術能力の重要性はCCPに提出されたいくつかの国別報告書においても強調されている（Trier, 2003）。

DeSeCoにおいて定義された技術能力は技術の習熟以上のものを含んでい

る。多くの場合、新しい技術は特に「ユーザー・フレンドリー」(利用者にやさしい)であったり、既存の技術を修正したものである場合には、習得が難しくない。高度な技術的スキル、あるいは特定の技術に適用可能な技術がいつも価値あるとされるわけではない。レビィとマーネイン (Levy & Murnane, 2001) は、高給を支払う企業のほとんどが初歩的なレベルの仕事の担当者に特定のソフトプログラムについての知識を求めないと指摘している。より重要なのは「ほとんどのソフトは同じように作られており、オンラインのヘルプが得られるようになっていることから、キーボードとマウスへの慣れであり、また新しいプログラムの学習に対する開放性である」(p. 167)。すでに存在する技術的スキルを新しい状況に適用することの重要性を示唆している。

技術に適応する能力は技術能力の重要な側面であるが、その全面的な力が実現されるのは技術によって可能となる新しい形の行動や相互作用への認識が得られ、日常生活においてその可能性を活用する能力がある場合においてである。ヘイスト (Haste, 2001) が指摘しているように、他の人と通信をやりとりしたり、その日のニュースを見たりするというような、すでに日常生活の一部となっているようなことをインターネットやメールを使って行うためには、それほど技術的なスキルは必要とされない。しかし、その同じ技術が人々の働き方 (どこに所在しているかということの重要性の減少により)、情報へのアクセスの仕方 (広範な情報源へのアクセス速度の向上、および大量の情報をすばやく分類する手段の提供により)、他者との関わり方 (電子手段を使って定期的に意思疎通する世界中の人々によって構成される「仮想」コミュニティの形成の促進により) を変容させる可能性をもっている。個人はこれらの変容を構想したり、あるいはそれらについて体系的に考えたりしなくても、そこから恩恵を受けることができるが、自らがおかれた具体的な状況に照らしてそのような変容について考えたときにはじめて、それらの真の可能性が現実化される。したがって、新しい道具に人々が慣れるようにそれらを日常の実践に組み込むことによって、他のニーズのためにその可能性を活用したり、最終的にはその可能性に実践を適合させたりすることができるのである。ヘイスト (Haste, 2001) が述べたように、「個人がそのような変容の本質を予期することを期待することはもちろんできないが、それはその

ような事態の推移に思慮深く対応するための技術的な能力の一部である」(p. 103)。

　技術の可能性を理解することは、技術を相互作用的に活用する、より一般的な別のプロセスにおいて不可欠である。それは、問題に対する技術的な解決策をみいだすことである。このプロセスにおいて、人は新しい技術に直面するのではなく、あるタスクを実行したり、タスクをより効率的に実行したりする必要といった問題に直面するのである。したがって、技術に習熟する以上に重要なのは、異なった技術の目的や機能を全般的に理解することであり、その可能性を構想する能力である。

　ここに示したそれぞれのキー能力は、文脈が限定する要求の性質によって定義づけられた認知的・非認知的な側面の組み合わせの上に成り立っている。それらの要求にうまく対応するためには、批判的なスタンスと思慮深いアプローチが必要である。ここで再び強調しておくべきことは、キー・コンピテンシーのいずれもが高度な認知的知性、あるいは高度な教育を必要としてはいないということである。カント＝スペルベルとデュピュイ(Canto-Sperber & Dupuy, 2001)の言葉を借りると、行為のコンピテンシー（基礎となる能力モデル）は「成功的なパフォーマンスの心理的な前提を含んでいる。つまり、問題解決能力や批判的思考のスキルを含んでおり、実践的知性の具体的な形であり、問題の適切な特徴を把握し、適切な戦略を選択して採用する能力である」(p. 76)。

異なった文脈におけるキー・コンピテンシー

　すでに述べたキー・コンピテンシーは概念であり、したがって最終的に、すぐに使えるような形で提示されたキー・コンピテンシーの集合ではない。キー・コンピテンシーが違った文脈や異なった社会・経済条件のもとでどのように働くのかについて考える概念的道具を提供するために、かなり一般的なレベルで提示されている。これらのキー・コンピテンシーが実際にどのように機能するのか、また枠組みの中に文脈の差異をどのように組み込むのか

についての初期的な考察を以下に示す。

　3つの要素でカテゴリー化したキー・コンピテンシーは、人生の成功と正常に機能する社会のために必要なものとして考えられている。たとえば、読解リテラシー（PISAのリテラシーの枠組みで定義されたように）は「言語、シンボル、テクストを相互作用的に活用する能力」というキー能力を具体的に表現したものであるが、普遍的に重要であり、さまざまな経験的研究は、この能力が個人的、社会的、経済的な幸福に果たす重要性を認めている。しかし明らかに、この重要なキー能力だけでは、人生の成功や正常に機能する社会を全体的に確保するために関連した多くの要求や課題に対処するうえで十分ではない。このトピックに対するより包括的なアプローチが必要である。今日の世界における要求や社会的目標の複雑さは、一連のキー・コンピテンシーの動員を求めている。特定の能力だけでは不十分なのである。

　コンスタレーション（星座）の概念が、キー・コンピテンシーの相互関連性や文脈特異性を表現するために提案されている。前提となっていることは、いかなる目標に到達するためにもコンスタレーション、つまり適用されるそれぞれの文脈や状況によって異なるキー・コンピテンシーの相互に関連しあった組み合わせを必要とするということである。中心となるのは、状況の枠組みを形成する文化的、状況的、その他の文脈的要因が、対応すべき要求の具体的な特徴を形作るということである。したがって、キー・コンピテンシーのコンスタレーションとは、局地的な状況における要求の具体的な特徴に対応して、文化的・文脈的に特別なキー・コンピテンシーを具体化することである。コンスタレーションの中でキー・コンピテンシーに与えられる特異性と相対的比重は、都市化の状態、文化的規範、財産権、技術的アクセス、社会的・権力的関係、消費機会、公的秩序などによって影響される。

　与えられた文脈において、好ましい結果にキー・コンピテンシーがどのような相対的比重で貢献するかをグラフで示すためには、その文脈において好ましい結果を達成するために、それぞれの能力がどの程度関連するかを異なった次元で示した多次元空間を概念化する必要がある（単純化するために、下記の図1では三次元で表している）。好ましい結果に対して、3つのカテゴリーで示したキー・コンピテンシーがどの程度相対的な重要性をもってい

第3章 キー・コンピテンシー

るのかにより、異なった文脈（国別、あるいは社会領域別）をこの空間に配置することができる。

　DeSeCo は OECD 諸国で実施されたが、キー能力については明らかに先進諸国を越えて考察する必要がある。教育の質的改善、能力開発、および生涯学習戦略は（グローバルな課題に照らして）先進国、途上国を問わず、すべての国における政治的課題として重要な要素となっている（たとえば、Ouane, 2003、Riordan & Rosas, 2003、World Bank, 2002）。少なくとも、DeSeCo の3要素のカテゴリー化が途上国や移行国（途上国から先進国への）にとっても有用な概念的ツールである、という仮説を支持する少なくとも3つの動向が見られる。まず、進行中のグローバリゼーションと画一化のプロセスであり、第二に世界銀行、OECD、UNESCO、ILO など、能力開発と生涯学習を強調する国際機関の影響であり、そして第三に DeSeCo が定義した能力の規範的基礎を形成する国際的な条約・宣言に表現されたいくつもの普遍的な目標の広範な採択である。しかし、これらの概念が、どの程度グローバルな

図1　異なった状況における3つのカテゴリーのキー・コンピテンシーがもつ相対的重要性

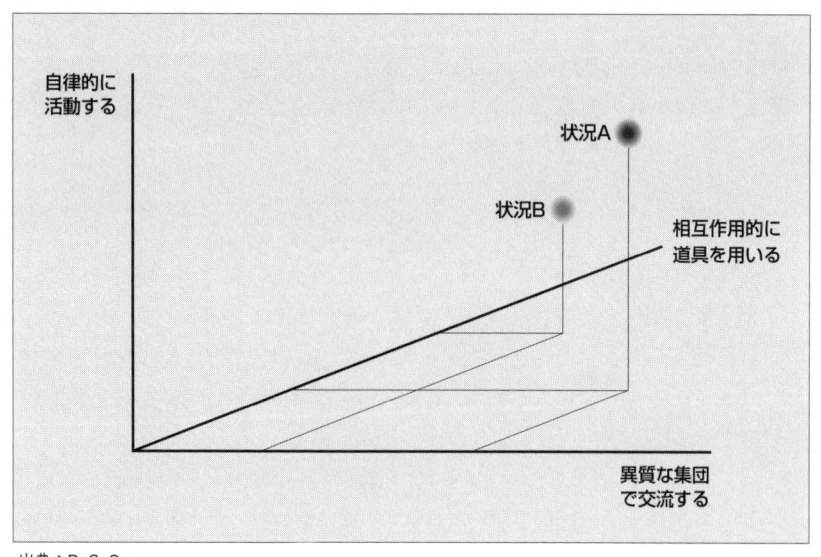

出典：DeSeCo

妥当性や関連性をもつのかについては、さらに検討が必要である。

最後に、DeSeCoプロジェクトのもとで取り組まれた研究は、科学的、実践的、政策志向的な分析を組み込みながら（Rychen & Salganik, 2001、1999 年と 2002 年の国際シンポジウム）、本章で詳しく紹介した概念の知的な基盤を提供している。最初に提起した問い、つまり「個人が成功的で責任ある人生を送り、また社会が現在と未来の課題に対応するために必要な能力は何か」という問いに対して、キー・コンピテンシーに関する包括的な概念的枠組みが具体化された。この枠組みは、いかなるキー・コンピテンシーの概念化であっても、それが規範的、理論的な基盤をもつ必要があるとの全体的な基準によって構造化されている。3つの要素によるキー・コンピテンシーのカテゴリー化は、反省性、あるいは思慮深く、ホリスティックな実践という横断的な概念を組み込みながら、受け取られた理論的インプットより生まれた。このカテゴリー化は逆に、経験的なインプットに基づく特定のキー・コンピテンシーの外挿を可能にする。これらのキー・コンピテンシーは、まだ出発点として構想されたものだが、さまざまな社会的文脈に適用可能であり、多次元的空間において定義づけすることができるキー・コンピテンシーのコンスタレーションを形成するものとして概念化されている。キー・コンピテンシーの概念的な参照枠組みはOECD特有の論理で開発されたものであるが、この枠組みが現代生活の複雑な要求に効果的に対応しようとしている国々、集団、個人により広く適応可能なものとなることを願っている。

【注】

1　新技術や標準製品へのアクセス、および能力開発に関わるそれらの財や便益の分配に関連した問題に応えることは、DeSeCoの範囲を越えている。

2　第一回DeSeCoシンポジウムに関する情報は、
http://www.statistik.admin.ch/stat_ch/ber15/deseco/deseco_symp99.htm
を参照のこと。

3　カント＝スペルベルとデュピュイ（Canto-Sperber & Dupuy, 2001）が指摘しているように、「現代の人間世界、特にその技術的な側面の多くは、単に複雑という以上のものであることを認識しなければならない」。

第3章 キー・コンピテンシー

4 カント＝スペルベルとデュピュイ（Canto-Sperber & Dupuy, 2001）は、知覚的、規範的、協力的、物語的な側面（能力という用語を用いているが）を、根底に横たわる行動のための条件、あるいは前提として、キー能力の内的構造をさらに概念化するモデルを提示している。

5 キー・コンピテンシーのカテゴリー化の理論的、概念的背景を完全に示し、詳しく説明すること、あるいは同定された特定のキー・コンピテンシーをさらに概念化することは本書の目的を越えるものである。ここでの目的は、時間、推論、専門性が許す限りで、いくつかの関連する特徴に光をあてることでしかない。重要なのは、キー・コンピテンシーを選択するための参照枠組みをうまく説明し、カテゴリー化が規範的枠組みにおいて意味をもっていること、および多くの研究者が提供し、またフィールドワークや実践に関わる専門家と議論された概念的作業に基づいていることを明らかにすることである。興味をお持ちの方は、概念をめぐるニュアンスをもっと含んだ完全な議論や3要素によるカテゴリー化を生み出し、それを支える理論ベースのモデルを、最初のDeSeCo報告の中から探していただきたい（Rychen & Salganik, 2001）。この本の中には、貴重な資料がおさめられており、さまざまな学問領域の視点から得られた知見を反映する広範な文献リストも含まれている。キー・コンピテンシーがどのように認められたかについては、初期的な分析が示されている。それぞれの関連テーマごとに多くの文献が存在すること、またこの分野でさらなる研究と開発が求められていることを私たちは認識している。

第4章

期待される成果
―― 人生の成功と正常に機能する社会

ハインツ・ジロメン
(Heinz Gilomen)

はじめに

　DeSeCo プロジェクトが始まったのは、「評価と指標の研究、開発、解釈に役立つコンピテンシーの定義と選択のために包括的な理論的枠組みを持った長期的展望を必要とする」という認識からである。そのため、キー・コンピテンシーとコンピテンスの概念を分析し、民主主義社会で市場志向社会にいる個人すべてに関係するようなカテゴリーを考え、そこにキー・コンピテンシーをあてはめることに作業は集中してなされてきた。このような作業の内容は、これまでの章で説明されている。

　政策立案者、研究者、さまざまなセクターの代表者や OECD 以外の国際機関の関係者から、DeSeCo で開発されたキー・コンピテンシーの概念枠組みと3つのカテゴリーからなる分類は、広い関心と支持を集めてきた。同時に、これらの概念とそれに関連する議論によって示唆されるのは、次のような展開の可能性である。つまりそれは、DeSeCo 本来のもつ範囲を越えているとはいえ、能力開発と生涯学習に関連する充実した国際的評価・指標システムとさらに効果的な政府施策のための長期的視野へ展開する潜在可能性なのである。

　さらに探索すべき領域は、キー・コンピテンシーと望ましい個人的社会的成果との関連である。経済学領域では、生産性、経済成長、労働力参入と賃金の観点から教育投資と経済成長との関連が人的資本理論によって体系づけられている。しかし、同時に人生の成功と正常に機能する社会に関わる非経済的要因について、キー・コンピテンシーと関連する類似研究を進めることにも、依然重要な関心が持たれている。「個人の幸福とより強い社会的結合の形を求めるとすれば、学習による非経済的収益は、労働市場での賃金と経済成長に対する影響と同じくらいに重要だと多くの者は考えている」(OECD, 2001d, p. 17)。

　その結果、キー・コンピテンシーに関連し、次のような問いが生じる。つまり、その問いかけとは、キー・コンピテンシーが、実際に人生の成功と正常に機能する社会にどの程度寄与するものなのか。あるいは、より限定的に

言えば、キー・コンピテンシーのどのような一群が所定の成果に寄与するのか、そしてそれはどの程度かといった問いである。これらの問いかけに回答を提示するためには、キー・コンピテンシーと多面的な個人的・社会的幸福との間に存在するミクロ、マクロレベルを通じての概念的つながりを確定し、実証的研究を通じてそれらを立証することが必要となる。明らかに DeSeCo の範囲を超えるのではあるが、このような作業から期待される成果とは、人生の成功と正常に機能する社会とは何かを、特定しうることである。

　本章は、人生の成功と正常に機能する社会の概念に関し、DeSeCo がこれまで行ってきたことを含む規範的諸説と仮定のレビューから始める。具体的には、人生の成功と正常に機能する社会を特徴づける重要な観点を概説した後、クオリティ・オブ・ライフ（生活の質）の研究についての議論を行う。明らかに、ここでの目的は、広範で複雑な内容に対し体系的な文献レビューや総合的分析を実施することではない。むしろその目標とするところは、人生の成功と正常に機能する社会の主要な特徴を暫定的に定義することにある。

何のためのコンピテンシーなのか

　「何のための教育なのか」という問いは、長らく核心にせまる本質的な問いであった。それは、DeSeCo の文脈では、「何のための能力なのか」という問いに読みかえられ用いられてきた。第3章でその定義とともに詳細を説明しているように、キー・コンピテンシーは、非常に価値ある個人的・社会的成果をもたらす能力である。この概念は、2つの重要な前提を含む。つまり、キー・コンピテンシーは、個人と社会の双方に利益をもたらすという前提、およびそれは、単なる生存を超えたものに役立つべきという前提である。

　少なくとも論文上で得られた統一的見解は、自分自身の目標を思い描かせ、その目標を実現するよう個人に働きかけることが教育の重要な成果であり、このことが同様にキー・コンピテンシーを開発する重要な成果にもなる。たとえば、レクス、ヒンツとラーデンシン（Rekus, Hintz & Ladenthin, 1998）は、人々が自分の目的に応じ、現代社会で自分らしい生活を送られるように

するためにこそ教育が必要なのだと主張する。このことが意味する根本的な主張は、「それぞれ人は、元来普遍的に自己決定の能力を持ち、それに従って行動するよう決定づけられている」ということである。しかし、学際的観点に立てば、個人的成果こそが大事であると限定的に重視するのは矮小な考え方かもしれない。むしろこのような個人主義的考え方は、社会のニーズや目標によって規定される社会的要因によって補完されなければならないであろう。また、DeSeCoのアプローチは、たとえば哲学者のカント=スペルベルとデュピュイ (Canto-Sperber & Dupuy, 2001) によって説明された「サバイバル・キット」概念をさらに超える。そこでは、キー・コンピテンシーを「個人の生存、あるいは民主主義的社会の存続や、コミュニティの維持のために必要とされる一連の基本的な技能と基礎的知識」と広く捉えている。しかし、DeSeCoは、生存や維持の観点から単純に個人や社会を考えるのではなく、人生の成功と正常に機能する社会の概念といった、よりダイナミックな考え方を採用しようとする。

　学際的観点に立つDeSeCoでは、これらの概念を多様な観点から言及する。たとえば、哲学的観点からすればカント=スペルベルとデュピュイは、「豊かな生活の不可欠な構成要素」として、次のような価値観をリストアップしている。それは、達成感、「自律性、自由と人間らしさ」についての価値観に加えて人間の存在要件、「自分とほかの人の世界」についての理解力、楽しみ、人間関係の親密さといった価値観である。経済学者のレヴィとマーネイン (Levy & Murnane, 2001) による「経済学者の豊かな生活の定義」では、豊かな生活とは収入の最大化にあるが、そこでは労働時間の制限も考慮に入れられており、生産的仕事がより広範な目標の基本的条件である。彼らが論じるのは、生活収入を得るために重要な能力が、民主主義社会で責任ある充実した生活を過ごすことに必要とされる能力と一致するということである。同時に、レヴィとマーネインは、「経済学者が市場や既存の経済を重視する結果として、暗黙のうちに現存の所得配分を容認する」ということに警告を発している。ほかの分野の研究者がこのような研究テーマに直接言及することはないとはいえ、人生の成功と正常に機能する社会のための要因は、キー・コンピテンシーの議論から推し量れるものにちがいない。たとえば、社会学的

観点からは、ペルノー（Perrenoud, 2001）が、「他人の自律性を侵害することなく自律性を保ち、できるだけ上手に生存し生活していけること」、および「虐待、疎外、支配、搾取されないこと」と人生の成功を結びつけて考察している。さらに、リッジウェイ（Ridgeway, 2001）は、多くの研究者の文献の中で、少数のエリート集団の発展を促進していく社会とは対照的なものとして、民主主義的・平等主義的社会へのコミットメントが論じられていることを指摘している。

従来、DeSeCo の包括的な理論構成の枠組みの中では、キー・コンピテンシーの概念化に取り組むために必要とされる範囲でしか、人生の成功と正常に機能する社会に関する望ましい個人的・社会的成果は扱われてこなかった。しかし、（第3章で言及されているように）国際条約に規定される広範ないくつかの目標は、さらなる概念化や詳細化のために、共通の出発点と基準点を提供しうるものであろう。

人生の成功とは何か？

概念アプローチ

1つの言葉で個人が望む成果の特徴をすべて網羅し、十分に包括的に伝えることはできない。DeSeCo 以外では、「豊かな生活」という表現を用いてきた者（Canto-Sperber & Dupuy, 2001、第3章）もいる。この表現は、キー・コンピテンシーを定義する際に不可欠の規範的特徴を捉えているとはいえ、単なる快楽主義的クオリティ・オブ・ライフか、もしくは道徳的観点からのみの解釈か、依然両義的表現に留まっている。人生の成功とは、狭くは、高い経済的地位や社会的地位の獲得で特徴づけられる生活を意味すると解釈される。しかし、レヴィとマーネイン（Levy & Murnane, 2001）が「経済的成功に必須のキー・コンピテンシー」（Key Competencies Critical to Economic Success）のタイトルで寄稿し広く認められるようになったように、豊かな生活という表現よりも、人生の成功という考え方はより広い解釈を可能にする。そのため、我々は高く評価された個人の成果を言葉で表すうえで、広い意味

から人生の成功という表現を用いる。つまり、人生の成功という言葉に経済的成功と規範的要因としての外部の評価を含めて、広範な議論ができるように主観的、客観的意味の両方から個人のクオリティ・オブ・ライフを取り扱うことにする。成功に対する個々の定義は、DeSeCoで提示されている基本的テーマに応じて変わるかもしれないが、圧倒的多数の人々に通用する一定の普遍的内容（Canto-Sperber & Dupuy, 2001）があることを認めるのも大事なことである。

人生の成功を概念的に説明する1つの方法は、「社会福祉」、「クオリティ・オブ・ライフ」、「幸福」と「生活条件」を含む社会監視と社会福祉概念をめぐる議論に焦点をあてることである。多くの社会では、社会福祉は政治的概念である。たとえ非常に抽象的なレベルであろうとも、社会福祉の概念は我々が生存していくための個人の環境や社会環境への合意によっている。このような概念は、きちんと系統立てられた実用的な言葉ではほとんど説明されていないので、我々はこの問題を扱う多くのアプローチを探してきた。ハインツ＝ハーバート・ノル（Heinz-Herbert Noll, 2001）は、社会科学で社会福祉の議論を基礎とする場合、政治論での「豊かな社会」と同様に「豊かな生活」を定義するための基準を特定することが大事であると結論づけている。もし、生活条件が理想的条件と現実的条件の比較といった形態でその基準から測定されうるとしたら、生活条件は、社会指標と社会監視についての研究の中心的な構成概念となる。

過去30年以上にわたって、ヴォルフガング・ツァップ（Wolfgang Zapf）は、社会的報告に関する継続的な概念の考察を行ってきた。ツァップの意見では、社会福祉とその発展は、モダニゼーションの本質を象徴的にあらわしている。そこでは、1960年代後半においてのみ展開された近代的な社会福祉の概念に対して、クオリティ・オブ・ライフという用語が用いられている。クオリティ・オブ・ライフの概念は、20世紀後半には、社会政策の目標概念、社会福祉を評価する社会分析の標準的概念、また基本的枠組みとしてその中心的役割を担ってきた（Zapf, 1993）。

このことに関する有名な例としては、アメリカ大統領リンドン・B・ジョンソンによって1964年に提案された「偉大な社会」（Great Society）の考え

第4章　期待される成果

方がある。ノル（Noll, 2001）は、ジョンソンの「偉大な社会」構想は、「いかに多くではなく、いかによりよく、つまり、量としてたくさんの所有物を有するということではなく生活の質に関するもの」であり、アメリカ人の個人的幸福を目標として確立することにあったと説明している。ノルによれば、この考え方は、クオリティ・オブ・ライフを物質的富を意味する初期の考え方にとってかわる新しい社会福祉の概念として捉えるものであった。

　実態があると同時に実態がなく、客観的でありながら主観的であり、個別であって集合的である構成要素を包含することが、クオリティ・オブ・ライフの多面的概念へと視点が移る際にあげられる特徴である。ロナルド・イングルハート（Ronald Inglehart, 1989）は、西洋社会での価値観の重要なシフトに触れ、物質的幸福と身体の安全は、以前にはもっとも重要な要素であったが、1980年代以降、人間関係、文化的テーマや環境保全といったポストモダンの価値観とクオリティ・オブ・ライフに、より重点がおかれるようになったと指摘している。

　ハービッヒとノル（Habich & Noll, 1994）は、クオリティ・オブ・ライフの多面的概念の中にある2つのアプローチの差異を明らかにしている。つまり、北欧的な富へのアプローチとアメリカ的な主観的クオリティ・オブ・ライフへのアプローチの差である。北欧的アプローチは、「一定の決定因のもとで、自分の生活条件を管理し意識して方向づけられるよう働く、動員可能なリソース（資源）を個人が自由に使用できる能力」という概念に基づいている（Erikson, 1993, p. 72）。ロバート・エリクソン（Robert Erikson）の論文では、収入と財産以外のリソースとは、自分の生活条件を形成するために用いうる教育、社会関係、精神的能力と体力といったものを含んで論じられている。もちろん、この見地は、スウェーデン社会における、集団性や連携、そして、福祉国家の考えへのコミットメントを重要視するスウェーデン人の姿勢と密接に関係している。

　多くの観点で、リソース・アプローチは、アマルティア・セン（Amartya Sen）の能力（capability）の複合概念（Sen, 1987）と一致している。ただしセンは、リソース自体よりもリソースをどのように使いこなすかをより重要視している。

人の幸福を判断する際、所有しているモノの特性に分析を限定するのは、早まったことであろう。……幸福という概念をつきつめれば、明らかに我々は、生活がどう「機能する」かという方向に目を向けなければならないであろう。すなわちそれは、人が生活必需品と自由に駆使できる特性を伴ってどんな行動をとることに成功するかということである(p. 6)。

このように、ある機能は「ある人の成果である。それは人が自分の行動や存在を管理することである」(Sen, 1987, p. 7)。リソース、能力と成果との関係についてのモデルは、DeSeCoの成果に基づく能力モデルを支持し、能力と期待される成果との関連性を探求する今後の作業への第一歩となるものと思われる。

リソースモデルに対する別のアプローチは、主として主観的観点からクオリティ・オブ・ライフを定義することである。このアプローチは、満足感や喜びといった形で表されるような個人の主観が、客観的な生活条件の如何を問わず、幸福の有力な基準であると考える点で個人主義を強調するアメリカ人の認識と明らかに類似するものである。各人が社会的背景に関係なく自分自身の進むべき道を追求することは、自分自身の生活に満足することを強調したジョンソン大統領の「偉大な社会」を分析したノルの仕事に関連する。

これに対しエリック・アラールド（Erik Allardt）の研究（Allardt, 1993）は、リソース・アプローチと主観的アプローチの双方の要素を含むものである。アラールドは、基本的ニーズの3つのカテゴリーに基づくモデルを開発した。3つのカテゴリーとは、所有すること（繁栄の状況とクオリティ・オブ・ライフの物質的な要素を含む）、愛すること（対人関係と内的満足感）、そして存在すること（地域社会の一部としての活動と余暇目的の活動）である。それぞれのカテゴリーは、成功のためのリソースと主観的判断から構成されている。

成功の客観的、主観的評価を含む同様のアプローチは、ドイツの社会報告でも用いられている（Zapf, 1984）。図1は、客観的生活条件と主観的幸福感の相互作用を図解することで、このアプローチの概念的全体像を提示したものである。幸福感を抱くことは、個人にとって望ましい状況であると同様に、

社会の望ましい状況の構成要素である。つまり、客観的な生活条件と主観的幸福感を「良い」とする状態が幸福の望ましい状況である。望ましい生活条件を享受しているにもかかわらず、自分たちの状況を幸福に感じられない人は、不調和な状況と呼ばれ、最初に問題を抱えるグループである。悪い生活条件にもかかわらず、主観的幸福感として「良い」として判断する適応状況もまた、問題と捉えられる。つまり、このケースの場合、社会からひきこもる危険性がある。最後に、窮乏の状況にあるグループは、従来からの社会政策の対象者であった。このアプローチは、潜在的に危険な状況にあるグループを特定化するよう促す政治的文脈で、概念をさらに詳細に構築し適用するときに有効である。

　クオリティ・オブ・ライフを説明する総合的アプローチが1960年代から1970年代に始まるが、ノル（Noll, 2001, p. 13）はそれらのアプローチが妥当性を欠いていたことに困惑したと言っている。より最近のアプローチは、重要な概念的発展は認められないが、むしろより的を絞った社会政策の必要性に応えて特定の状況を強調し社会的側面と個人レベルの幸福を統合する試みを行うようになってきている。持続可能性、団結、排斥、人的資本や社会資本は、この観点でのキーワードである。人生の成功の規範的なカテゴリーについてできるだけ参考となる要因を確定しようとする我々の目的を達成するために、社会福祉という総合的な概念は、明らかに特定の状況を扱う概念よりも有効であろう。

図1　幸福の状況についての類型

客観的生活条件	主観的幸福感	
	良い	悪い
良い	幸福 望ましい状況	不調和 不満足のジレンマ 抗議と変革に対する潜在力
悪い	適応 矛盾した満足感 無力感とひきこもり	窮乏 従来からの社会政策の対象者

出典：Zapf（1984）

クオリティ・オブ・ライフの構造

　個人の幸福感とクオリティ・オブ・ライフの構造は、これまでさまざまな視点から検討されてきた。1つは、クオリティ・オブ・ライフの豊かさは、人間の欲求が最大限充足された結果、生じるというものである。多様な欲求の関連性を論じた最も有名な理論は、アブラハム・マズロー（Abraham Maslow, 1954）によって提出された欲求段階説と呼ばれる理論である。マズローの主張によれば、ある欲求は、そのほかの欲求が充たされたときにはじめて生じてくる。つまり、身体的生存の欲求から、社会的相互作用の多様な欲求の形態を経て、統合的完全な自己実現欲求形態にまで欲求の段階が進んでいく。

　社会全体で高いクオリティ・オブ・ライフを定義しようとするまったく異なる試みが1970年にOECDによって行われ、専門家や政治団体が望ましい社会状況についてのリストを特定した。OECDのアプローチは社会的利害に基づいており、それは合意を得る過程を通じて定義された。この場での主たるテーマは、広く専門家や政治団体によって熟考された社会的利害やニーズが文化を超えて同じであるということであった。しかし、そこで具体化されたより特殊なニーズは、ニーズが充たされる方法とその妥当性という2つの観点から見ると、文脈に応じて重要性が変化するという特徴をもっている（OECD, 1976, p. 8）。図2は、1982年にOECDによって発表された8つの社会的利害のリストを表している。[1]これらの社会的利害は、社会指標システムのカテゴリーと少なくとも内容的には同様であり、人生の成功の要因を設定する有益な出発点を提供する。

　加えて「資本の諸形態」で、ピエール・ブルデュー（Pierre Bourdieu, 1983）が理論化した社会分野（第3章も参照のこと）と資本アプローチは、リソースの「アクセス」と「利用可能性」の点で、人生の成功要因を構造化、概念化するさらなる理論的裏づけを与えてくれる。ブルデューは、物質的交換を強調する経済的概念を超えて、資本の「非物質的」で「非経済的」概念、特に文化的資本や社会的資本といったものを敷衍してとり扱う。特に他者とのネットワークからなる社会の便益を重要視する社会的資本（Putnam, 2001、Coleman, 1988）の一般的説明に対し、ブルデューは個人が利益を受けるさまざまな不平等のあり方に注目している。文化的資本は学業上の成功に関連す

第 4 章　期待される成果

図2　社会的利害についてのOECDのリスト

公衆衛生	教育と学習
雇用と職業生活	時間と余暇
財とサービスを入手する権利	自然環境
社会環境	個人の安全

出典：OECD（1982）

るが、この文化的資本には「社会化の過程を通じ個人に内面化され、鑑賞力と理解力の枠組みを構成する文化的性質の総体」（Swartz, 1997）を含み、それは書籍や絵画といった有形物、そして制度化された学歴（学業証明書）といった形をとる。資本の3形態はすべて、経済的資本に共通に関連した方法で獲得され交換されうる。そのため広い意味での資本の所有、あるいは資本の形成は、さまざまな社会的分野での成功を具体化するのに決定的な意味を持つ。

　本節では多様なアプローチと概念を、個人レベルでの成功への目標、ニーズ、前提条件が概念化されるよう、さまざまな方法でかつ相補的に説明してきた。その結果、議論に伴ってその内容の複雑性が浮き彫りにされたと言える。

人生の成功の要因

　期待される成果の要因を特定しようとする我々の目的にとって、これまで鳥瞰した概念に関わる情報や知識は、人生の成功の決定的要因を解明する豊かな原資料である。人生のこのリソースへの「アクセス」や「利用可能性」に関連した社会的関心と概念に基づき、成功のための一連の8つの主要要因（図3）をここでは提案する。

——経済的地位と経済資源

　この要因は、古典的な経済学分野で扱われるものである。経済的地位と経済資源は、脱工業化社会においてさえ、非常に高い価値を有し、明らかに成功の主要要因の基本的分類に属するものである。経済的要因として、社会的

図3　人生の成功の主要要因

経済的地位と経済資源
- 有給雇用
- 収入と財産

政治的権利と政治力
- 政治的決定への参画
- 利益集団への加入

知的資源
- 学校教育へ参加
- 学習基盤の利用可能性

住居と社会基盤
- 良質の住居
- 居住環境の社会基盤

健康状態と安全
- 自覚的・他覚的健康
- 安全性の確保

社会的ネットワーク
- 家族と友人
- 親戚と知人

余暇と文化活動
- 余暇活動への参加
- 文化活動への参加

個人的満足感と価値志向
- 個人的満足感
- 価値志向における自律性

出典：DeSeCo

地位、権力の配分とクオリティ・オブ・ライフに対して決定的役割を果たすものは、生活領域ではほかにほとんど存在していない。

　収入と富という形態の資源は、生活必需品を賄うといった基本的機能を自然に果たすが、それらは生活の他の領域にも同様の影響を与える。高い資産価値の形としての収入と富は、個人、家族や集団の社会的地位を示す社会的機能を持っている。また財産は自尊心にとって重要な要素である。高い尊敬を得る活動、主として有給雇用を通じて得られる財産であればなおそうである。

第4章　期待される成果

　有給雇用を得る機会は、重要な社会活動分野で権力を駆使する状況に密接に結びつき生じる。雇用のヒエラルキーの中で最も高い地位にある人は、より低い立場の人々に、相当な権力と影響力を行使する。ヘルムート・シェルスキー（Helmut Schelsky, 1972）と同様、ノル（Noll, 1978, p. 210）は、有給雇用の心理的、経済的、社会的機能について言及している。有給雇用は、個人のアイデンティティを形成するのに決定的役割を果たすものである。有給雇用は、人の社会的地位の重要な目印であり、収入や人材などの資源の獲得を通じ日常的な物質的必需品の供給に決定的役割を果たす。有給雇用と、収入と富の双方に関連するキー・コンピテンシーは、レヴィとマーネイン（Levy & Murnane, 2001, pp. 154-155）が著述しているように、教育達成と所得との関係を論じる人的資本論と他の理論（たとえば、シグナリング理論と依頼人－代理人理論）によって裏付けられる。レヴィとマーネインの研究では、経済分野での成功は、継続的な強さをもって生じ、所有する個人によって影響力が行使されることが明らかにされている。

──政治的権利と政治力

　集団の政治的権利の主張や政治的参画は、民主主義の基本的要件である。しかし、男性であれ女性であれ、1人が1票を投じる際にさえ、現代社会の機能の仕方によっては、多様な権限分割が行われる。政治的決定への参加は、通常準備段階に始まる。そして、選挙・投票過程は、物事に影響する差別的機会を生む唯一の、そして、非常に特殊な政治的参画の形態である。政治的参画は社会調査や社会指標システムの共通項目なのだが、社会福祉やクオリティ・オブ・ライフの論争では、影響する要因として暗黙の理解はされながらもこのような権力の問題が直接言及されることはほとんどない。

　国家レベル、地方レベル、あるいは身近な地元レベルでは、一般的には選ばれた公職者により政治的意思決定への権力の行使や政治的参画がなされるが、より一般的に個人が政治的プロセスに参加するのは、利益集団（たとえば、労働組合、雇用者団体、あるいは政党）や市民運動への関与を通じてである。ペルノー（Perrenoud, 2001）は、DeSeCoに提出した論文で権力の問題を提起し、権力と人生の成功と相対的な自律性との関係を述べ「他の主体によっ

て採用された戦略や決定に翻弄されない」(p. 130) ために必要なコンピテンシーを定義している。ペルノーによれば、集団への影響力と参画の機会は、人生の成功の重要な要件となっている。

——知的資源

経済的要因とともに、教育は、社会的地位を左右する主要な要因である。さらに、知識、理解、探求は、マズロー（Maslow, 1971、Maslow & Lowery, 1998）によれば、「自己実現」の主要な構成概念である。また知的資源は、個人の幸福の重要な前提条件であるという同様の考え方もある（Vogel, Andersson, Davidsson & Häll, 1988, p. 34）。

知的資源へのアクセスは、2つの観点で重要である。第一に、教育プログラム、特に高等教育へのアクセスという問題、つまり教育における不平等と公正という古典的論争の核心となる問題である。第二に、知的資源はキー・コンピテンシーの利用可能性に関連している。教育とコンピテンシーという2つの要因は、当然関係をもつが、「国際成人リテラシー調査」(International Adult Literacy Survey：IALS) によって、その2つは必ずしも同一の要因によるものではないことが明らかにされている（OECD, Human Resources Development Canada & Statistics Canada, 1997）。

知的資源を獲得できるかどうかは、特定の前提条件によって左右される。たとえば、高等教育や継続教育での学習やそこでの好成績は、それ以前に習得した学習の基礎的力とコンピテンシーに依存すると推察されている。この観点では、我々はヘイストの「道具使用者」(Tool User) モデル (Haste, 2001) を参照し、特に相互作用的に認知的道具を用いる能力を考慮の対象としている（特に第3章を参照のこと）。

——住居と社会基盤

住居と居住環境などの社会基盤は、生活条件の基本的構成概念である。それは、マズローの欲求段階説の基本的欲求に当てはまり、社会政策の基本的柱をなすものである。

ここでは、構造の安定性、厳しい気候条件からの防御力、主要システム（例、

水道配管設備、暖房装置、電気)の存在や機能と、充分な家具や器具といった物質的要素から、住居、特に居住施設の質について取り上げる。居住環境の社会基盤としては、水道、下水道、エネルギー、通信、道路、公共交通機関といった共同的な社会基盤要件の利用可能性やその汚染の程度などの地域社会の質について触れる。

──健康管理と安全性の確保

重篤な身体的障害がないこと、つまり、肉体的に完全な状態と活動が保障されうる状態もまた、クオリティ・オブ・ライフの基本的構成要因である。しかし、この要因は、健康に対する狭い認識から世界保健機関(WHO, 1946)の提示する健康に対する広い認識へと拡大して考えられるべきものである。つまり、「健康とは、肉体的、精神的および社会的に良好な完全な状態であり、単なる疾病または病弱の欠如だけを意味しない」。その定義はまた、いかなる被害も被らない個人的自由の保障といった安全性確保の面も含むものである。健康管理と安全性確保という2つの面は、個人の行動様式に左右され、それゆえキー・コンピテンシーの準拠すべき要因である。この要因は、個人にとって無条件に優れた価値をもつものであり、クオリティ・オブ・ライフのほかの要因の前提となる。

──社会的ネットワーク

社会的ネットワーク(人間関係)という強固な拠り所があることは、クオリティ・オブ・ライフのもう1つの重要な側面である。それは、職業、余暇、家族、政治などの人生のすべての面で最も重要なことである。最近になって、この要因については、社会資本(ソーシャル・キャピタル)という概念から議論されるようになってきている(Bourdieu, 1980、Coleman, 1988、OECD, 2001d、Putnam, 2001)。

社会的ネットワークは、非常に個人的なレベル(家族や友人)、より広いレベル(親族や知人)、あるいはインフォーマルなネットワーク(クラブや利益集団)として存在する。後ほど説明するが、これらのネットワークは、正常に機能する社会の重要な要件であるというだけでなく、個人の目的にも用い

られるため、人生の成功の要因に含まれるのである。

——余暇と文化活動

　余暇と文化活動は、生活条件に不可欠の要因と見なされている（L'Hardy, Guével & Soleilhavoup, 1996）。ブルデュー（Bourdieu, 1979）は余暇と文化活動が、階層の差異を表現し強調するためにどのように用いられているかについて分析をした。非常に多くの事例を用いて、ブルデューは社会集団が、消費習慣や身ぶりなどを通じた巧妙な差を通じ、自分より低い階級の者に対していかにうまく自分たちの階級を差異化していくかを明らかにしている。このように、社会学的立場からすると、文化と余暇は社会的地位を決定づける重要な側面があり、余暇や文化への機会を人生の成功の鍵とみなしている。

——個人的な満足感と価値志向

　我々は、すでに、クオリティ・オブ・ライフの側面から、個人的満足感と価値志向の重要性に対しさまざまな点で触れてきている。個人的満足感と客観的な生活条件は、必ずしも同一のものではない（図１参照）ため、人生の成功についての議論では、個人的満足感自体が重要な意義をもつ。同様に、価値志向の自律性は、広い意味での資源の利用可能性や権力の機会とは独立したものであり、他の要因を規定する鍵となっている。

人生の成功のまとめ

　人生の成功に関する８つの要因は、キー・コンピテンシーと期待される成果の関連性を扱う理論的枠組みの重要な構成要素となっている。DeSeCoプロジェクトに続く仕事になるであろうが、特定化されたキー・コンピテンシーの妥当性の検証のみならず、経済的成功に基本的スキル以上のキー・コンピテンシーがいかに役立つかを実際に明らかにし非経済的な成果についても同様の実証分析を行うことは不可欠であろう。

　ここでは、提出された考え方のうち、いくつかの重要な観点を取り上げておくことにしたい。第一に、人生の成功とは、幸福の客観的・主観的要素を組み入れた多面的概念である。それは、厳密な意味での成果だけではなく、

第4章　期待される成果

リソースへの「アクセス」や「利用可能性」としてより明確に説明されるべき要因とリソースそれ自体も含むものである。

　第二に、強調すべきことは、これらの8つの要因は、すべての個人、すべての文脈、そしてすべての社会に対して同じ様に重要性を持つものではない。しかし、民主主義の先進国社会にとっては、個人や社会の根底にあって論じられる問題は、一般に同様なものと言える。文脈ごとに重要性を持つ特定要因はさまざまであるかもしれないが、どのような形態でも全体的に成功した人生を望むのであれば、常に8つの要因すべてを考慮しなければならないということがここでの基本的な仮説である。

　最後に、これらの8つの要因は、連続体の一部を形成していることに留意すべきであろう。一般にそれらは、「とてもそうである－ほとんどそうでない」(more-less)尺度で決定されるにちがいない。この変化する強度の連続体上にコンピテンシーがあると仮定すると、人生の成功の要因を明らかにするためには、キー・コンピテンシーと期待される成果の実証関係を分析することが理想的でふさわしいことであることが理解されよう。

正常に機能する社会とはどういう社会か

　キー・コンピテンシーは、個人的レベルと同様に社会的レベルとの関連でも定義づけられる。社会の観点から見れば、キー・コンピテンシーは、個々の人生の成功を決定する要因のみならず、社会的目的の達成手段として重要視される。学校の組織を通じて基礎的スキル・コンピテンシーが伝達されることは、通常社会的目的を達成する手段である。このような社会的目的は、キー・コンピテンシーの政治的議論にとって重要な要素であろう。

　コンピテンシーから人的資本論の妥当性についての議論では、個人的レベルでの利益や個人の成功、特に経済的成功への寄与の観点がかなり重要視される。このことは明らかに、DeSeCo が採用してきた学際的観点からすれば、あまりに個人主義的で、限定的なアプローチを表している。この内容をより包括的で全体的な方法で扱おうとすれば、社会的観点を盛り込み、人生の成

143

功の概念化と同じやり方で正常に機能する社会の要因を特定化する必要があろう。もちろん、人生の成功の特質と正常に機能する社会の特質とは、重なりあうところが多くある。というのは、当然ながら正常に機能する社会を生み出す条件は同時に、個人の人生の成功に寄与する条件であることが期待されるからである。しかし本来、制度的・構造的な面、分配・公正・社会主義の問題、生存し維持しうる未来に関する問題などは、個人的なこと以上に社会にとって関心をおかなければならないことにちがいない。

　指標システムの例はすでにいくつか存在する。一連の指標は、さまざまな方法論と多くの基本的な発展についての理論化と研究によって社会の質を表すものである。また、その指標を経済的な幸福の指標を越えて用いれば、他の事例と比べて、社会的、環境的、制度的要因を含む社会発展のより広範で完全な構図を描けるであろう。たとえば、「持続可能な開発委員会」(U.N Division for Sustainable Development, 2003) は、公正、教育程度、国際協力、種の多様性、経済成長や情報通信基盤などのテーマを扱う非常に詳細な指標システムを確立している。

　正常に機能する社会のための要因をさらに特定化し、キー・コンピテンシーに関連した要因を考慮する手段として、これらの指標やほかの指標システムの体系的分析を行うことは、たしかに将来に続く興味深い道筋を提示する。この点で社会の質を決めるいくつかの鍵となる特徴については充分な社会的合意が得られており、経済成長、民主的なプロセス、連帯と社会的結合、人権と平和、差別のない社会と公正、そして生態学的持続可能性といったことが正常に機能するために求められる一連の要因が明らかにされている。そこで以下に、このような、社会の質を特徴づけ第3章で提示されている規範的理論枠組みと一致する重要な要因の概略を示そう。

正常に機能する社会の特質
——経済生産性

　経済競争力と経済生産性は、すべての社会の主要な目的である。人的資本論は、教育への投資を通じて獲得されるキー・コンピテンシーと、個人のクオリティ・オブ・ライフの重要な要因である有給雇用とリソースへのアクセ

ス、事業や企業の生産性、社会の経済成長度（Levy & Murnane, 2001）との間の直接的な関係について扱っている。このように経済生産性は、キー・コンピテンシーの理論枠組みの鍵となる要因の1つである。

──**民主的プロセス**

　民主的プロセスは、OECD諸国内外でも基本的に重要なものである。集団の問題はそれによって影響を受ける人々によって処理されるべきという原則、事前にコミュニティで合意されたルールに従って処理されるべきとの原則は、誰もが認める社会的善である。この原則は、大まかには、ジョン・ロールズ（John Rawls, 1972）の「公正な」社会の概念に一致するものである。DeSeCoプロジェクトに対する寄稿の多くは、この見解に基づいている。カント＝スペルベルとデュピュイ（Canto-Sperber & Dupuy, 2001）は、次のように主張している。

　　　すべての人々が受け入れ、ほかの人々も受け入れるという正義の原則によって社会の基本的な制度が統制されている場合、社会はよき「秩序を保っている」。加えて我々が前提としているのは、「民主的、公正で安定した社会の基本制度は正義の原則に従おうとする社会の構成員の行動欲求を導くような制度である」ということである（pp. 71-72）。

　民主的プロセスへの市民の参加は、政治的決定と権力への参画を目的とする、個人のクオリティ・オブ・ライフの要因となじむものである。バーバラ・フラツァック＝ルドニカとジュデス・トーニー＝プルタ（Barbara Fratczak-Rudnicka & Judith Torney-Purta, 2003）は、民主主義の本来のあり方は、必然的に個人のコンピテンシーの発達と伸長に関連があると指摘している。そのため、キー・コンピテンシーは、個人が民主的プロセスに参加するよう積極的に働きかける重要なリソースとして捉えられている。

──**連帯と社会的結合**

　連帯は、社会的資本の1つの要件であり、社会の基本的な要素の1つでも

ある。ノル（Noll, 2001）は、この文脈で、集団的アイデンティティと社会的統合の重要な基礎として連帯を考えていたデュルケームに言及している。連帯は、価値観の共有を基礎とし、個人的な価値志向を通じて確立するものである。この考え方は、社会的結合の概念が社会的レベルでの価値体系に言及される際に関連づけられて説明される。加えて、社会的結合の概念は、共通の制度という概念を含んでいる。この文脈において、ダーレンドルフ、フィールド、ハイマン、ハチスン(Dahrendorf, Field, Hayman & Hutcheson, 1995)は、一体性を持った社会を特徴づけるのが価値や制度の受容という枠組みであることに触れている。

──人権と平和

ドロールとドラクスラー（Delors & Draxler, 2001, p. 214）は、UNESCOの立場に立って、50年以上前に国際連合で承認された世界人権宣言（United Nations Organizaiton, 1948）を引用している。この宣言は、人類や社会の地球規模の発展の基本的方向性についての明確な体系と、社会の理想について、多様な形態を持つ社会に共通とされる合意を表している。人権の乱用が多くの国々で主たる問題であり続けるのだが、人権という目標は、相当大規模に規範的な影響力を及ぼしている。世界人権宣言は、平和のための重要な条件である理解、寛容、基本的自由の尊重といった人権の基本的原則を確立し、教育とコンピテンスの開発に関係すると述べている。世界人権宣言は次のように言う。

> 教育は、人格の完全な発展ならびに人権および基本的自由の尊重の強化を目的としなければならない。教育は、すべての国又は人種的若しくは宗教的集団の相互間の理解、寛容および友好関係を増進し、かつ、平和の維持のため、国際連合の活動を促進するものでなければならない（第26条2）。[2]

この宣言は、「人類社会のすべての構成員の固有の尊厳と平等で譲ることのできない権利を承認することは、世界における自由、正義および平和の基

礎である」と述べる前文で始まる理念を引きつぎ、人権と平和の実現は、コンピテンスに依拠するということを示唆している。

──公正、平等、差別観のなさ

　機会均等と正義は、多くの現代社会の憲法に取り入れられ、世界人権宣言にも明記された基本的原則である。しかし、その原則はいまだ達成されていない目標でもある。多くの国にあっては、人は、いまだに、出自や社会的地位のために幾多の社会的文脈で差別を受けている。

　ハットマイヤーとコクランおよびボッターニ（Hutmacher, Cochrane & Bottani, 2001）によれば、我々は不平等の問題を物質的・象徴的リソースの利便さと不便さの差異と考えている。そのようなリソースは、ブルデュー（Bourdieu, 1983）の資本形態（経済的資本、文化的資本、そして社会資本）の複合したものとして考えられるにちがいない。不平等や平等が便利さの公正配分や公正な獲得の規範的倫理的要因と結びついている場合には、公正の領域に踏み込むことになる。そこでは差別は、社会的文化的背景、あるいは社会的地位に基づく構造的な不平等がある場合に認められるにちがいない。それは、倫理基準によってだけでは正当化されうるものではない。正義、機会均等と差別がないことは、このように社会の質の重要な要因を構成し、キー・コンピテンシーの主要な関係要因として働く。

──生態学的持続可能性

　リオ・デ・ジャネイロで開かれた国連環境開発会議（U.N. Conference on Environment & Development）は、人類の持続可能な文化的遺産の問題に対する華やかな議論の場であったアジェンダ21（UNCED, 1992）をその会議で承認した。アジェンダ21では、次のように生態学的発展と経済的・社会的領域の持続可能な戦略についての貢献に関心がおかれている。

　　人類は歴史上の決定的な瞬間に立たされている。我々の幸福を保障している生態系の絶えることのない不均衡に我々は直面している。しかしながら、環境と開発を統合し、これにより大きな関心を払うことにより、

人間の生存にとって基本的ニーズを充足させ生活水準の向上を図り、生態系の保護と管理を改善し、安全でより繁栄する未来へつなげることができる。いずれの国も自国だけでこれを達成することはできないが、持続可能な開発のためのグローバルパートナーシップを促進することにより、ともに達成することが可能となる（序文）。

たしかに、自然の資源を大事にし、次の世代にそれを保持することを、優先事項と考えないとしたら、質の高い社会を思い描くことは不可能である。そのため生態学的質は、かならずしも汚染がないことや今日の自然環境の質の高さといったことのみならず、次の世代が健康な環境を享受できるよう保障する社会的戦略の採用と実施を意味する。

クオリティ・オブ・ライフと正常に機能する社会を両立させるには

多くの場合、正常に機能する社会の要因は、個人的な人生の成功の要因と類似している。たとえば、正常に機能する社会の要因としてみなされた「経済競争力と経済生産性」は必然的に、個人のレベルでは「経済的地位と経済資源」の要因と、また場合によっては「知的資源」とも関係する。似たような関連性が、「民主的プロセス」と「連帯と社会的結合」という社会的要因と個人的要因である「政治的権利と政治力」や「社会的ネットワーク」との間にも認められるにちがいない。しかし、正常に機能する社会の要因は、単なる個人的な人生の成功を追求する総体としてもたらされるものを意味しない。争いは社会的現実の本質的な部分であり、当然ながら、個人的レベルや社会的レベルでの目的や価値の違いによって生じるものかもしれない。たとえば、豊かな生活水準を達成し維持するため個人が選択する手段や実践は、他の事柄、他人の欲求や権利、あるいは自然環境の健全さと相容れないものかもしれない。同様に、正常に機能する社会が要求するのはある程度の効率性をもった意思決定や行政であり、それらは個人に影響を及ぼすすべての決定や行動に一定の役割を担うことを難しくするであろう。

第4章 期待される成果

　しかし、多くの場合、個人と集団の目的は、一定領域では重なり合うというのが我々の意見である。異なる目的の間の取引・交換は、個人とコミュニティといった両方にわたり異なる領域で頻繁に起こる。つまり、「経済成長」対「持続可能な生態系」と「社会的正義」、「経済的資源の利用可能性」対「文化と余暇の追求の機会」などの場合である。

　視点の違いから派生する問題がときに生じるかもしれない。異なる目標は、長期的視点では全体的な視点として一致するが、短期間では葛藤となって現れる。同様な考え方であるが、キー・コンピテンシーとその活用の観点で、ドロールとドラクスラー（Delors & Draxler, 2001）は、次のように提案している。

　　一方で経済的に有益な能力観に立つ功利主義者と、他方、個人が自分自身の生活を自由に掌握しうるとする能力観との間で、我々が唯一明らかにわかる矛盾がある。それは、わたしたちからみれば実際の対立という以上に、時間枠の問題から生じる矛盾と思われる。職務のための単なる研修は生産性向上の点では短期間の成果を出すが、しかし長期的にみれば、広範な教育を受けた人々を雇用するほうが経済はよりよい生産性につながるということが実証されている。

　多様な目標や価値との間に絶えず存在する緊張関係があるとはいえ、キー・コンピテンシーと高く評価される成果との関係をさらに定義しようとする試みを頓挫させる必要はない。事実、これらの目標は空間配列として表すことができ、個人と社会の両方で多様に変化する。このことは、キー・コンピテンシーが多様なものの空間配列として表せるであろうという考え方に類似している。結果として、キー・コンピテンシーの空間配列がとる形は、文化や文脈上の社会的、個人的な価値や目標によって、また人生の成功と正常に機能する社会のために寄与する多様な要因の中で相対的重要性によって大部分が説明できる。

　このように、クオリティ・オブ・ライフと社会の質という多様な要因に対し、異なる資本形態と地位の配分が大きな問題として存在する。一般に、他

人や社会の利益と個人の利益に折り合いをつけ、バランスを保つことは、それぞれの状況における権力関係や慣例に依拠する結果となるのではあろうが、政策立案の基本的重要課題である。そのため、最も一般的形態での権力が重要な横断的要因となる。つまり、個人にとって権力は、人生の成功の重要な要因に対して自分の好みに従ったやり方で、個々の社会的領域での機能、構造、配分を活用したり影響を与える場合の能力を意味するからである。一方、社会が求める重要課題は、社会的な質の尊重を保証するメカニズムを発展させることである。個人の人生の成功につながる目標と社会の質を支える目標といった2つの目標の実現は、社会的行為者間でのキー・コンピテンシーの利用可能性に基づくものであろう。

最後に、DeSeCoが個人の人生の成功、または正常に機能する社会に関し、それらを定義する説明を展開してきたとか、今後展開しうるなどと、この章やほかの章でも主張しようとしたわけではない。その目的はより限定的である。つまり、将来の研究に対して重要な方向性を確定すること、そして関連した理論・モデルを知り、人生の成功と正常に機能する社会の重要な要因を提案する出発点を提供すること、それがさしづめ本章の目指すところなのである。

【注】

1　OECDは、最近になって新しい分類を提案しつつある（Martin & Pearson, 2001、OECD, 2001c）。それは、社会指標である社会的文脈、社会的地位、社会的対応の3つから構成される。これらの3つの分類は、環境調査で知られている純粋なPSR（負荷－状態－対応）モデルとは幾分異なっている。

2　（訳注）外務省訳（http://www.mofa.go.jp）。

第5章
国際コンピテンス評価をふり返って

T・スコット・マレー
(T. Scott Murray)

はじめに

　本章は2通りの目的をもっている。第一の目的は、国際比較という枠組みの中で、政策決定者にとってキー・コンピテンシーを測定・評価することの重要性について述べることである。この目的は、「国際成人リテラシー調査」(International Adult Literacy Survey：IALS)、「成人のリテラシーとライフスキル調査」(Adult Literacy and Life Skills Survey：ALL)、および「OECD生徒の学習到達度調査」(Programme for International Student Assessment：PISA) を含む国際調査から得られた教訓から達成される。[1]

　さらに本章では、DeSeCo の経験に照らし、キー・コンピテンシーの測定法を、国際協力によってさらに発展させるための実際的な条件について考える。そうした国際協力には、IALS において先駆けとなった方法を使用した新たな一連の成人のスキル評価の開発と実施を含む。その際、キー・コンピテンシーは有効かつ信頼できる適切な方法で測定しなければならないが、そのためにできる改善点やその他の試みにも注目する。

コンピテンシーの比較調査から得られる政策上の成果

　キー・コンピテンシーに対して国際的レベルで有効性や信頼性をもたせ比較可能にする国際的な評価調査の設計と実施は、時間と費用がかかる冒険的な試みである。誰もがそのような評価に価値があると確信しているわけではない。一般的な批判の1つは、評価が政策の立案に焦点化されるため、個人の達成度についてのフィードバックの仕組みが含まれず、評価が個人の役にはほとんど立たないというものである。もっとあからさまな批判としては、たとえば読解力の評価のために開発された尺度の文化的バイアスについて議論し続け、さらに DeSeCo が認定した追加領域での測定はかなり信頼性が低いと指摘するフランスの国家教育省の関係官からなされたものがある (Emin,

第5章 国際コンピテンス評価をふり返って

2003)。IALS で採用された測定方法も、成人のリテラシーの分野において活躍している研究者グループによって、その大部分が道徳的かつ倫理的な理由から、批判の対象となった。彼らは、現在の評価デザインの基礎である熟達モデルが不適当であるという。なぜなら、標準的でない方法で読解を要求する課題を達成することでは、その技能が低いとされる個人の能力を把握することにならないからである (Street, 1999、Verhasselt, 2002)。同様の批判はPISA を含めた他の調査にも向けられている。

　他の批判者は、義務教育終了段階の生徒と成人集団の両方のコンピテンシーを評価することが必要かどうかについても疑問視した。コンピテンスはいつの世でも役に立ってきたものであり、したがって、PISA の尺度は成人のコンピテンスの分布状況を分析し理解する基礎として十分であろう。しかしながら、IALS において収集された年齢別世代集団データの総合的な分析は時間とともに、そして時には技能への経済的・社会的要求に応じて、コンピテンスのレベルが著しく変化しうることを物語っている。DeSeCo において認定されたキー・コンピテンシーを支える理論はさらに、成人の評価の必要性、すなわち多くのコンピテンシーは成年期にのみ発達することを説明している（第2章参照）。学校教育終了後から数年間にわたる技能の進歩や退行という動的な過程はまだよく理解されていないが、予備調査の結果は進歩や退行が政策決定者の関心を引き、成人集団全体のコンピテンシーの調査経費を正当化するのに十分であることを示唆する。

　これらの批判に逐一応えるのは本章の範囲を越えるが、これらの調査の有意義な貢献について述べることによって一般的なレベルで反論することはできる。本節は、IALS から得られるいくつかの重要な知見に関する議論から始め、次に成人のコンピテンスの国際調査以降、今日までに得られた知見を概観する形で提示して、改良された将来の調査に必要な投資の正当性を主張しようとした。その際、本節では ALL の調査設計を支援するために刊行された『能力開発と公共政策』(Skill Development and Public Policy, Giddings & Barr-Telford, 2000) とともに、OECD の出版物 (1992、2001d) についても触れる。

国際的なアプローチの政策的利点

　IALS は、OECD 加盟国および非加盟国の両方において、一連の特別な政策的関心事や優先事項に対応するように計画された。そうした事例は、今日もなお適切なまま変化していない。IALS の背後にある思想は、ある面、経済政策の立案者に生涯にわたる教育と学習の重要性を示すことであった。他面、この調査は、ある人がリテラシーを持っているか持っていないかという単純な二分法的条件設定への挑戦をめざした。それに代わってリテラシーが連続的なものとして定義される場合、IALS のデータは、社会的・経済的収入の区分が認知的能力の水準に関係しているかもしれないことを明白に実証する。個人がかつて持っているとみなされていた識字能力よりも、高いリテラシーを身につけた人々ほど収入が確実に増加している。この事実は、リテラシーが技能のレベルや経済的・社会的発展のレベルに関係なく、誰にとっても重要な関心事であることを示している。個人レベルあるいは国レベルでの技能が適切かどうかは別の問題であり、それはその技能が社会的・経済的需要という点からのみ判断することができる。この微妙な方向転換は、公的な議論の性質を変え、先進国や開発途上国の政策決定者間に共通の目的を生み出すこととなった。

　とりわけ IALS は、多民族国家におけるリテラシー能力のレベルや分布を明らかにし、各国間の比較調査や国内調査で認められた能力のレベルや分布に影響を及ぼすと思われる社会的・経済的要因を明確にし、さらにさまざまな年代や人生の諸段階での能力に関係した個々人の経済的成果を明らかにするために開発された。マクロ経済学のレベルからみれば、IALS は経済発展の速度、生産性向上、技術革新に対するリテラシー能力の相対的重要性についてのわれわれの理解を改め、リテラシー能力の不足がこれら３つの領域のうちで最適な実行を阻害する要因となるかもしれない領域を明らかにすることを目標としていた。IALS はさらに、低いリテラシー能力が国民の特定層による公正で十分な社会参加を妨げる障壁として機能する程度を実証しようと努力した。

　IALS のデータの分析結果は、就職率や雇用の期間と安定性、失業率と失業の期間、賃金指数、および福祉手当のような社会的譲渡の受容の発生率を含

第5章 国際コンピテンス評価をふり返って

む一連の結果に及ぼす重大な影響について論じ、リテラシー能力がOECDの労働市場に重要な役割を果たすことを明らかにした。これらのうち、経済的観点からは、賃金の結果はおそらく最も興味深く、数カ国の賃金格差の33%までがリテラシーによって説明できる(OECD & Statistics Canada, 1995、OECD, Human Resources Development Canada & Statistics Canada, 1997、OECD & Statistics Canada, 2000、Osberg, 2000、Green & Riddell, 2001)。分析によって明らかにされた点は、リテラシー能力が一連の学習の成果に重要な影響を及ぼしていることであり、その結果は学校中退率や高等教育修了率、そして被雇用者の成人教育・訓練への参加に対して資金提供が保障される頻度や期間や可能性を含むのである (Tuijnman & Bouchard, 2001)。

この分野では現在、成人のコンピテンシーの国際比較調査としてALLが、IALSと同じ基本的な目的を持っている。もっと重要なことにALLは、IALSの9年後に同一の規模、および同一の母集団に対して、文章 prose および文書 document に関するリテラシーを調査することによって、能力分布の改善の程度や変化を引き起こす社会的経済的要因が何かについての我々の理解を深めなければならなかった。ALLは、さらに4つの追加的方法で政策上の成果を改善するよう設計されてきた。

第一に、すでに新しい領域が評価されつつある。問題解決能力のうち分析的推論の要因に対して直接測定が付け加えられた理由は、教育到達度、文章に関するリテラシー、文書に関するリテラシーおよび数学的リテラシーによって、説明されないままになっている賃金格差の一部分でもこの要因によって明らかにできないか、またはこれら以外の要因だけでこれまで説明されてきた観測された賃金格差のうちのいくらか一部分でもこの要因によって実際に説明しうるかどうかを判断するために付け加えられた。

DeSeCoの文脈で考えるとき、ALLに問題解決能力の分析的な推論の面を含めることによって重要な問題が生じる。その問題とは、問題解決能力が実際どのキー・コンピテンスの構成要素であるのか、もしくはどの程度心理的な先行条件なのか、またその他の測定領域に関するものなのか、である。たとえば、文章に関するリテラシー領域は、問題を見極め、可能な解決法を探り、評価する、など関連した言説の読解を必要とする一連の課題と単にみな

されるかもしれない。したがって、読解力、数学的リテラシー、および会話や聞き取りのようなその他のキー・コンピテンシーは、それぞれに特有の問題を解決するのに適した道具として単純に考えられるかもしれない。この論理を拡張すると、事前情報を受け取って決定を下す時のように、ほとんどの道具が1つの特定の目的のためにしか使われないことになる。しかし、たとえばインターネットのような特別の手段は、ある「問題」を解決するためには他のものよりはるかに効率的な方法を提供するかもしれない。

ALL は、ある領域の技能が別の領域の技能に依存する度合いを探ることをめざしたが、すべての領域のほとんどの調査問題はある一定量の読解を必要とする。そのため ALL は読解力のレベルが非常に低い回答者の問題解決能力や数学的リテラシーを調べることはできない。これは誰かが当の本人に問題文の読み方を教えたいと思うような教育的観点からみた問題ではないのである。

第二に、IALS において用いられた数量に関するリテラシーの枠組みとそれに関連した手法は、読解力にそれほど依存しない数学的用語を用いてやさしく説明した数学的リテラシーの調査とするために、ALL 向けに大幅な改良を行った。

第三に、広範囲にわたって評価手法の具体化が試みられた。IALS は主として教育到達度や経済的結果に注目したが、ALL はそれらとともに健康状態や社会参加についての尺度を含めるようにした。

最後に、ALL の調査対象者に実施された属性質問紙には情報通信技術（ICT）に対する親密さやその使用、また1人当たりの賃金についての改良された尺度が含まれている。さらに ALL の属性質問紙は、個人が直面する技能に対する社会的・経済的需要の尺度として、職場や家庭における文章に関するリテラシー、文書に関するリテラシーおよび数学的リテラシーの実際場面での使用状況を捉えようとする多くの質問項目から構成される。これらの質問項目は、技能の使用が次の5つの要因で定義できることを示唆する研究に基づいている。

発生率：技能を使用するかどうか
頻　度：ある一定期間における技能の使用回数
範　囲：使用するために技能がおかれた社会状況または文脈の範囲

複雑さ：そこに含まれる心理的複雑さの程度
重要性：技能の効果的な適用が、望ましい社会的結果、経済的結果、あるいは文化的結果の達成にどのように関連しているか

　ALLはこれらの要因の最初の3つだけを測定対象として限定した。複雑さと重要性については、調査の文脈で使用可能な誰にでも受け入れられる信頼できる尺度がまだ開発されていない、というのがその理由である。しかしながら、この2つの要因はDeSeCoによって分類されたキー・コンピテンシーの重要な特徴に結びついているため、将来の調査では複雑さと重要性に注目する必要がある。
　ALLの属性質問紙は、さらに技能の水準が日常生活の要求を満たすのに適切かどうか、それらの技能は経済的・社会的発展への障害となっていないかどうか、という2つの要因について技能の水準の妥当性を検討する自己評価項目を組み入れている。
　したがって、IALSとALLのような成人技能調査から得られるデータは、他の資料からは入手できない重要な経済的・社会的政策課題についての洞察を提供することができる。

国際的なアプローチの分析的な利点

　成人のコンピテンシーに関する国際比較調査を実施する機会は、政策改善の基礎を得ることができ、豊かなデータや分析力の向上をもたらしてくれる。持続可能な民主主義の発展のような広範な社会目的や個人の幸福に照らして、コンピテンシーを考慮する重要性や、成功と幸福のより幅広い尺度を探る必要性が認められてきた（OECD, 2001d、第4章を参照）。一方で、過去および現在の調査は、主としてコンピテンシーの経済的効果に焦点をあてている。この点からみれば、コンピテンスを評価する主な目的は、次の問題をよりよく理解することにある。つまり、労働市場では多様な技能水準で得られた賃金によってその生産性が測定されるが、そうした労働市場における労働者の生産性にコンピテンスがどのように影響を及ぼすか、という問題である。ヘックマンとビトラシル（Heckman and Vytlacil, 2000）が指摘したように、

労働者の生産性に関する技能あるいはコンピテンスの真の影響を確定することは、重要な変数の分散が不十分であるため難しい。特に現在のデータセットは、ほとんど教育を受けていないが非常に能力が高い人々や、高学歴ではあるが能力が低い人々を含む分布の裾野に関するデータの数が少ない。同じ問題についての著者らによるIALSデータの分析（Murray, 1995、Kerckhoff, Dietrich & Brown, 2000）は、国際調査の全体としての利点とさまざまな社会的・経済的条件を持つ各国からのデータの必要性の両方について、いくつかの重要な方法で実証している。

今でもほとんどの分析では、人的資本や技能の代替変数として学歴の測定に頼っている。しかし、個人は学歴が示すもの以上の（あるいは以下の）技能をもっていることを考えれば、そうした手法は、統計的用語でいう代替変数としてもあまりに貧弱であることは明らかであり、技能を直接的に測定することがかなりの数の個人を特定することにつながる。IALSデータの分析によると、学歴の尺度は、（就学前の経験、初等・中等・高等教育レベルという質の差による）青年期に獲得した技能の程度の差異や、（技能の習得および損失のプロセスを通して）成年期に獲得した技能の程度の差異に起因する技能の大きな差を捉えていない。データはこれらの差異が各国間において、また国内において、さらに時間を経て、大きく異なることを示している。PISAやIEAの国際数学・理科教育動向調査（TIMSS）[2]のデータは、少なくとも教育の成果について、以前から先進国の同質集団であると仮定された集団内でも平均得点や得点分布に大きな差異があることを明らかにし、この結論をしっかりと裏付けている。このことは、人的資本の代替変数として学歴を使用したどんな分析も、偏よった評価を生み、技能が賃金に与える経済的効果を過小評価するだろうということを暗示している。

さらに、IALSのデータ分析は、各国間で技能による相対的な経済的効果に大きな差異があることを明らかにしている。その差異は、それぞれ固有の労働市場で生じる需給の相対的な条件によって効果が減少する（あるいは増幅される）ことの証拠と解釈できる。これは、3つのメカニズムとして、すなわち、第一に学校による選抜（成績証明書が供給過剰な技能の選抜装置として機能する）を通して、第二に高水準の技能を持った労働者のより高い昇

第5章　国際コンピテンス評価をふり返って

進率（正の影響）を通して、そして第三により低い技術水準の被雇用者の高い解雇率（負の影響）によって機能するようである。技能の経済的効果への需給の影響の典型例は、IALSにおける読解力の平均が最も高く、分散が低かったスウェーデンに見られる。スウェーデンでは、読解力に比較して賃金収入は非常に小さい。スウェーデンの経済において読解力がそれほど重要ではないということではなく、スウェーデンの雇用者は技能の大規模な供給市場を持っており、被雇用者の報酬を区別するための違いをほとんどみつけることはできない。評価の持つ意味合いは、ある新しい評価への参加国のサンプルとして、特に技能への需要が高く供給が不足している国、技能への供給が需要を上回っている国、そして需給がほぼ平衡状態にあるように見える国など、さまざまな需給条件を有する国が参加していなければならないということである。そのような異質な条件は、OECD非加盟国の参加によって簡単に作りだすことができる。

国際的なアプローチの実用的な利点

　国際比較アプローチの有用性も実用的な考察によって裏打ちされる。国際的なアプローチによって、評価の計画と実施において世界有数の機関や最先端科学技術を利用できる経済的メリットを各国にもたらす。特に国際協力は、小規模でそれほど豊かでない国家に、国際協力でなければなしえない測定技術やデータを利用するという恩恵をもたらす。最後に、国際的なアプローチは、参加国全体による研究経験を積むことで、測定に関する理論や実践に影響を与えることができる。そのような交流は時間がかかり時々論争の的になることがあるが、良い成果が得られるし、そのような協調が図られたときに得られる知見は受け入れられやすい。

将来の評価はDeSeCoによって成り立つ

　DeSeCoは、ALLとPISAのような実証的研究に対する補足的な活動として始められた。OECDの教育インディケータ事業（Indicators of Education

Systems：INES）の一環として位置づけられ、国際調査において現在測定されつつあるものの枠組みを形成し、将来の調査において測定されるかもしれないものに概念的基礎や指針を与えたりするよう、DeSeCo は計画された。現世代の国際的な評価プログラムであるIALS/ALL、PISAやTIMSSは、将来評価すべきコンピテンシーとしてどれを選べばよいかを DeSeCo によって知ることができるであろうが、現在は評価すべきコンピテンシーを選択し定義した文書を各調査ごとに作成している。次の段落に示した例は、主としてALLで作成されたものだが、DeSeCo の評価の枠組みが今後このプロセスをどのように導くことができるかを示している。

　ALL は、評価、調査用紙の開発およびデータ解釈のガイドとなる全体的な枠組みを構築するために、認識に関する科学的文献と職業技能標準および職務分析から収集した理論的な洞察を組み合わせている（Binkley, Sternberg, Jones & Nohara, 1999）。さらに ALL に含まれている特定の技能の領域は追加されたより実用的な4つの基準を満たさなければならなかった。第一の基準は、技能の領域が潜在的に一連の個人的結果、社会的結果および経済的結果に影響をもたねばならないというものであった。第二に、測定は、領域を定義する枠組みに基づいているとともに、問題の相対的な難しさを決める要素を確定する枠組みに基づかねばならない。つまり、異質な集団に対しても安定した方法で個人の成績が予測できるようにしなければならないのである。第三に、過去の調査研究から有効で信頼できる測定が異質な集団においても実現可能であるという何らかの証拠がなければならなかった。最後に、世帯調査ということを背景にして展開されるために、簡潔で効率的な評価を行う手段でなければならなかった。

　IALS/ALL、PISA および TIMSS を含む現在の国際的な評価プログラムに関して、DeSeCo プロジェクトによって到達した重要な結論のうちの1つは、測定されたものがキー・コンピテンシーに関する文献の中で強い理論的な正当性を持っているように思われることである。その測定されたものが、より独立したプロセスで選択されたものか、あるいはプロジェクトに特有のプロセスで選択されたものかにかかわらず、そう言える。しかしながら DeSeCo の別の重要な結論は、将来の評価における枠組みや質問項目に、より高いレベ

第5章 国際コンピテンス評価をふり返って

ルの心理的複雑さを必要とする課題を含める必要があることを示唆している（たとえば批判的思考力や反省的・統合的アプローチなど第3章を参照）。

多くの既存の尺度が、DeSeCo における道具の相互作用的な使用のカテゴリーに分類されるようである。これらには、ALL の文章リテラシー、文書リテラシー、数学的リテラシーおよび問題解決という現在の尺度、PISA の読解力、科学的リテラシーおよび数学的リテラシーの尺度、そして TIMSS の理科および算数・数学の到達度の尺度が含まれる。しかしながらこれらの評価のうち ALL（またその前身の IALS）は、コンピテンシーの需要、過去に測定されたコンピテンシーの社会的・経済的意義、そして、いろいろな生活の領域でのさまざまな熟達水準と結びついた利点や欠点の大きさを測ることができる唯一の調査である。PISA は、学校の仕組みや組織がコンピテンスの観測データに及ぼす影響に光をあて、PISA 2003 にオプションとして加えられた縦断的調査である PISA-L は、コンピテンスが高等教育の在籍率や卒業率、そして最終的には労働市場での成功に及ぼす影響を明らかにするだろう。

カナダとアメリカ合衆国は、IALS/ALL の文章リテラシーおよび文書リテラシーの尺度がレベル1（最低レベル）であると判定された個人個人の読解力の構成要素の分析研究を行っている。研究における分析のほとんどは、アルファベットへの意識、単語および数の認識また理解の容易な語彙という読解力の成分に注目しようとしているが、話したり聞いたりする技能もまた分析対象となるだろう。[3] 言語を相互作用的に使用するというキー・コンピテンスが、読む・書く・話す・聞くことから構成されるとみなされるとき、さらなる調査は別の異なる概念化につながるかもしれないが、現在の評価では単に書くことについての測定は行われていない。PISA および将来の成人調査の二巡目以降の調査では、情報通信技術の活用能力の測定計画が、道具を使用する領域についての調査項目に占める配分をさらに大きくするだろう。しかしながら、熟考のもとに行われる概念化や道具の相互作用的な使用を特徴づける調査内容の作成には、さらなる努力が必要である（Kegan, 2001、Haste, 2001、第3章を参照）。

DeSeCo は、社会的に異質な集団での交流、自律的な活動、道具の相互作用的な使用という、キー・コンピテンシーを位置づけ記述するための3つの

構成要素を使用する。その際、DeSeCo はこれら 3 つの構成要素が認知的成分とは別に、さらに態度、動機づけ、価値志向および感情のような側面をも含む複数の相互関係をもったコンピテンシーをも組み入れなければならないと認めている。したがって、整合性をもった評価プログラムとしては、認知的な要因および非認知的な要因との統合や関連づけの努力を行うとともに、そうした要因を社会的、経済的、政治的文脈と関連づけるだけでなく、広く定義された結果とも関係づけていくことが求められよう。

ALL のような研究では、非認知的側面にはほとんど注意が払われない。すなわち、回答者は、現在の技能の水準が現在あるいは将来の要求を満たすのに十分かどうか尋ねられるだけである。これは、研究の基本的な経済的視点と一致する。つまり経済的に重要であるという理由で技能を独立して示すことができれば、社会的・経済的な圧力が個々人にそれらの技能を重要視させるために必要な動機づけを与えるだろうし、代わりに市場での失敗の兆候に政府が介入する正当性を見出す人もいるだろう。実際、IALS のデータの中で最も重要な用途の 1 つは、リテラシーの重要性を個人の経済的成功につなげることであった。それは、補習教育プログラムへの参加率をより高めるための重要なメッセージとなって表れている。社会的に異質な集団での交流や自律的な活動と関連が深いコンピテンシーにさらに注意を向ければ、期待される結果を得るために、この 2 つのコンピテンシーの重要性についても同様に述べることができるだろう。

上述したように、道具を使用する領域のコンピテンシーが扱う範囲は、現在の国際比較調査をみる限り望ましい状況にある。これらのコンピテンシーが有効かつ信頼でき、そして最も重要なこととして、比較可能な方法で測定されてきたという主張を支持する動かしがたい証拠がある。しかし、国際的に比較可能な尺度は、他の 2 つの領域には存在しない。これら新しい領域の評価の目標を、測定する課題の性格や範囲について理解できるような統計用語で表すことが重要である。大局的見地からすると、将来の評価の守備範囲は経済的視点を越えるものでなければならないし、また第 4 章の中で概説したように、人生の成功や正常に機能する社会の重要な要因がコンピテンシーとどのような関連があるかを探る必要がある。

第5章 国際コンピテンス評価をふり返って

　そうするためには、まず集団におけるコンピテンスの水準と分布を評価しなければならない。次に、政策にとっての意義を理解するためにコンピテンスの社会的分布を描き、そのプロフィールを得る必要がある。第三に、評価の調査研究から社会におけるコンピテンスの有効性を変化させる要因を明確にすべきである。理想的には、その要因の理解は縦断的研究から導かれるであろう。縦断的研究が行われない状況では、くり返し実施される横断的調査が、教育の質あるいは教育の進展の改善に伴って生じる変化を含み、その動向を監視するのに役立つ。

　しかしながら、社会的に異質な集団内で交流する力（たとえば、対立を収め解決する能力）や自律的に活動する力（たとえば、個人的プロジェクトを計画し実行する能力）と関係するコンピテンシーの測定は、既存の道具を使用する力の測定よりも、社会的・文化的にはるかに深く刻み込まれているために、国際比較調査の開発にあたってはるかに困難なものだとわかるだろう。それにはかなり大量の知的エネルギー、予算および時間の投資を必要とするだろう。

　ALL のためにチームワークを組んで国際的に比較可能な尺度を開発しようとした経験は有益である。ほとんどの研究者は、チームワークを職場だけとは限らず社会的に異質な集団の中で交流し合うことの重要な表れであると判断するであろう。チームワークの構成要素や熟達を定義する要因に関する文献研究では一般的な了解事項があるという事実にもかかわらず、ALL の研究チームは調査が要求する基準を満たすための測定用具の開発ができなかった。我々はこの失敗の原因として、チームワークの態度や実践において国内でも国際間でも大きな違いがあるという事実を見出した。さらに、特殊な産業や独自の生産技術を備えた企業の場合は特にそうであるが、個人レベルでのチームワークの差が結果にみられない場合でも、企業レベルでの差異がみられることに注目するのは重要である。

　チームワークに関する ALL の枠組みに触れた文献は（Baker, Horvath, Campion, Offermann & Salas, 1999）、単に協力し合えるということだけでなく、チームワークの実践を裏付け予測する非常に多くの要因を定義している。ここで重要なことは理論的な問題ではなく、その測定尺度の問題である。すなわち、理論上定義された構成要因が何であれ、それを個人レベルでの観察

や評価を通して確実に測定できるのであろうか。ALLのコンソーシアムの資金によって行われたチームワークに関する尺度の開発やテストは、現実場面や物理的シミュレーションやコンピュータ・シミュレーションによるチーム内で交流し合う個々人の観察を通して、チームワークのコンピテンスが現場でのみ観察できることを示している。

PISAとIALSのコンピテンスの尺度は、計画的に個人のレベルで実施されてきた。実際、両調査とも調査実施中に誰の手助けも受けなくてすむほどまでになった。その基礎となっている考え方は、これらのコンピテンシーが誰にとっても必要だということである。したがって、研究の目標はこのような課題の多くが実生活ではしばしば集団によって解決されるという事実にもかかわらず、読解力、数学的リテラシー、計算リテラシー（numeracy）、あるいは情報と知識を使用するようなその他の領域について、他者の支援なしで特別の道具を使用する回答者の能力を評価することにある。

新しい3つの構成概念がそれぞれ特有の目的をもつという事実にもかかわらず、これら3つの構成概念間の違いが多少人為的であるという理由から、新しい構成概念を反映する尺度の開発は想像したよりも困難であろう。例をあげるなら、自律的な行為が個人に求めるのは、人生のさまざまな場面（職場、家庭、また市民生活や政治生活において）で活発な役割を果たしたり、生活や労働の条件を管理して有意義な方法で自らの人生をうまくとり運ぶことである。社会的に異質な集団での交流とは、他者との有効なコミュニケーションを意味する。それぞれの集団の目標を達成したり、望ましいやり方でふるまったりすることは、しばしば言語、情報あるいは技術のような道具の活用を求める。したがって、道具の相互作用的な使用に関係する多様なコンピテンシーは、言語や技術などそれぞれのコンピテンスが他の2つの領域でも役に立つ重要な手段であるとみなせる。

政策決定者やその利用者は、コンピテンシーの情報について、国民のコンピテンシー水準と分布以外のことも知りたいと望む。さらに彼らは、個人にとっての社会的・経済的意味や救済策や救済プログラムを開発する根拠についても十分に知りたいと考えている。彼らは、ある領域のコンピテンスが他の領域のコンピテンスとどのような関係があるか特に知りたがっている。そ

の情報を提供する研究計画は、ある領域の能力の熟達が他の領域の熟達にかなりの程度まで依存するという事実によって複雑化する。たとえば、適度に上手な読み手や話し手や聞き手だからこそ、現代の職場で他の人に協力したり、うまく付き合ったりすることができると想像できる。領域が理論上別のものだと考えられる場合でさえ、それぞれのコンピテンスを独立して測定する方法をみつけることは困難である。[4]

　コンピテンシーが他のコンピテンシーとどのような関係にあるかを理解する必要性は、いくつかの非常に実践的な問題を生む。技術的な点から、コンピテンスの調査は2つの目的を達成しようとしている。すなわち、個々人の能力、態度や他の非認知的側面について信頼できる評価を得ることと、興味ある内容領域の幅広い適用範囲の保証である。国際比較調査は、与えられた調査時間内に最大限の内容領域を詰め込むことで、熟達度の個人得点の信頼性を犠牲にした調査票の設計を一般に採用してきた。PISAでは学校における調査のため拘束的状況で若者を調査でき、うまくいって3時間まで調査時間を伸ばせることを示しているのに対して、IALSでは約90分という平均調査時間が回答者に許容される最大の時間であることを示している。各領域の熟達度および領域間の共分散の両方を評価するため対象者数を多くする必要があるとともに、調査票の設計上バランスをとるために問題冊子の数を大幅に増加させる必要から問題がさらに複雑になる。たとえば、3領域用のIALSにおける対象者数は3,000人で7冊の問題冊子だった。4領域をカバーするALLの設計では、5,300人の回答者と28冊の問題冊子の組み合わせとなり、必要条件が大幅に増加した。したがって、現在の調査に新しい領域を加えることは、参加国にとって運用上および予算上大きな課題となる。この問題の解決策の1つは、読解力のような共通の尺度に関連づけて個々の新しい要素を分離した評価を行うことであろう。

現在の評価プログラムからの教訓

　IALS/ALLおよびPISAでの経験は、多くの付加すべき改善点を指摘して

おり、DeSeCo の知見を取り込みながら次世代の調査研究の質と有効性を大いに高めるであろう。それらを以下に示す。

——調査項目の言語的・地理的・文化的表現の幅を広げること

　IALS と PISA のデータの心理測定的分析と統計的分析から得られた実証的結果によって、成人の読解力問題を難しいものにしている特性は、数多くの言語や文化にわたって安定してみられかつ予測可能であることがわかった。この注目すべき事実は、熟達度を確かめるために用いられる評価問題の代表例としてあまり表に出ない国や言語に IALS や PISA 調査を応用する際に極めて重要である。実際にはそうではなかったが、これらの調査は問題候補群の作成に関わった国々でのみ実施されるべきであった。それにもかかわらず、評価の科学的有効性にとってはたいして重要ではなくとも、調査問題の地理的・言語的・文化的起源はこれらの国々で行う調査の妥当性を左右する。さらに、広範囲にわたる典型的な問題候補群を用意することは、多種多様な移民集団を抱える国々において重要である。これらの理由から、将来の調査サイクルは、できるだけ地球的規模で文化的・言語的・地理的に代表する問題候補群を作成すべく組織をあげて努力を傾注しなければならない。

——PISA と ALL 両方の読解力の基礎となっているキルシュ・モーゼンタール文法を他言語にも拡張すること

　IALS 調査は、成人の読解力問題の難しさを決定する要因に関するキルシュ（Kirsch）とモーゼンタール（Mosenthal）の草分け的な洞察に基づいている。彼らの理論は、IALS と PISA に適用したとき、項目困難度（Kirsch, 2001）の85％を説明することができる。英語へのキルシュ・モーゼンタール文法の適用で、基礎理論を支持する豊かな実証的証拠や、IALS と PISA のデータのそれぞれの妥当性を裏付ける証拠をもたらした。しかしながら現在まで、キルシュ・モーゼンタール文法は他の言語ではほんの限られた範囲でしか使用されていない。[5]　この状況を打破すべく、特に熟達度の最低レベルにおいて、各言語に適用しこの理論に磨きをかけるよう言語学者に対して積極的に働きかけ手段を探るべきである。

第5章 国際コンピテンス評価をふり返って

　前述したように、この目標に向かっていくらか進展が見られる。カナダとアメリカのレベル1に関する研究は、キルシュ・モーゼンタール文法を、英語、フランス語、スペイン語の自由で総合的な読解力のより伝統的な要素や先駆的な要素を含められるよう拡張した。これらの尺度を拡張し、洗練し、適応させて開発途上国で使用するため、ALL事業体は、UNESCO統計研究所および世界銀行と共同で活動している。ALLの調査計画ではまた、OECD以外の諸国でみられる教育水準の低い集団で使用するため「拡張的な」コア調査票を含めるように改良しており、それは文章、文書、計算のリテラシー尺度のレベル1をさらに細分化させた版の調査票となっている。

――コンピテンスに関する政策優先事項を決める重要なトレンドデータの分析

　IALSのデータは、学校教育で標準的に習得されるリテラシーが一定していないことを実証した。むしろ、観測されるリテラシーの熟達度は、生涯にわたって機能し続ける強力な社会的・経済的力によって決まってくる。その力はリテラシーを伸ばす場合も減ずる場合もある。たとえばカナダのデータは、平均的熟達度が一般的に45歳で下降し始めることを示している。ただし、スウェーデンでは、もっと年齢が高くならないと下降の徴候は観測されない。これらの結果は、カナダの高齢者の世代では学校教育の質にかなり大きい変動があったためなのか、あるいは社会的・経済的にリテラシーの必要性が低いことの影響を反映しているのかもしれない。これらの仮説のどちらが正しいのかを理解することは、公共政策にとって非常に重要である。リテラシーが低いという問題は、前者の仮説が正しければ、高齢者の世代が年を取り死んでいくにつれて解消するであろうし、後者の仮説では、カナダはリテラシーの低い国民とそれに関わるすべての社会的および経済的問題を「製造」し続けるであろう。

　不幸にも1回だけの横断的調査であるIALSはこの疑問を明らかにすることができなかった。このように動的な社会プロセスを理解するには、PISA-Lの研究計画のように、同一人物を長期間にわたって縦断的に観察することが必要である。全成人のコンピテンシーに関する非常に望ましい大規模な縦断的調査は、技術的・運営的にも複雑で予算がかかる。幸いにも、くり返し実

施される横断的調査は、リテラシーの変化が基礎となる共変量の変化とどのような関係があるかを分析すれば、縦断的調査のデータと同様の情報をいくらかでも提供できる。しかしながら、そのような分析を可能にするために、リテラシーの基準は2つの時期の調査の間で同一でなければならない。欧州リテラシー（Euroliteracy）プロジェクトは、少なくとも対象者が複数回調査された4カ国においては、リテラシーが2、3年の間はかなり安定していることを実証している。2003年に ALL で使用された文章および文書に関するリテラシー尺度がIALSで使用された尺度と同一であり、項目レベルでの尺度が心理測定的に関連するように設計されているのは、この理由からである。現在進行中の他の2つの研究もまた、個人のリテラシーの向上を明らかにするかもしれない。第一の研究は、その半数が発展的なリテラシーの指導を受けたアメリカ人労働者に関するアメリカ合衆国の教育省の縦断的研究である。第二の研究は、PISA調査の第一サイクルで対象となったカナダの青年の縦断的追跡調査に関するものである。上述したように、オプションとして縦断的研究が PISA 2003（PISA-L）に加えられた。

──コンピテンスの社会的・経済的需要についてのよりよい理解の普及

　IALSのデータは、技能の効用への経済的需要がさらなる技能の獲得、あるいは少なくとも既存の技能水準の維持に結びつくことを示唆している。反対に、技能に対する需要の低さは技能の低下に結びつくかもしれない。しかしながら、分析では技能の不足や大幅な過剰の両方が存在することを指摘しているため、これらの市場の力は必ずしも需給間の完全な均衡に結びつくとは限らない（Krahn & Lowe, 1998）。両者の損失はかなり大きな痛手である。すなわち、技能不足は市場の要求を満たすことができず、また、技能の過剰は資源の非効率的な使用を結果としてもたらす（技能を授け獲得するために資源が必要となったと仮定して）。これらの知見は、需要が技能の供給をどのように条件づけるか、あるいは条件づけに失敗するかを、特に個々の企業の文脈の中で探索する必要性を求める。ビジネス領域の代表的指導者たちが認めているように、職務技能の要件が急速に変化していることと、「今日の労働市場では、個人の創造性や解釈する能力は、ますますその重要性を増す傾

第5章 国際コンピテンス評価をふり返って

向にあるだろう」という点が特に重要なのである（Callieri, 2001, p. 228）。

　測定の観点から、また経済的効果に焦点をあてれば、2つの教訓が導かれる。第一に、将来の調査サイクルには、従業員が彼らの技能をどのように使用するよう求められているか決めるための追加的な質問項目を含む必要がある。たとえば、技能を使用する機会と頻度だけでなく一連の技能領域に伴う行動の重要性と複雑さも調査されなければならない。第二に、代表的なサンプルの企業の中で選ばれた労働者の技能を評価する調査は、技能の需要と効用についての企業間での妥当性や生産性、およびこれらが技術の選択によってどのように影響を受けるかということとの関連を理解するために必要である。この努力を他の社会集団や他の新規分野へ拡張することは、新たなる挑戦を生み出すであろう。

——*比較可能性を保証するために広範囲にわたる統計的な品質保証を求めること*

　IALSの技術報告書（Murray, Kirsch & Jenkins, 1998）に記されているように、参加国間でデータの有効性、信頼性および比較可能性を保証することにかなりの資源がつぎ込まれた。データ収集の第一段階において、標本抽出とデータ収集の一般的な問題を犠牲にして、これらの資源のほとんどが研究の心理測定的な面に向けられた。調査の第二ラウンドでの質の保証は、不均衡をいくらかでもうまく是正しようと試みた（OECD & Statistics Canada, 2000）。国際比較が意義をもつようになると、そのような改良はますます重大性を増す。この目標は、欧州連合（EU）のEuroliteracyプロジェクト（Carey, 1999）やALLとPISAにおける質の保証に関する助言や指導のために召集された専門委員会の中心に位置づけられるものである。

　しかしながら、調査の質の著しい改善には大きな障害が立ちはだかっていることに注意しておきたい。第一に、多くの国々では標準的な調査の実施が望まれ大部分がそのまま残される。第二に、標本抽出やデータ収集を最低価格入札者へ下請けに出すという多くの国々の慣習は、質の向上に対してしばしば大きな制限を加える。各国が研究のこれらの面で進んでより一層の資金投資をしない限り、質が劇的に改善される可能性はほとんどない。最後に、PISAやALLのような研究は、各国のある特定の標準に従わないことに対し

て大きな制裁が与えられないという共通の保証が認められなければならない。これは、これらの研究に特有の問題ではなく、主権国家が参加するすべての国際的な比較研究が直面する問題である。

　質の問題に対する答えは、2つの領域に横たわっているように見える。第一に、質的標準の優先性が確立されるべきである。文書化していない場合や文書として問題を公表したり記述したりする場合も含め、典型的にはデータを個別にあるいは特別に発表することも含めて多くの結果をむやみに出すよりもそれは優先されるべきである。これは TIMSS において率先され、PISA に適用された方法であった。結局、この方法が有効に働くように多くの指示を必要とする。しかしながら、注意箇条がこの質を保証する。

　次に紹介する経験を参考にされたい。過剰な標本抽出と推定の際の無回答率に偏りがあるという懸念にもかかわらず、スウェーデンとドイツの結果が第一回の IALS の報告書に掲載された一方で、フランスは文化的偏りに対する懸念から自国のデータを掲載しないことに決めた。イタリアの結果は、標本抽出に対する懸念と無回答への偏りによって、第三回 IALS 国際比較報告書から除外された。PISA 2000 のオランダの結果は、学校参加率が低いことから生じる偏りの問題により公表されなかった。

　しかしながら、共通の調査項目による PISA と IALS のつながりは、熟達度評価の偏りの大きさと方向性を数量化する手段や、現在の質の保証手続きや規則を尊重しないことに伴う制裁の妥当性を見直す手段を与えるのである。22 カ国中 19 カ国で、16－25 歳対象の IALS の結果は、オランダとイタリアを含む PISA の 15 歳の結果と同じであった。このことは、ふり返ってみると、報告書からそれらの国の結果を排除したことが不当だったことを意味している。PISA の結果を真のデータとみなすと、IALS のフランスの成人の熟達度は過小評価され、スウェーデンとドイツのデータは過大評価されたようにみえる。IALS の調査問題が PISA と IALS の両方で同様の結果が得られるようにされたならば、文化的偏りは問題でないようにみえるだろう。むしろ、観測された偏りは、事後の層化や重みづけの調整によって補正されないままの標本抽出や無回答の誤差という問題に結びつけることができよう。

　これらの例は、データの標準化についての議論として解釈されるべきでは

第5章　国際コンピテンス評価をふり返って

ない。質の問題に対する本来の回答もしくは2つ目の回答としては、データの質に関する専門的文献の作成、出版にかかっており、それによって質の保証に資源をより効率的に集中させることができるとともに、リスクを負い最善の実践を行う将来の担当者の養成につなげることができるだろう。

将来の課題のために

　現在まで、DeSeCo は主として理論的な課題に重きを置いてきた。DeSeCo はそれ自体としては、今日までに測定された貴重な結果について重要な問題を提起し、将来の調査の優先事項を考えるための枠組みを構築した。

　DeSeCo の知見は、今日までに国際的レベルで測定された結果がキー・コンピテンシーの重要な側面をたしかに捉えていることを保証する。また DeSeCo は、キー・コンピテンシー間の相互関係に関する問題、特に結果が複合的なコンピテンシーから構成される程度に関する問題を提起した。この問題は、抽象的な答えではなく実際のデータに言及することを求める。したがって、DeSeCo の今後の課題は、PISA、ALL および IALS の尺度間の共分散構造の分析に集中するであろう。

　DeSeCo はまた、異質な集団での交流と自律的な活動に関する領域において測定を行う手法を探るメカニズムとして役立つであろう。そのような探索を始めるにはいくつか可能な出発点が考えられる。すなわち、ALL の予備調査で実施されたチームワークまたは暗黙知について収集したデータ、あるいは PISA 2000 のオプションとして実施された自己規律的学習（self-regulated learnig）について収集したデータを使用することである。どちらの場合でも、データセットは、道具の相互作用的な活用の領域において測定された主として認知的な能力よりかなり文化的・文脈的に結合しているとみられる領域を洞察するのに役立つ。さまざまな小規模の質的研究は、大規模な比較調査に向けての手段として役立つかもしれない。

　本章をまとめると、DeSeCo のプロセスはいくつかの重要かつ関連した目的に役立ってきた。重要な成果の1つは、関連する科学的学問領域の非常に

広範囲にわたる調査を経て、キー・コンピテンシーを評価するための首尾一貫し、かつ有用な総合的枠組みを DeSeCo が抽出したということである。このような枠組み自体、多くの目的に役立つ。この枠組みによって、異分野のほとんど交流のなかった学問領域の研究者が、共通の文脈をもった構造を有するキー・コンピテンシーの問題について議論することができる。それは、現在までの測定結果や理論的分析の拡大解釈の危険性から守る手助けとなり、キー・コンピテンシーの全領域を領域固有の評価枠組みと実証的結果（特に ALL と PISA から得られる結果）を、より広範囲にわたる概念的文脈の中に位置づける基盤となるのである。DeSeCo の枠組みはまた、国際比較調査の将来のサイクルの中で、評価研究の優先事項を確立する助力となるべきである。

重要なことは、DeSeCo プロジェクトがさらに、学校を基盤としたキー・コンピテンシーの評価に携わっている者と、成人のキー・コンピテンシーを評価している者とをつなぐ架け橋(両者にとって重要な架け橋)として役立ってきたことである。学校を基盤とした評価の開発と実施に携わっている者にとっては、これまで測定されたことが現実世界の成人の成果となって表れているかを知る必要がある。成人の技能評価に携わっている者は、問題となっているコンピテンシーを教える手段を教育制度がもっているかどうかを知る必要がある。

関連の深い、しかしより広い DeSeCo の永年にわたる成果は、それがキー・コンピテンシーの問題に関心を持った研究者の広範なネットワークを確立したということである。このような支援ネットワークは、DeSeCo において認められたキー・コンピテンシーの全領域にわたって、有効かつ信頼できるとともに、比較可能かつ説明可能な測定技術を開発するよう期待される本質的で持続可能な研究に寄与することができるのである。

【注】

1 過去に、生徒の学習到達度および成人のリテラシーに関する研究は各々異なる道筋をたどってきた。しかしながら、PISA は生徒に関する従来の比較研究と異なり、測定の根拠として、共通カリキュラムの要素よりも、課題の難易度に関する明示的な理論に立脚した IALS や現在の ALL の中で使用されるも

第5章 国際コンピテンス評価をふり返って

のと似たアプローチをとっている。また、PISA は 16 － 64 歳の集団に焦点をあてた IALS と ALL とは対照的に、義務教育終了直後の生徒（15 歳）の単一年齢集団を対象とした読解力のレベルおよび社会的な分布の輪郭を明らかにしようとしている。さらに、PISA はコンピテンスに影響を与える学校内外の要因を明確にすることを目標としている。PISA はまた、読解力に加えて、数学的リテラシーや科学的リテラシーをも評価している。IALS は文章 prose、文書 document および数量に関する能力を評価しており、ALL は文章および文書に関する能力、数学的リテラシーおよび分析的な推論を評価している。

2 TIMSS は算数・数学および理科の到達度を測定する。TIMSS は、1995 年は第 4 学年、第 8 学年および中等学校の最終学年の児童・生徒を対象に、1999 年は第 8 学年の生徒を対象に、そして 2003 年は第 4 学年および第 8 学年の児童・生徒を対象に実施された。

3 このことには、リテラシーの最低レベルについての研究に対する国際的な評価の使用を制限していることに関して、以前から指摘している成人リテラシーの関係団体からの批判が出るだろう。

4 同様の問題は、個人の読解力による自由な方法で計算力や問題解決能力（分析的な推論）を測定する際に認められる。ALL では、貧弱な読解力が計算力に与える負の影響は、回答者に読解を要求をしないいくつかの質問に口頭で回答させることによって回避された。対照的に、ALL の問題解決（分析的な推論）の評価では、調査問題がたまたま読解力は低いが問題解決者としては高い能力を持つ人々を弁別できないくらい、かなり読解力に依存している。

5 著者はそのような試みを 2 つだけ知っている。1 つはポーランドのジェシアク（Jessiak）によるもの、もう 1 つはオランダの調査チームによるものである。ファミノ・ダ・コスタ（Firmino da Costa）とリスボン大学の彼のチームは、ポルトガルでの全国成人調査を実施するために IALS の枠組みを使用した。イサベル・インファンテ（Isabel Infante）と彼女の同僚はラテンアメリカの 6 カ国で同様の調査を行っている。

第6章
国際学力評価のための長期戦略の開発

アンドレア・シュライヒャー
(Andreas Schleicher)

我々は今日、どこに立っているのだろうか？――回顧

　さまざまな社会的、職業的、文化的な背景をもちながら、人々は、未来の難題に対して上手に対処する備えはできているであろうか？　人々は、適切かつ効果的な方法や道具を通して分析し、推論し、世界と交流することができるであろうか？　人々は、自律的に活動するとともに、社会的に異質なグループと交流する潜在的な能力があるだろうか？　そして、これらのコンピテンシーはどのように人生の成功や正常に機能する社会に貢献するのだろうか？　こうした疑問に対する答えを見つけるために、個々人のコンピテンシーに関するさまざまな形式の大規模な調査がこれまで展開され、今後も計画されている。

- コンピテンシーについての学校教育調査は、いかに教育システムが効果的に、公平に機能してきたか、学業成績の主な決定要因は何か、教育機会がいかに改善されているのか、などの評価に貢献してきている。学校教育の調査は、教育を施すことから学習の成果に政策の焦点や公共の注意を向けたり、教育システムの説明責任を改善することによって中枢的な役割を演じてきた
- 成人を対象としたコンピテンシーの調査は、この視野を広げさまざまな社会的、経済的な局面で、人生の全段階を通して知識やスキルがどのような役割を果たすかの検討を可能にした
- 長期にわたる研究は、初期の学校教育を通して身につけた知識やコンピテンスが、実際に若者にとってどの程度成人期の準備や仕事への移行の助けとなっているかの評価方法を提供し始めている

　国内調査に加えて、国際比較調査は、国内の結果を解釈するためにより大きな視点を提供し、それぞれの国の相対的に弱い分野や強い分野を示した。そして、各国の政策の方向性や学習結果の改善に向けた教育上の取り組みを

第6章　国際学力評価のための長期戦略の開発

定めることによって、国内レベルで得られた結果のイメージをより豊かにするために役立ってきた。

調査が国内のものにしろ、国際的なものであるにしろ、評価されるコンピテンシーの選択に関する重要な決定や仮説が作られるべきである。そのような決定や仮説は、調査のさまざまな方法論上や実施上の制約と、調査が行われるそれぞれの文脈において重要であると判断されたコンピテンシーの種類についての考察との両方の影響を受ける。

しかしながら、調査結果の利用や解釈上の主な困難さとして、調査範囲の選択に関する決定や仮説が十分にわかりやすいものではないし、また、暗に結果の解釈における限界が無視されたままである（たとえば、数学スキルの調査におけるある特定の学年の生徒の低い成績は、教育システム全体としての低い成績と時として同じである）。調査の強い規範的な影響を考慮すれば、調査の限界を認識しておくことが必要であり、そうしないと重要ではあるがそれぞれの調査で補われていない結果から、各国の教育システムへの注意や資源から目をそらす危険がある。それゆえ、コンピテンシーを定義し、選択するためのよりよい理論的かつ概念的な基準から調査の今後の展開を導きだすことが重要である。そうした概念的なフレームワークはまた、既存の測定の位置づけや調査の妥当性を評価するために利用することができる。

DeSeCoプロジェクトは、その方向に向けて、コンピテンスのモデルや3つの広いコンピテンスカテゴリー、すなわち社会的に異質な集団での相互作用、自律的な活動、それに道具の相互作用的な使用を含む概念的な準拠枠組みの確立によって、重要な最初のステップを踏み出した。今後なされるべきことは、これらのコンピテンスカテゴリーを操作的に定義し、調査手法の開発に向けてその密接な関係を丹念に精査することである。この章では、この過程で考えておく必要があるいくつかの課題についてのOECDの見通しを述べている。以下に提示する多くの課題は、国内および国際レベル双方に当てはまるが、この章のねらいは国際的な比較調査である。

我々が向かうべきところはどこか？——将来への展望

　キー・コンピテンシーに関わる DeSeCo の事業に関して、OECD 加盟国が国際的な比較測定や分析に求める最も重要なコンピテンシーは何か？　異文化間で適切なまた統計的にも妥当な方法で測定されうるように、これらのコンピテンシーはいかに操作的に定義されるべきなのか？

　今まで多くの国際調査は、DeSeCo の道具の利用に関するカテゴリーに分類されるコンピテンシーの測定に重点を置いてきた。これらは読解リテラシーや数学あるいは科学の知識やスキル（たとえば、PISA, TIMSS, IALS, ALL）、問題解決スキル（PISA）、公民教育に関わる知識やスキル（たとえば IEA の公民教育）の評価を含んでいる。3つの DeSeCo カテゴリーの内、道具の利用は、将来の調査にとって最も開発が進んだ研究であり、現在も焦点があてられているものとなっている（PISA における ICT リテラシーの評価手法の開発のように）。

　いくつかの国際調査は、主体的関わりや動機づけ、学習戦略、自己組織的学習、メタ認知などの PISA 評価の構成要素のように、自律的な活動のカテゴリーに取り組みはじめている。しかしながら、これらの取り組みはまだまだ満足のいくものではなく、調査問題の性質や関連する調査手法のタイプを考慮すると、質問紙による認知過程の評価法に本来限定されるという重大な制限がある。ICT を活用した対話形式のダイナミックな評価状況を確立する方法論を作り上げようとする PISA の取り組みは、将来有望な道であるが、手法を練り上げるためにはいっそう多額の投資が必要である。

　異質な集団での交流や相互作用に関する DeSeCo カテゴリーは、個人や社会の成功のために重要であると一般的に考えられるけれども、方法論的な困難や異文化間の妥当性を考慮することがこのカテゴリーにおけるコンピテンシーの評価法の開発にとって大きな障害となってきた。仲間集団の関係や協働学習における自己認識を測定する PISA の取り組みのように、小規模の試みでは大規模調査研究の実施を保証できるだけの十分な進歩はまだ見られ

ていない。PISAは現在、コミュニケーション・スキルや協働作業のスキル（cooperative skill）の評価の重要性をあげているが、この分野における調査ができる前に、重要な概念的かつ方法論的な研究が求められている。

多くの重要なコンピテンシーが現在の評価手段ではいまだに十分に調査測定されていないことを考えれば、今後の調査の視野を漸次拡大することが依然として重要である。そこには、結果として得られた測定値の関連性や異文化間の妥当性の改善とともに、コンピテンシーの測定技術の進歩が含まれている。

しかしながら、国際的な比較調査に関心をおく参加各国は、国際比較を通して得ようとする付加的な価値を考える必要があり（国内調査を通して得られたものとの対比などのように）、コンピテンシーとその測定値の間の関連性や異文化間の適切性の課題に対処する必要がある。そのような考察の結果は、たとえそうすることが方法論的に実現可能であったとしても、DeSeCoにより定義されたすべてのキー・コンピテンシーが将来の調査において同じ価値を置かれることにはならないであろう。それにもかかわらず、既存のまた将来の調査の適用範囲を概念的に明らかにし、調査の限界をより透明なものにするため、DeSeCoの概念の枠組みの中に調査を組織的に位置づけることが有効である。これはまた、さまざまな国際調査の取り組みを提携する基礎となり、それぞれの調査の適用範囲とその差異を明らかにし、そして将来の調査におけるコンピテンシーの適用範囲を改善する今後の開発的な作業を導くための基盤を提供するだろう。

将来の調査の適用範囲の改善に関連して、この分野への投資は調査の開発や活用の改善が必要とされる他の要因に対してバランスをとる必要がある。そこで1つのキーとなる挑戦は、調査領域の拡大をみこし、他の要因に焦点をあてることである。たとえば次のようなものがる。

——**将来の調査のための長期的分析課題の確立、つまり調査の継続的実施をもたらす周期的な政策テーマなど**

教育成果の質の測定は、教育や学習の改善に貢献し、個人的・経済的・社会的福利の面での教育投資の収益を高める教育的・社会的・経済的要因が何

かについてさらに多くの疑問を生みだすだろう（第4章参照）。それゆえ、将来の調査の分析や報告計画を形作ることができる戦略的で長期的な公共の政策の周期的な課題を確立することが望ましい。それが国内および国際レベルでの調査結果の普及効果を高め、国内での開発や分析をサポートするために調査結果のより有効な活用にもつながり、最終的には調査結果を教授・学習過程により密接に関係づけることができる。

――将来の調査で対象とすべき集団のレビュー

　学校調査や成人調査の開発が約束されている際に、コンピテンスの発達が青年期に終わらず成人期を通しても継続するという考え方が広まりつつあることを考慮すれば、教育システム内や教育から雇用にかけてその発達がどのように移行するかに関するよりよい情報が必要である。現在の調査の無制限な拡大をさけるために、新しい対象集団の調査に求められるのは、明らかに注意深い計画立案であり、さまざまな対象集団がいかに関連を持ち相互に作用しているか、また、それぞれの調査法の分析力や政策との関連性をどう形成するかについての検討であろう。

――調査で情報を得る回答者のレビュー

　将来の調査の分析テーマに密接に関係するのは、テーマにふさわしいデータ資源を決めることである。生徒にしろ成人にしろ、調査される個人は結果の分析にあたって重要な属性情報の主要な資源である。いくつかの属性の情報は、学校あるいは教師からも集められてきたが雑多なものである。学習や学習成果に影響する重要な個人的、教育的、社会的要因をよりよく洞察するためには、多額の投資が必要であろう。生徒の調査の分野においては、教師あるいは親からの観察データも考察できたかもしれない。成人の調査の分野においては、仕事や生活の文脈についての情報が関係してくる。調査実施の責任者は結局このような方法を追求しないことを決心する。というのも、彼らは他の問題に高い優先順序を与えるか、あるいは回答者自身とは異なる情報源や担当者からの確実かつ信頼性のある情報を収集する技術的障害があまりに高いと判断するかもしれないからである。だが首尾一貫した総合的な戦

第 6 章　国際学力評価のための長期戦略の開発

略の基礎にそうした選択肢を取り込みながら、むしろ意識的に選択していくことが重要である。

── **質的な情報との結合の強化**

比較調査とより焦点化した質的研究の間の結びつきの向上に目を向ける必要がある。アメリカ合衆国の国立教育統計センターが行った教師のビデオ研究 (Stigler, Gonzales, Kawanaka, Knoll & Serrano, 1999) への広範な興味やその利用は、伝統的調査以外の方法で得られる詳細かつ質的な情報が将来の重要な補助になることを示している。そうした取り組みは、現在の調査方法の範囲を超えた詳細な情報として指導や学習、学校での生活の質、あるいは両親や生徒の満足度についての情報を提供してくれる。

── **新しい評価方法の開発や調査器具の普及についての長期戦略**

現在の国際調査は、PISA や TIMSS の場合のように直接的に管理されていようが、IALS や ALL の場合のように構造化されたインタビューにより間接的に管理されていようが、情報の収集は紙と鉛筆による筆記試験に限定されている。コンピュータを用いた情報通信による調査は、評価課題の範囲を拡大し動的なコミュニケーションによる評価環境を確立する可能性を持っていることから、新しいタイプのコンピテンシーを開拓し調査の信頼性を改善することができる。それらは自律的な活動や社会的に異質な集団の相互作用についての DeSeCo カテゴリーの評価を行うための最も有望な道であると現在考えられる。それらはまた、個人の成績水準に最も適した問題群とマッチングさせて回答者に回答の負担を軽減させる可能性をもっている。たとえば、回答者個々人にとってあまりに簡単すぎたり難しすぎたりする問題が多くなるような状況を回避したり、筆記試験の場合によく生じるような成績標準が国や個人によってあまりに大きく変動するという問題が回避できる。これは方法が開発の初期の段階にある領域の問題であり、その導入はおそらくゆっくりと前進的に行われるであろうし、その結果、複数の調査サイクルにわたる長期的計画が要求されるだろう。

──*継続的な調査の頻度について*

　国際調査の多くは、定期的に継続的な調査として行われる。たとえば TIMSS や PIRLS（IEA国際読解力調査、Progress in International Reading Literacy Study）の調査は4年ごとにくり返される。PISAの調査サイクルは9年であり、3年ごとに一部の更新がされる。成人コンピテンシーの調査は10年ごとに1度の実施として考えられている。そうした調査サイクルの背後にある考えは、政策の議論への定例的な情報提供の必要性を見ながら多様な資源への配慮を行うと同時に、長期的な視点から個人、学校システム、それに国の成績基準における傾向をモニターすることである。しかしながら、これらの評価サイクルの効果や有効性を検証するためにはわずかな研究がなされているだけである。継続的な調査の頻度は、固定的に考えられるべきではなく、それは戦略の他の目標に対して各国が取捨選択できる変数の1つであるかもしれない。おそらく最も重要なのは、異なった調査サイクルを長期的にも十分な調整を加える必要があるという点である。このことは単に学校調査の十分な調整だけを意味するのではなく、より重要なことは、これまで十分活用されてこなかった相乗効果を生むためにも、学校調査と成人のコンピテンス調査の2つの調整が必要であることを意味している。

　これらの論点に加えて、国内と国際調査活動の間の関係を継続的に評価することが極めて重要である。特にいまだに国内調査が行われていない国々においては、国際調査がそれぞれの国で何を達成できるのかに関して時々非現実的な期待が見られる。それゆえ、次のことが重要となる。

- 公共政策課題の焦点を国内の政策課題に重点を置くままにするのではなく、国際比較調査が重要な新しい洞察を提供できるという点にも優先的価値を置くよう、国際調査の地位を保証することが求められる（それゆえ、将来の調査計画は、国際比較調査の分析が国内の分析や評価結果に対してさらに十分な付加価値が加えられるような視点から評価されるべきである）
- 国際調査の展開や実施に関わる複数の国際組織があることを認識し、OECD が関係する限りでは OECD が国内政策の開発にユニークで革新

第6章　国際学力評価のための長期戦略の開発

的な貢献をすることができるような国へ取り組みを集中すべきであろう
- 国際調査は必ずしもコンピテンシーの開発や効果に関するすべての疑問への最善の回答ではないことを理解し、適切な方法論を提供し、分析のための重要な見識を生みだす可能性を持つ分野の調査に焦点をあてることが重要である

いかにそこに到達するか？──挑戦と課題

　前章に詳述した可能な目標の多くの中からどれを選択するのか折り合いをつけるためにも、またこれらの目標は開発や実施の上のコストが高くなることなどを考えれば、何を優先すべきか、いかにすれば最善の達成ができるかについて明らかな方向づけが必要である。そのためには、各国で十分な交渉が必要かもしれない。国際調査の無制限な拡大は、これらの活動への資金の供給と運営を困難にし、政策の有効性を損なう可能性がある。その交渉条件は次のようになろう。

- 測定するべきコンピテンシーを増やそうとして調査手段の範囲を広げれば、個々の評価領域から得られる情報の密度を薄めるかもしれない。さらに、政策展望上到達度の設定が望ましいいくつかの調査分野においては、信頼でき比較可能な測定値はまだないか（たとえば、対人関係スキルの調査のように）、あるいはそのための大規模な調査はまちがいなく多額の費用がかかる
- スキルの測定の正確さにとらわれると、その異文化間の妥当性、あるいはその真正性は、回答時間や回答データに注意が向けられ、調査手法の分析力を決定する重要な属性情報（個人やその学習環境など）から目をそらしてしまうことになる
- 理論と測定法の進歩に調査が即応することの保証と、長期的な調査の首尾一貫性を保証することの必要性の間にも緊張が生じる
- 1つの調査における対象母集団のグループ数全体の増加は、その分析力

を非常に促進するけれども、加わったグループ母集団の個々の状況に応じるためは調査手段のコストや複雑さを増すことを意味する
- 評価尺度の国際比較可能性と各国内の関連性の間にもまた、ある緊張関係があるかもしれない
- 実現可能性を高めるための調査の頻度は、政策的な発展成果がもたらされるような活用法を考えて比較検討する必要がある

優先条件の設定とそれぞれの交換条件の配分の戦略は、次のステップを通して導かれる。

- 第一に、参加国が国際調査に伴って方向づけを求める主要な政策要因については合意が必要とされるだろう。たとえば、学習システムの成果に反映するような学習の質、教育機会の公平さ、資源管理の適切さや有効性、そして知識やスキルの「耐用度」やその社会的経済的関連性などの課題に関する要因である
- 次のステップは、調査を適用する異なる背景の中での政策目標を形成するための政策的な仕掛けの確立であろう。政策的な仕掛けを政策目標と相互に関係し合うようにするために、分析的なアプローチの開発に向けた多くの研究が求められる
- 強力な分析研究という土台を形成した後、調査の戦略やデザインが構築されるだろう。そこでは多様な手法によって、いろいろなコンピテンスの開発像が描かれ、多様な年齢集団や社会的領域への活用が考えられる

これらの課題のいくつかは次の章でさらに詳細に議論する。

長期分析的なテーマはいかに形成されるのか？

　DeSeCo は、個人レベルや社会的レベルで広く期待される成果に関係したコンピテンシーの測定のための準拠枠組みを提供している（第 4 章参照）。個人、各機関、あるいは各国でのコンピテンシーの重点分布について知ることと関連しそれぞれが後援する国際調査の間の利害調整は、コンピテンシーの

第6章　国際学力評価のための長期戦略の開発

分布に反映される個人的、社会的な影響（結果）にますます移行し、どのコンピテンシーを強化し、どのコンピテンスのギャップを調整できるかに関わる政策的問題となってきている。

　政策開発にとって国際調査の価値は、それゆえ、コンピテンスの領域の適用範囲によるだけではなく、調査結果の分析やその結果を教育に関わる人々がいかに効果的にもたらしているかの分析にもよっている。そうした人々とは、学習や教育のプロセスに直接関わる人々、つまり研究者、学校の責任者、ビジネスセクター、学習者個人とともに、政策立案者や分析者たちである。このことは普及や広報の課題であるばかりでなく、また、より重要なのは教育や学習の成果に影響する重要な個人的、方法論的、制度上の要因に関する洞察を提供する適切な手段の開発という課題でもある。伝統的に、国際調査のデザインや構成については、こうした面が弱点となってきた。

　2つの広い領域、すなわち教育政策を含む経済政策と社会政策への公共の関心に確実に焦点をあてる1つの手段として、将来の調査戦略は2つの政策面での進歩をはかり、次の点でより明らかな警告をもたらす必要がある。

- さまざまなコンピテンシーへの投資の評価
- 政策立案者への教育や学習の効果を改善する方法についての情報
- 教育や訓練システムの成功評価の最適な規準が選択されることの保障

　これは、戦略的な長期の教育政策課題への周期的な計画の確立によってなし遂げられる。その計画をコンピテンシーの国際調査のサイクルと同時に進行させ、それぞれの分析や報告プランを形成するのである。こうした課題はこれまでにも多くの国々での長期的な教育システムに求められてきたことでもあり、そこでは各国がおたがいの経験から学ぶ力が重要なのである。重要な政策課題が将来の目標時点においてふさわしい方向や内容に位置づけられているかについて知ることは、すべての国際調査がその時点で遭遇する問題を回避し、政策課題を短絡的な視点から貧しいものにしてしまう危険も避けられる。

　そのようなより長期的視点に立った計画は、1つの調査サイクルでの限ら

れた実施の時間枠内では難しいような領域での学習を評価するうえで、その背景や政策、実践の尺度開発に必要な時間を提供してくれるだろう。特に、それぞれの調査サイクルで優先すべき調査の領域に特定の資源をふり分ける機会が得られるだろう。1度でも適切な尺度が1つの領域で開発されれば、調査戦略は再三再四不十分な属性的尺度をくり返して用いるよりむしろ現在の生徒の成績測定の場合のように、継続的なサイクルの中でその尺度を用いることができる。

将来の手段はどの年齢層や母集団をターゲットにすべきか？

　DeSeCoの枠組みは、そのコンピテンシーとその発達が個人のライフサイクルと関係することを前提としている。このことは、将来の調査戦略にもより系統的に反映される必要がある。将来の調査で対象とする年齢層と母集団については課題がある。たとえば、現在の学校調査はより若い、あるいはより上の年齢層に広げるべきであろうか？　縦断的な調査のための構成項目の開発が、将来の目的になるべきであろうか？　OECDの調査戦略において教育システム調査と成人コンピテンシー調査の間の概念的、組織的な連携をいかに組み込むべきか？　これらは、将来の調査の分析力に決定的に影響を及ぼす重要な問題である。

　分析の可能性に加えて、それぞれの調査での対象集団の追加は、国内および国際レベル双方で明らかなコストの上昇をもたらし、これに伴って、政策の優先順位や資源のバランスがうまくとれるような保証に重点を置く必要がある。これらすべての達成を同時に図ることは、実り多いものではなく、将来の調査の運営を難しいものにする。優先順位や首尾一貫した選択を行うための適切な土台となるのは、異なる対象集団の追加による全般的な調査戦略の分析力の向上と強化の方法を示した総合的な計画の確立である。つまり、将来的には縦断的調査と成人調査が、計画として調査戦略に組み込まれるべきである。たとえ、それぞれが方法論上別々に行われるとしてもである。義務教育の終わり頃の生徒を対象とするというPISAの現在の焦点はそのままにしておくべきであるということは、各国間での広い合意を得ている。同時に、いくつかの国は初等教育の早期の年代の子ども達の調査を加えることに

第6章 国際学力評価のための長期戦略の開発

興味を示しており、それによって早期の学年におけるスキルの獲得についてのよりよい見識が得られるだけでなく、早期の年齢集団から義務教育終了時のPISA集団までの成長を測定しようと考えている。

また、後期中等教育での普通課程と職業課程や高等教育の教育プログラムを含む上級の学校段階での調査が、政策上の興味ある領域として時に考えられているが、教育のこれらのレベルでの調査はほとんど未開発の領域なのである。

OECD加盟国が回答を求められている特に重要な問題は、成人のコンピテンシーの調査への調査アプローチがOECDの指導的枠組みの中で行われるべきかどうか、そしていかに行われるべきかである。たとえばカナダ統計局のリーダーシップで最近行われたALL調査はOECDがその国際的経験の機会を提供している。

次の成人のコンピテンシーの調査が、OECDの調査戦略全体の一部になるべきであるという合意がなされたならば、新しい問題が起きてくる。

- 広範な範囲にわたる成人のコンピテンシーについて包括的な調査をすべきか、あるいはそれが難しいか？ たとえば多様な年齢層や多様な社会的、文化的、職業的な背景から求められるスキルも異なるという理由や、実践的な理由や条件という単純な理由から難しいのか？
- その代わり、成人のコンピテンシーを評価するためには、より対象集団を絞ったアプローチを選ぶべきか？ もしそうなら、適切な政策的条件や準拠枠組みは何なのか？
- 異なった年齢集団、職業集団、他のタイプ対象集団にわたって成人調査を周期的に行うべきであろうか？

現在各国で国際的・国内的なオプションとして実施されたもう1つの考えるべきことは、年齢を基礎とした対象集団の補足に関係することであり、これは国際比較可能な調査結果を得るために必要なのだが、その結果は各国の制度構造に合わせた結果となるよう学年を基礎に構成されている。これは、将来の調査計画をもっと体系的に方向づけるべき分野であり、そのような補足から全体としての視点で評価計画への分析的な利益を得るためにもそうすべき

である。

　いくつかの国は長期にわたる継続調査によって生徒の評価を継続することに興味を示している。長期的な縦断的データの最も重要な特質は、時を超えて同じ人々が一定の基準で調査されることである。長期的に同じ若者を調査することによって、彼らの人生に起こった変化を理解することが可能であり、以前の学業成績や経験が現在の彼らに起こっていることにどんな影響を与えているかが理解できる。

　学校から職場への移行の縦断的調査と学校調査との結合は、魅力的な政策分析の可能性を提供してくれる。すなわち学校に基づく調査は、PISAの場合は義務教育の終わりにそれらを始めており、生徒が社会に十分に参加するための必須の知識やスキルをどの程度獲得しているかという問題を方向づけている。学校調査で測定されたスキルや教育から職場への移行や、その後の教育でどのような役割を果たすか、その検討資料を縦断的調査が提供してくれるだろう。たとえば、労働市場に参加した若者の態度、意欲、行動の検討、さまざまな教育や訓練形態への参加から得られる経済的、社会的な利益、学校教育からそれに続く教育訓練、労働市場への移行パターン、さらに、中等後教育の機会や初期の労働市場での成功が、学業成績、正規の資格取得、社会的出身によってどのように条件づけられているかの分析などである。同時に、縦断的調査は短期的にくり返される横断的調査より、投資効率から見て非常に多くの価値ある情報を提供してくれる。ただしその付加価値は政策的に非常に長期の支出期間を要し、分析も複雑になるという事実を差し引いて考える必要がある。

さまざまな調査をいかに綿密に調整するか？
　現在の調査手法は、対象集団、測定手段の範囲や内容、分析目標、評価手法など多くの面で異なっている。多様な調査と評価の取り組みの調整を強化するためにどんな進歩が見られたか？　この問いには次のようなものがある。

──多様な手法をいかに理論的に統合するか？
　調査の枠組みや評価方法における首尾一貫性を保証することが重要である。

第6章　国際学力評価のための長期戦略の開発

TIMSSやPISAの手法は非常に異なった概念の方向性を持っている。すなわち、TIMSSは各国の教育課程に共通する基準に焦点をあてており、PISAは知識やスキルのより広い教科横断的な学力についてのアプローチを強調している。けれども、2つのアプローチの間の共通点や相違点を明確にすることが重要であり、それによって参加の費用とその効果がこれらの調査の参加者各国や調査の利用者双方にとって明らかになる。PISAとTIMSSの間の概念的な調整はまだ不満足のままである。PISAとALLは、限定された共通の評価項目を保つことによって、読解力の領域においてある程度概念的な一貫性を維持している。だが異なった評価活動の相乗作用を十分に発揮していくためには、もっといっそうの進歩が必要だろう。これらすべての取り組みにおいて、DeSeCoにより確立された枠組みは、現在のそして将来の調査を概念的に統合する重要な理論体系を提供できる。

——国際および国内調査をいかにより密接に関係づけられるか？

国内調査と国際調査が密に結びつくことは何より重要である。そこには、国内政策の発展にとって国際調査の結果を最大限に利用することの保証と、調査にあたってのコストや学校の調査責務を最小限にすることが含まれる。さもなくば、時間と資源の制約がこれらの活動における各国や学校の参加を制限し、この重要な研究の障害となる危険がある。OECD諸国は、PISAが各国の教育課程あるいは各国共通の基準によって影響を受けるべきでなく、各国にとって国際的な標準となることを決めているが、各国の教育課程が国際的な評価の中でどこに位置づけられているのかを各国が理解することが重要なのである。長期にわたって、国内評価と国際調査の結果との明白な関連づけや比較は、国内調査に国際調査の項目をそのまま取りいれたり、あるいはその逆を試みることで可能になるだろう。

——国際調査のデザインやタイミングをどうすればうまく調整できるか？

いろいろな調査の間で不十分な調整が生じるのは、各国が参加する際の事業コストの増加や作業の重複のためであり、また生徒の回答時間の確保や多様な調査手順への対応に当たり、参加する学校に大きな負担が生じるためで

ある。これらの問題解決のためには、国際組織の努力によるのみならず、OECD加盟各国が最終的にそれぞれの調査の優先順位やタイミングを決めていかねばならない。

——**国内および国際双方のレベルにおいて、相乗効果を最大限高め、各国の回答の負担量やコストを最小限にするためには、国際調査の実務や運用法をどのように綿密に調整できるか？**

　制度的な構造や運用の問題も方向づけられる必要がある。PISAは比較調査の開発や実施における国際協力活動の例となってきた。参加国はさまざまな方法でこのプログラムを形成している。たとえば、参加国の委員会のメンバーとして彼らは政策目標を決め、調査計画の変数を設計し、分析やレポートの指針を作成指導する。また、機能的な専門家グループの参加者として、契約した国際コンソーシアムとともに概念的な枠組みの開発や調査手段の開発に貢献する。そして各国のプロジェクトマネージャーを通して、決められた運営手順に従い各国でプロジェクトを実施する。加盟国はまた、長期の開発研究に従事し続けるとともに、継続的な調査プログラムの首尾一貫性を保証する。すべての国は合意を得た原則に基づく国際活動の資金調達に貢献する。しかしながら、この管理モデルの明白な長所や成功にもかかわらず、全体にわたる首尾一貫した調査プログラムを考えるときに、どうすればこの管理モデルをいっそう開発できるのかを考え、国の参加をさらに強固なものとするかを再検討することが重要である。

——**OECD加盟国を超えた協力の強化**

　OECDの調査戦略は、OECDの目標やOECD加盟国のニーズに従って展開してきたが、当初からOECDの非加盟国の参加にオープンであり、またOECD非加盟国の参加数の増大は、この目標達成のよい機会である。OECD非加盟国からの応募数の増加と、分析作業や国際的広報においてその参加を適切に扱う必要性とを考慮すれば、OECD非加盟国と全体としてのOECD調査戦略にとっての利益を最大限にするために、より一貫した戦略的アプローチを確立することが現在のところ重要である。

第6章 国際学力評価のための長期戦略の開発

　結論として、比較調査は、個人、組織、国の中でコンピテンシーの分布状況についての知識ベースを改善する有益な道具を提供してくれる。コンピテンシーの活用や調査結果の解釈における主な問題は、しかしながらさまざまな調査のデザインの中で作られた仮説や推定が、しばしば不透明なままにされているという点である。調査が持っている規範的な影響を増加させると、調査の限界を認識せずに教育システムへの注意や資源の問題が、それぞれの調査で十分測定されていない重要な教育の成果から目をそらす危険性がある。

　DeSeCoの総合的な枠組みは、いっそう大きな概念的文脈の中に各調査を位置づけ、現在の調査の限界を知る方法を提供してくれる。キー・コンピテンシーの3つのカテゴリーは、より広い範囲のコンピテンシーを獲得する方向に向けて将来の調査方法を体系的に拡張する道標となる。

　それぞれが後援する国際調査の関心は、しかしながら、ますます個人のコンピテンシーの測定から、教育や学習の改善や、個人的、経済的、社会的幸福にとっての教育の投資効果の向上に貢献する教育的、社会的、経済的要因にシフトしている。政策の発展のための国際調査の価値は、このような結果の分析にますます依存し、これらの分析がさまざまな状況に関わる担当者たちにいかに効果的に伝えられるかに依存している。将来の調査の分析力を強化するための枠組みの開発は、次の時代の重要な課題であり、DeSeCoはまさにそのために社会的目標との関係でコンピテンシーの定義と概念化の強化を行ってきたのである。

終章

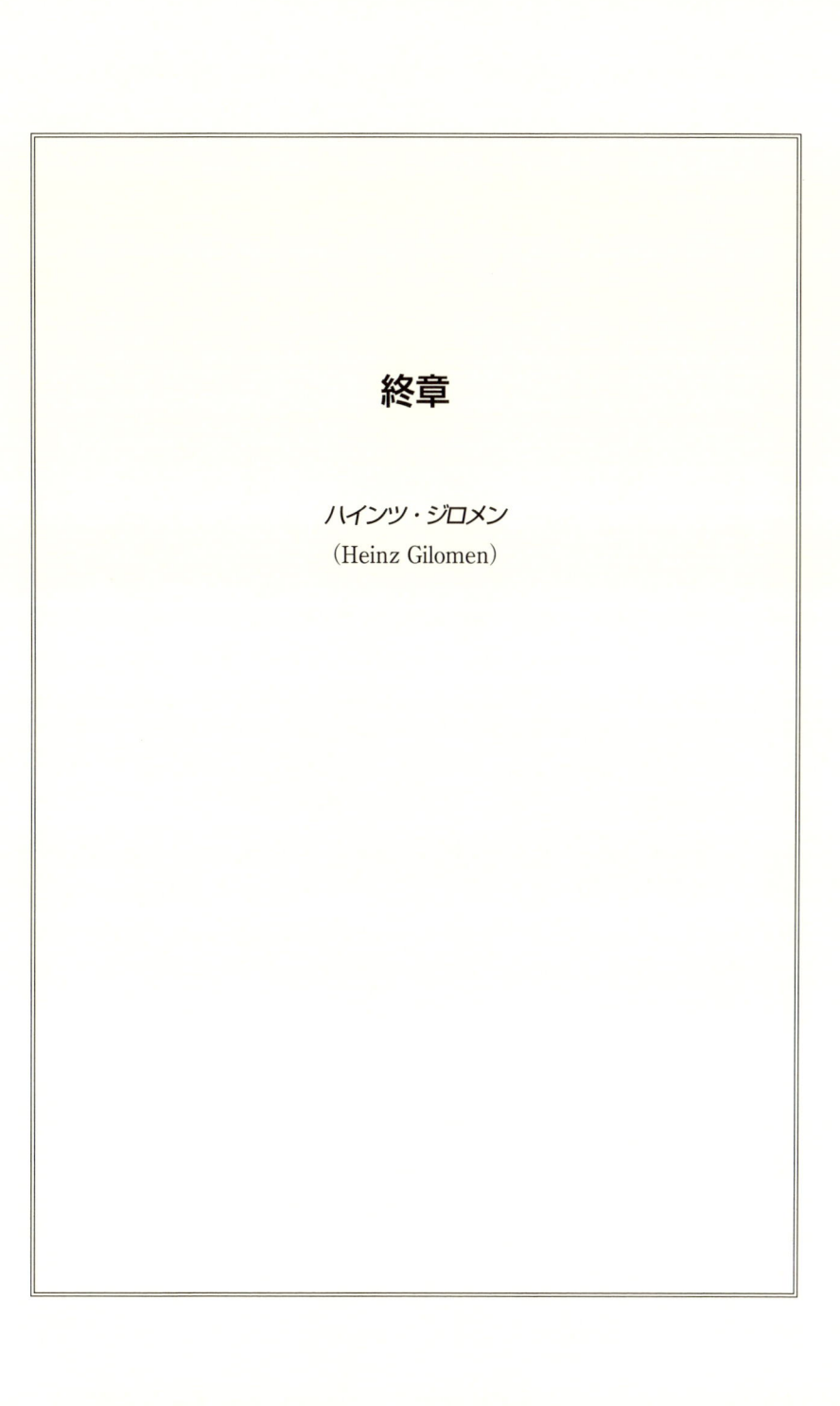

ハインツ・ジロメン
(Heinz Gilomen)

私たちが5年間にわたって乗り出した野心的な旅も終わりを迎えようとしている。この理論志向的なプロジェクトを引き受けたことは統計機関にとってはむしろ通常以上の努力を要した。キー・コンピテンシーを定義し選択する作業は、科学的な議論と分析、実践的な熟考、そして政策的なプロセスや交渉を含んでいるという仮定から始め、多様な視点からキー・コンピテンシーのトピックへのアプローチをとった。この海図のない領域の探索を準備しながら、統計家、経済学者、人類学者、社会学者、哲学者、歴史家、教育研究者、政策担当者や政策研究者を含む異質な集団を集めた。この任務で求められたのは、異なる観点からこの危機的な課題を考え、卓上に集められた異なる利害を理解し、気持ちをいつもオープンにし続け、新しい可能性を発見することであった。私たちは多くの課題を整理し、いろいろな利害と視点をある程度まで単純化したが、その間、一方では単純化しすぎたあるいは還元主義的な分析には陥らないように意識的な努力を要した。このプロジェクトは評価と指標の開発という文脈のもとで発生し、OECDの教育インディケータ事業（INES）のもとで実施されたが、その意図は、コンピテンシーの測定可能性や評価の関心により強制されたものではないということだった。たしかに、そうした関心も重要であり、定期的に私たちの試みにも伝えられたが、彼らは、DeSeCoの過程や結果に命令しなかった。
　DeSeCoの研究プログラムは、教育や学習成果への増大する政策的関心に応え、良質の情報やデータ、統計が社会的評価や効果的政策形成に不可欠であるという事実を認めた上で立案された。教育の目標が次第に教授の結果へと方向転換がされるとともに、人的資本の評価を背景にした教育システムの近代化の枠組み内では、生徒や成人のコンピテンシーについての情報の獲得が多くの政策部門での重要な課題となってきた。コンピテンシーの指標開発という潜在的な指針となる枠組みは、限られた数の高度な関連性を持つ統計という意味でも、キー・コンピテンスの概念を基礎とする。この基本的な仮説は次のとおりである。つまり、少数のキー・コンピテンシーが存在するということ、そして、私たちが自分たちの生活を管理する能力として、それが特に重要な役割を果たすということである。こうして、DeSeCoは、理論的政策的な方向性をもった視点からこのトピックを探索し始め、次の重要な問

いかけへの回答を提供しようとする。

- 少数のキー・コンピテンシーが存在するという基本的仮説は正しいか？
- もしそうなら、そのキー・コンピテンシーは何か？
- キー・コンピテンシーの重要性についての相違点や一致点は、異なった政治的、経済的、社会的、文化的な背景の中でどの程度存在するか？

　私たちはその回答に成功したか？　回答をみつけたと断言することはできないが、ここに、明白な規範的基準や定義の基準、理論的基準に基づいて、限られた数のキー・コンピテンシーを定義し選択することができるという説得力ある証拠がある。第3章で述べた3つのカテゴリーと9つのキー・コンピテンシーは、個人が非常に広い範囲の社会的文脈の中で直面する多様でグローバルなチャレンジに対応するために、個人にとって特に重要なものとして提案されている。コンピテンシーの定義と選択というタイトルのプロジェクトとして、上述の仮説を確認すれば、これは十分で満足のいく結果であるように思える。

　だが、緊急の課題ということを考慮すれば、DeSeCoの使命はもっと拡張的なものだった。広い概念的理論的な基礎がコンピテンシーの指標開発を導き、その健全な解釈を確固たるものにするうえで重要だということを認めれば、DeSeCoの努力は、キー・コンピテンシーのもう1つのリストを産みだす以上のことをし、概念や理論的なモデルを明らかにすることに焦点をあてた。その概念やモデルは、政策的関心に意義があるものであり、コンピテンスの定義やキー・コンピテンシーの構築を根拠づけることができる。

　DeSeCoは各国間協議のプロセスを通じて確認され、キー・コンピテンスが政策と関わる概念であるという政策や実践現場にいる人々からのコメントがOECD諸国に伝えられている。さらに私たちが学んだことは、アプローチの多様性にもかかわらず、キー・コンピテンシーの共通の参照枠組みの詳細まで作り上げられるような十分な共通性が存在していることであった。しかしまた議論の中でしばしば概念的な一貫性がないということも観察した。DeSeCoは、この概念的な混乱にある程度の明瞭さをもたらすことに成功した。

図1　DeSeCoの全体枠組み

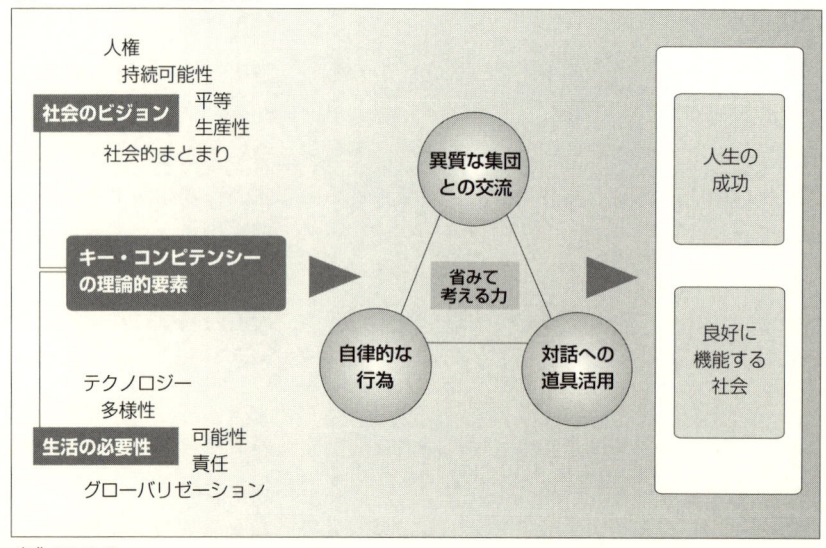

社会のビジョン：人権、持続可能性、平等、生産性、社会的まとまり

キー・コンピテンシーの理論的要素：異質な集団との交流、省みて考える力、自律的な行為、対話への道具活用

生活の必要性：テクノロジー、多様性、可能性、責任、グローバリゼーション

人生の成功

良好に機能する社会

出典：DeSeCo

　図1に示したように、DeSeCoの努力の結果として、いっそう大きな概念的背景の中でキー・コンピテンシーを現在と未来にわたって位置づけることができる全体的な概念枠組みができた。ここには、主要な要素として、いろいろな理論的要素とモデルに基づくコンピテンスとキー・コンピテンスの諸概念が含まれている。規範的な基準点、斬新的な発達モデルに基づくとともに現代生活の複雑な精神的需要に応えるような反省性（省みて考える力）の概念を通じてキー・コンピテンシーの性質を特定化すること、そして人生の成功と良好に機能する社会の必要に応じたキー・コンピテンシーについての3つのグループ化である。キー・コンピテンシーは、独立したまとまりとしてではなく、文脈的要因や文化的な要素に依存して異なった形態をとる複数の相互作用的なキー・コンピテンシーの群として機能するとみなされている。

　DeSeCoの研究作業は、現代と将来の理論的実証的研究にとって一連の意味ある結果をもたらした。ここにそのいくつかの結果に焦点をあててみたい。
　本書で論じたように、多様性に対処し、責任をとり、社会的な場できちん

終章

とした対応を求める現代生活の課題に応えるためには、生活への批判的なスタンスと内省的なアプローチの発達を必要とする。このキー・コンピテンスに共通する特徴、省みて考える内省力は、教育と評価の両方にとって重要な意味を持つ。この基本的な進化モデルは、そこでは精神的な発達が成人期も良好に続くとされ、生涯学習の強力な理論的根拠となり、さらに、青年期や成人期にわたる一貫した評価計画を発展させる上で重要な理論的土台を提供する。DeSeCo によって定義されたコンピテンスとキー・コンピテンスの性質は、評価にとっても重要な課題となる。たとえば、キー・コンピテンシーが群として機能するという考え方は、単一尺度に基づく基準（benchmarking）による現代の評価の利用についても疑問を投げかける。評価法が将来開発される時、キー・コンピテンシーが群として協働的に作用することを認識し、コンピテンスの認知的な面と非認知的な面を統合し関連づけることが重要である。キー・コンピテンシーの複雑な性質を正当化し、妥当にかつ信頼できる形で測定し、多様な観点からその結果の重要性の解釈を行うためには、多様な方法が考えられ探索される必要がある。たとえば、いろいろな基準に替わるコンピテンシーのプロフィールは、結果を解釈し、将来の研究に含まれるものを計画するためのもう 1 つの戦略として大きな期待が持たれる。関連データも、大規模テストを通じてのデータ収集やそれ以外のものも含めて、多様な情報源から得られる。

　最後に、キー・コンピテンシーと望ましい結果との間で仮定される関係をミクロレベルでもマクロレベルでも概念的、実証的に探索することの重要性を強調したい。私たちが仮定していたように、キー・コンピテンシーが今日のグローバルな挑戦や進行する変化の過程の教育的な回答となり、持続可能な社会経済的発展のための戦略的資源となるなら、キー・コンピテンシーが望ましい結果にどのように貢献するかについて理解することは、最も重要な研究トピックとなる。この面では、経済学や人的資本理論という学問から多くを学ぶことができる。そこではコンピテンシーと経済的な結果の概念的つながりが非常に明らかにされているからである。

　DeSeCo の全体的枠組みは、実証的なデータと継続的な学際的研究を通じてさらに洗練する必要があるということを私たちは認識している。本書で書

かれ詳述されている多くの論文は、DeSeCoの最終レポートであるが、OECDの内外に「向けて」また「越えて」このプロセスが継続し研究が展開していく時には他の人々によって再考され、批判され、洗練される必要があるし、そうなるだろう。いろいろな学問、領域や組織から各国やその専門家にもたらされたDeSeCoのアプローチ、そして多様な聴衆の中で議論や分析、考察の方法となったシンポジウムを組織して行われたアプローチは、このトピックに関して広く、学際的で政策関連的な視野を維持する優れたモデルであると私は信じている。

　私たちの希望とDeSeCoの潜在的可能性が実現するためには、関連する加盟国と国際機関が共同研究と開発プロセスに持続的に関わることが求められる。また、誰もが基本的な技能や学習の基礎能力だけでなく、各個人を人生の成功に導き、良好に機能する社会に貢献するよう力づけるキー・コンピテンシーを獲得し維持することを確約できるような十分な資源の提供が求められる。その意味で私たちはペルノー（Perrenoud）氏の次の関心に共鳴する。「（キー・）コンピテンシーを定義する上で重要な点は、すべての市民がコンピテンシーを得られるようなすべての資源を動員することであり、特に第一に、現在コンピテンシーを獲得できずにいる人々が得られるようにすることが重要なのである」。

キー・コンピテンシーの定義と選択

［概要］

Originally published by the OECD in English and in French under the titles:

The Definition and Selection of Key Competencies: Executive Summary
La définition et la sélection des compétences clés: Résumé
© 2005 OECD
All rights reserved

© 2006 Akashi Shoten Co., Ltd. for this Japanese edition
The quality of the Japanese translation and its coherence with the original text is the responsibility of the Akashi Shoten Co., Ltd.

PISA とキー・コンピテンシーの定義

1997 年に OECD の加盟国は、PISA (the Programme for International Student Assessment) に着手した。これは、義務教育終了時の生徒が社会に参加するに十分な本質的な知識と技能をどの程度得ているかを観測する目的で始まった。PISA 開発の動機は次の点にある。すなわち、

- 政策的な方向づけ。これは政策的教訓を得ようとする政府の要求により決定されたデザインや報告を伴う
- 革新的な「リテラシー」概念。これは、いろいろな課題領域で生徒が問題に関わり、解決、解釈する際の、効果的な分析、理由づけ、伝達能力に関係する
- 生涯学習への関連性。これは、PISA に、生徒のカリキュラムや教科間にわたるコンピテンシーの評価だけに限定せず、生徒自身の学習への動機づけや学習への信念、学習計画を報告できるようなコンピテンシーを求めるものである
- 規則性。これにより、各国は、それぞれ重点を置いた学習目標に見合った進歩を遂げているかを測定することができる

PISA 調査は、読解力 (reading)、数学、科学や問題解決領域での生徒の知識と技能を比較することから始まった。選択された学校教科における生徒の達成度評価から、人生における生徒の成功はいっそう広い範囲のコンピテンシーに左右されるということがわかってきた。ここにまとめられた OECD の DeSeCo プロジェクトは、新しいコンピテンシー領域の調査研究について長期的な展望を導くための枠組みを提供するものである。

キー・コンピテンシーの定義と選択［概要］

概観

人生の成功と正常に機能する社会のためにどんなコンピテンシーが必要か？

　今日の社会は、人々に挑戦的課題を課しており、人々は生活のいろんな場面で複雑な状況に直面している。こうした課題は、人々がもつべきキー・コンピテンシーにとってどのような意味をもつのか。そうしたコンピテンシーを定義すれば、青年や成人が人生の挑戦に対しどううまく備えるかの評価の改善につなげることができるし、教育システムや生涯学習の包括的目標を設定することができる。

　コンピテンシーは、知識や技能以上のものである。特定の状況の中で（技能や態度を含む）心理社会的な資源を引き出し、動員することにより複雑な需要に応じる能力をコンピテンシーは含んでいる。たとえば、効果的にコミュニケートする能力は、個人の言語についての知識、実践的な IT 技能や態度を伝達しようとする相手に対して活用するコンピテンシーである。

　今日の世界の複雑な挑戦に直面するために、個人は広い範囲のコンピテンシーを必要とする。しかし、人生のある時点を考え、いろいろな状況の中でできる必要があることをすべてあげた長いリストを作ったとしても、その実用的な価値は限られたものになってしまう。DeSeCo プロジェクトを通じて、コンピテンシーをどのように定義するかという理論的な了解に根ざしながら、キー・コンピテンシーを少数のものに定めるために、OECD はいろいろな分野の学者や専門家、組織と協力してきた。

　それぞれのキー・コンピテンシーの条件は次の３つである。

- 社会や個人にとって価値ある結果をもたらすこと
- いろいろな状況の重要な課題への適応を助けること
- 特定の専門家だけでなく、すべての個人にとって重要であること

キー・コンピテンシーの3つの広域カテゴリー

キー・コンピテンシーに関するDeSeCoプロジェクトの概念枠組み（フレームワーク）では、3つの広いカテゴリーにコンピテンシーを分類している。

第一に、個人は、その環境と効果的に相互作用するため広い意味での道具を活用できる必要がある。情報テクノロジーのような物理的なものと、言語のような文化的なものとの両方を含む意味での道具である。個人は、相互作用的に道具を用いるためにも、各自の目的に合わせて道具を適応させるようにそうした道具をよく理解する必要がある。

第二に、いっそう助け合いの必要が増している世界の中で、個人は他者と関係をもてるようにする必要がある。いろいろな経歴をもった人と出会うからには、異質な集団でも人と交流できるようになることが重要である。

第三に、個人は、自分の生活や人生について責任を持って管理、運営し、自分たちの生活を広い社会的背景の中に位置づけ、自律的に動く必要がある。

それぞれに特定の目標を持ったこれらのカテゴリーは、相互に関係し、キー・コンピテンシーを確認し明確に描くための基礎を集合的に形成してい

なぜ今日コンピテンシーが重要なのか？

グローバリゼーションと近代化は、次第に多様化し相互につながった世界を生みだしている。この世界を理解して正常に働くようにするために、個人はたとえば変化するテクノロジーをマスターしたり、大量の利用可能な情報を理解する必要がある。また個々人は、環境の持続性と経済成長とのバランスや、繁栄と社会的公正のバランスをとるといったように、社会としても集団的な挑戦に直面している。こうした背景の中で、個人がその目標を実現するために必要なコンピテンシーはいっそう複雑化し、ある狭く定義された技能をマスターする以上のものを要求するようになってきた。

キー・コンピテンシーの定義と選択［概要］

> **フレームワークの創造：キー・コンピテンシー定義のための OECD による協働的・学際的アプローチ**
>
> 　1997 年に OECD は、キー・コンピテンシーの選別についての情報収集と、青年や成人のコンピテンシー水準を測定する国際調査の強化のために妥当な概念枠組みを提供するという目的で DeSeCo プロジェクトに着手した。このプロジェクトは、スイスの主導のもとに動き、PISA と関連づけられ、多彩な学問領域の専門家が、政策に関連した枠組みを生むために政策担当者とその関係者との協働によって進められた。各 OECD 加盟国は、各自の見解をその過程で報告としてまとめて貢献した。このプロジェクトを通じて、各国の状況と各国の文化にわたる多様な価値や優先政策がみられたが、グローバルな経済と文化という世界的な課題が認識され、最重要コンピテンシーの選択に必要な情報を得るための共通した価値が認められた。

る。個人が反省的に考え動く必要性は、コンピテンシーの枠組み（フレームワーク）にとって中心的なものである。反省性という概念に含まれるのは、状況に直面したときに慣習的なやりかたや方法を規定どおりに適用する能力だけでなく、変化に応じて、経験から学び、批判的なスタンスで考え動く能力である。

　以下、現代生活の需要とそれに応じる形でこの枠組み、フレームワークをどのように導いたかを示し、続いて枠組みの詳細とそれがどのようにして教育成果の評価についての情報を与え、いっそう広い目的に用いることができるかを概観しよう。

キー・コンピテンシーの基礎

コンピテンスと現代生活の要求

　キー・コンピテンシーは、個人の資質や認知的技能として何が望ましいかについての恣意的な決定ではなく、人生の成功と正常に機能する社会の心理社会的前提条件についての深い熟考により決められている。今日の社会がその市民にどのような要求を行っているか？　その答えは、キー・コンピテンシーを構成するまとまりある概念を根拠とする必要がある。

　この需要志向のアプローチが問うのは、社会で個人が正常に働くためには何を必要とし、それを見いだすかという点である。どんなコンピテンシーが仕事をみつけて就職するために必要なのか？　どんな種類の適応的な資質が変化するテクノロジーに対処するために要求されるのか？

　しかし、コンピテンスはまた、単に個人が適応のためだけではなく、世界を形作る助けになるという点で重要な要素である。こうして、現代生活の鍵となる特徴や需要に関わるように、コンピテンシーはまた私たちの目標の性

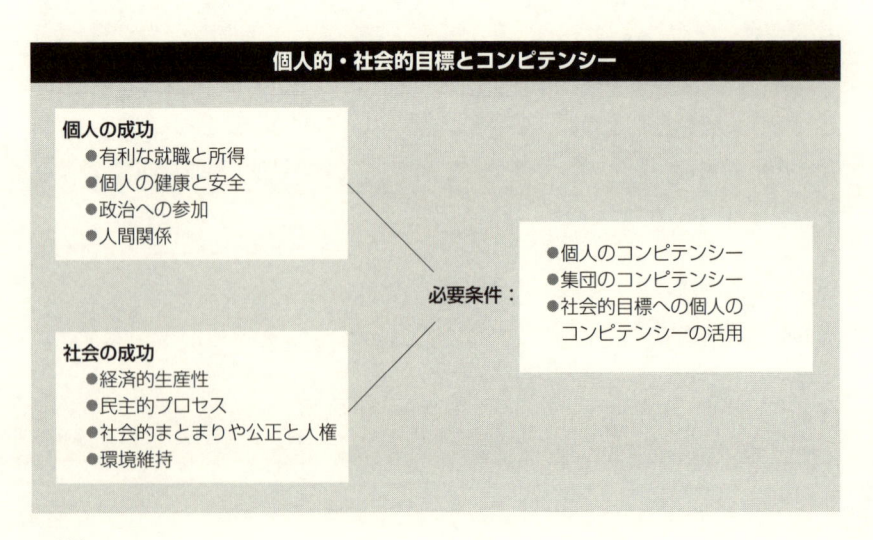

個人的・社会的目標とコンピテンシー

個人の成功
- 有利な就職と所得
- 個人の健康と安全
- 政治への参加
- 人間関係

社会の成功
- 経済的生産性
- 民主的プロセス
- 社会的まとまりや公正と人権
- 環境維持

必要条件：
- 個人のコンピテンシー
- 集団のコンピテンシー
- 社会的目標への個人のコンピテンシーの活用

質、個人的目標や社会的目標という性質によっても決定されている。
　ここに描いた枠組みは、組織や集団といった社会的な能力だけでなく、個人的なコンピテンシーにも関係している。しかし、図に示したように、個人的なコンピテンシーの総和は、それぞれの目標を達成する能力にも影響している。

個人的課題とグローバルな課題

　各個人は、変化や複雑性、相互依存性によって特徴づけられた世界に適応できるようなキー・コンピテンシーを活用する必要がある。
　こうしたコンピテンシーは、次のような世界にふさわしいものとなることが求められている。

- 技術が急速に継続的に変化する世界では、技術に関する学習はプロセスの一時的なマスターだけでなく、高い適応可能性が求められる
- 社会がどんどん多様で細分化されるようになってきており、個人的な関係においても、いっそう異なった他者との交流が求められている
- グローバリゼーションは新しい形態の相互依存性を作りだしており、いろいろな行為は、経済競争のような影響と公害のような結果の両方にしたがうようになり、個人の地域共同体や国家共同体を越えて拡がっている

深く根ざした共通の価値

　コンピテンシーが集団の目標達成に必要とされる限り、キー・コンピテンシーの選択のためには、共有する価値の理解を普及することが重要である。コンピテンシーの枠組みは、したがって一般のレベルでもそうした価値に深く根ざすことになる。すべての OECD 加盟国は、民主的な価値の重要性と持続的な発展の達成という点では合意している。こうした価値は、個人ができる限りその可能性を実現できるようにする一方で、他人に敬意を払って、できる限り公正な社会を創り出すのに貢献すべきだということを意味する。この個人的目標と社会的目標の相補性は、個人の自律的な発達と他者との相互作用の両方を認めたコンピテンシーの枠組みに反映される必要がある。

キー・コンピテンシーの選択

　上記の必要性は、異なった場所や異なった状況での個人にいろいろな条件を課す。しかし、上述したように、キー・コンピテンシーは特有の価値を持ったものであり、いろいろな領域で有益であるとともに、誰もが必要とするものである。

　こうした第一の条件は、コンピテンシーの価値が明確にされることであり、経済的・社会的両方の目的において測定可能な有益性に関連づけられることである。近年の研究によって強調されている見解では、人的資本は経済的な行為において重要な役割を果たすだけでなく、健康や福祉の改善、よりよい子育て、社会的政治的な参加の拡大といった点でも重要な個人的社会的有益性をもたらすという。

　第二の条件は、コンピテンシーが大きなビジョンを持った背景の中での有益性をもたらすべきという点である。これはコンピテンシーが生活や人生の多様な領域に活用できることを意味する。ある領域のコンピテンスは、労働市場においてだけでなく、私的な関係においても、政治的な参加という点でも必要とされる。キーとして定義されるべきは、こうした横断的コンピテンシーなのである。

　第三の条件は、キー・コンピテンシーがすべての個人にとって重要であるべきだという点である。つまり、特定の産業や職業、社会階層でのみ役立つようなコンピテンシーは重視しない。重要視されるのは、誰もがその発達と維持を切望するような横断的コンピテンシーである。

フレームワーク：枠組み

キー・コンピテンシーの基本的特徴

　キー・コンピテンシーの枠組みは、一組の特定のコンピテンシーから成り立ち、統合化されたアプローチにまとめられている。上述した3つの分類のコンピテンシーの特性を見る前に、これらのカテゴリーのすべてを越える基本的特徴を記すことが重要だろう。

教えられた知識や技能を越えて

　たいていのOECD諸国では、柔軟性、企業家精神、個人的責任に重要な価値が置かれる。個人は社会への適応ばかりを期待されるのでなく、革新的で創造的、自己決定的で自発的であることも期待されている。

　今日的な課題への対処が求めているのは、教えられた知識をただくり返すことを越え、順調に課題を解決するためのいっそう複雑な精神的課題に取り組む個人の能力のより優れた発達である。この点は多くの学者や専門家が合意している。キー・コンピテンシーに必要なのは、認知的で実践的な技能、創造的な能力に加え、態度や動機づけ、価値観といった他の心理社会的な資源の動員である。

　コンピテンシーが単なる教えられた知識以上のものから構成されるという事実にもかかわらず、1つのコンピテンシーがそれ自身で好ましい学習環境の中で学べるようにということをDeSeCoプロジェクトは提案している。

　キー・コンピテンシーの中心にあるのは、道徳的で知的な成長の現れとして自己を考え、自らの学習や行為に責任をとる個人の能力である。

思慮深さ（反省性）：キー・コンピテンシーの核心

　この枠組みの基本的部分は、思慮深い思考と行為である。思慮深く考えることは、やや複雑な精神的過程を必要とし、考えている主体が相手の立場にたつことを要求する。たとえば、特有の精神的技術の修得にその過程を当て

はめてみると、思慮深さは、個人にその技術について考え、それを理解し、自分の経験の他の面にそれを関連づけ、その技術を変え、適合させるようにする。思慮深い個人ならまた、実践や活動を伴って考える過程をさらに続けていく。

こうして、思慮深さが含むのは、メタ認知的な技能（考えることを考える）、批判的なスタンスを取ることや創造的な能力の活用である。

思慮深さとは、個人がどのように考えるかということだけではなく、その思想、感情、社会的関係を含めながら、その経験をどのように一般化するように構成するかということでもある。個人に要求されるのは一定水準の社会的成熟に達すること、つまり自分を社会的な抑圧から一定の距離を置くようにし、異なった視点をもち、自主的な判断をし、自分の行いに責任をとるようになることである。

> **二者択一の考え方を越えて：思慮深さの具体例**
>
> 相違や矛盾を扱う能力は、経済的・教育的領域でのキー・コンピテンシーのリストに多くみられる。現代の多様で複雑な世界が要求しているのは、私たちが必ずしも単純な回答や二者択一的な解決法で即決するのではなく、むしろ、いろいろな対立関係を調整できることなのである。
>
> たとえば、自律性と連帯性、多様性と普遍性、そして革新性と継続性といったように。同じ現実の両面にある一見矛盾し相容れない目標をまとめるのである。矛盾しているようにみえる立場や考え方が時には単に表面的にだけそうかもしれないから、その多面性を持つ相互的つながりや相互関係を配慮して、いっそう統合的な方法で考えふるまうことを個人は学ぶ必要がある。

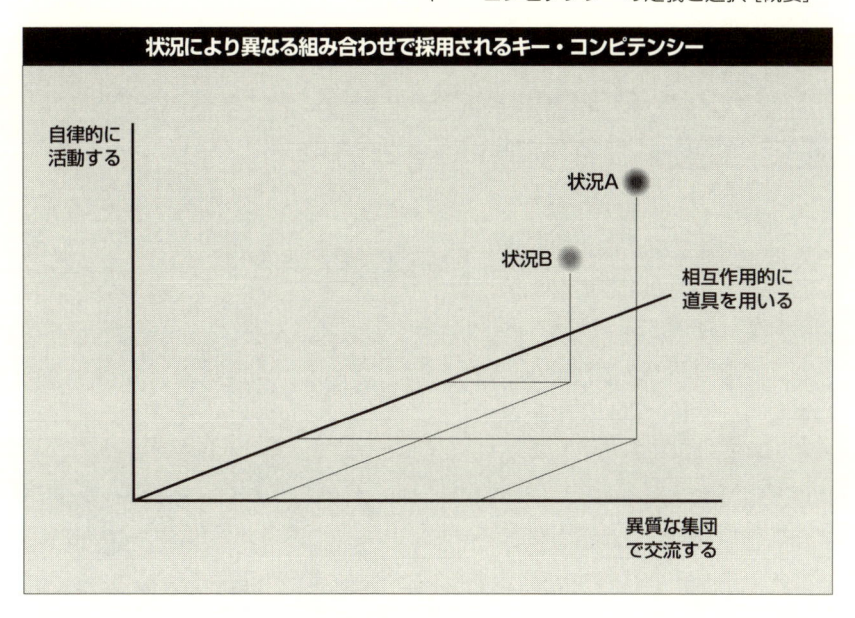

キー・コンピテンシーの定義と選択 [概要]

状況により異なる組み合わせで採用されるキー・コンピテンシー

（図：縦軸「自律的に活動する」、横軸「異質な集団で交流する」、斜め軸「相互作用的に道具を用いる」。状況Aと状況Bがプロットされている）

キー・コンピテンシーを組み合わせる

　以下に示す特定のコンピテンシー間のさらなるつながりは、なんらかの状況では人が1つ以上のコンピテンシーを活用するらしいことを示すものである。事実、特定の状況や目標は、それぞれ特有のケースごとに異なった構成をとる一群のコンピテンシーを求める。

　異なった状況に生きる人々は、文化的な規範、技術の利用のしやすさ、社会的な権力関係などにしたがって、いろいろなコンピテンシーをいろいろな程度で活用する。

コンピテンシーの3つのカテゴリー
カテゴリー 1　相互作用的に道具を用いる

　グローバルな経済や情報社会の社会的専門的な需要として求められているのは、コンピュータのような物理的な道具（tool）と同様に、言語、情報、知識といった相互作用のための社会文化的な道具の熟達である。

　相互作用的な道具の活用において求められるのは、（たとえば、文章を読む、ソフトウェアを使用するなどのように）それを使いこなすために必要な技術的な

必要な理由
- 技術を最新のものにし続ける
- 自分の目的に道具を合わせる
- 世界と活発な対話をする

コンピテンシーの内容
A　言語、シンボル、テクストを相互作用的に用いる
B　知識や情報を相互作用的に用いる
C　技術を相互作用的に用いる

スキルとその道具を自由に使うこと以上のものである。人々には、知識や技能を創造し、応用することが期待されている。求められているのは、道具それ自体に親しむこととともに、人が世界と相互作用する方法を道具がどのように変化させるか、またいっそう大きな目標を達成するためにどのようにいつも使うことができるかを理解することである。この意味で、道具は、単なる受動的なメディア装置ではなく、その人の周りの環境とその人が積極的な対話を行う装置なのである。

　各個人は、認知的、社会文化的、物理的なツールを通して世界と出会う。この出会いはさらに、個人がどのように意味を理解し、世界で有能となり、変容や変化に対応し、長期的な挑戦に応える方法を形作っていく。相互作用的なツールの活用は、個人が世界を知覚し、世界と関係を作る方法という点で新たな可能性を拡げる。

　現在の国際的な調査、特にPISAと、カナダ統計局によって行われてきた

成人のリテラシーとライフスキル調査（ALL）は、書かれた文章のように相互作用できる能力に関するキー・コンピテンシーの特徴についての経験的証拠を提供してくれる。

——*コンピテンシー１Ａ：言語、シンボル、テクストを相互作用的に用いる能力*

このキー・コンピテンシーは、さまざまな状況において、話して書くといった言語的なスキルや、コンピュータまたは図表を用いるといった他の数学的なスキルを有効に利用するものである。これは、社会や職場でよりよく働き、他の人々との効果的な対話に参加するための必須の道具である。「コミュニケーション能力」や「リテラシー」という用語は、このキー・コンピテンシーと関係する。

PISAの読解力（reading literacy）と数学リテラシー（mathematical literacy）、およびALLで定義された計算リテラシー（numeracy）は、このキー・コンピテンシーを具体化したものである。

——*コンピテンシー１Ｂ：知識や情報を相互作用的に用いる能力*

サービスおよび情報産業分野の役割の増大と、現代社会における知識管理の核心的役割は、知識と情報の相互作用的な活用能力を人々にとって不可欠なものにしている。

このキー・コンピテンシーに必要なのは、情報そのものの性質、つまり、その技術的基盤や社会的、文化的、思想的な背景と影響についてのよく考える力である。情報能力は、選択肢の理解、意見の形成、意思決定や情報に基づき責任をもって行ういろいろな活動の基礎として必要なものなのである。知識と情報の相互作用的な活用には次のことが求められる。

- 何がわかっていないかを知り、決定する
- 適切な情報源を特定し、位置づけ、アクセスする（サイバースペースでの知識と情報の収集を含む）
- 情報源に加えてその情報の質、適切さ、価値を評価する
- 知識と情報を整理する

この具体的なキー・コンピテンシーは科学的リテラシーであり、2006年のPISA調査の枠組みへと発展させている。生徒たちが科学的な探求活動にどれだけ進んで参加し交流しているかをこの調査では調べている。そこで求められるのは、認知的なスキルを用いる能力よりはむしろ、科学的な疑問にどれだけ関心をもっているかという点である。

――コンピテンシー１Ｃ：技術を相互作用的に用いる能力
　技術革新は職場の内外で新たな要求を個人に求めてきた。同時に、技術の進歩は、新しい違った手法でこうした要求に効果的に応じる新しい機会を人々に提供している。
　対話などの相互作用に技術を用いることは、新しい手法に気づくことを私たち個人に求めるだけでなく、その手法を通じて、毎日の生活に技術を活用できることを示している。情報やコミュニケーションの技術は次のような可能性を秘めている。たとえば、どこにいるかにはかかわりなく共に働く方法を変え、膨大な量の情報資源をたやすく利用できることで情報利用の機会を与え、いつもの場所にいながらにして世界中の人々とのつながりやネットワークを促進することで、他の人と対話する可能性である。そうした可能性を活かすためにも、単にインターネットやe-mailを使うのに必要とされる基礎的なスキル以上のものが人にはこれから求められるのである。
　他の道具と同じように、利用者が技術の性質を理解してその潜在的な可能性について考えれば、技術はいっそう相互作用的に用いることができる。もっと重要な点は、こうした技術的な道具に眠る可能性を人が自分たちの状況や目標に関連づけていく必要性である。その第一歩は、人が自分たちの共通の実践の中に技術を組み込んでいくことであり、そうすれば技術への親近感を高めてその活用の幅をいっそう大きなものにしていくことができよう。

コンピテンシーの３つのカテゴリー
カテゴリー 2　異質な集団で交流する

　人生を通じて、人間は、物質的・心理的に生存するためにも、そして社会的なアイデンティティの獲得という面でも、他の人々とのつながりに依存している。社会がいろいろな点でいっそう断片化し、多様化するようになってきている時に、個人間の人間関係をうまく管理することは、個人の利益からも新しい形の協力関係を作る上でもいっそ

> **必要な理由**
> ● 多元的社会の多様性に対応する
> ● 思いやりの重要性
> ● 社会的資本の重要性
>
> **コンピテンシーの内容**
> 　A　他人といい関係を作る
> 　B　協力する。チームで働く
> 　C　争いを処理し、解決する

う重要になってきている。既存の社会的な絆が弱められつつある時、強い絆を形作る能力をもつ人々が新しい絆を作りだすように、人間関係のような社会的資本の構築が重要なのである。
　将来における不公平な資源配分の１つの可能性は、社会関係を作りそこから利益を得る能力がいろいろなグループで異なることだろう。
　このカテゴリーのキー・コンピテンシーは、他の人々と共に学び、生活し、働くことを個人に求める。「社会的能力」、「ソーシャルスキル」、「異文化間能力」、「柔軟な能力」といった用語と関係した多くの特徴にこのキー・コンピテンシーは当てはまる。

　——コンピテンシー２Ａ：他人といい関係を作る能力
　その第一のキー・コンピテンシーは、知人や同僚、顧客との間で個人的な関係を持ち始めることから、それを維持し、管理する力である。良好な関係作りは、社会的な団結のためだけでなく、だんだんと経済的な成功の必要条

件ともなってきており、変化する企業や経済は情動的な知能にも重要な価値を置くようになりつつある。

このコンピテンシーが仮定しているのは、人が自分がよいと感じる環境を創り出すためには他の人の価値観、信念、文化や歴史を尊敬し評価できるだけでなく、それらを取り入れて成長するということである。他の人々とうまく協力していく必要条件は次の点である。

- 共感性－他人の立場に立ち、その人の観点から状況を想像する。これは内省を促し、広い範囲の意見や信念を考える時、自分にとって当然だと思うような状況が他の人に必ずしも共有されるわけではないことに気づく
- 情動と意欲の状態と他の人の状態を効果的に読み取る

──コンピテンシー２Ｂ：協力する能力

多くの要求と目標は個人単独では対処することができないが、代わりに作業チームや市民運動、経営グループ、政党もしくは労働組合などのように、グループで力をあわせて同じ利害を共有する人々にはそうした要求や目標を求めることができる。

協力に必要なのは、個々人が一定の資質をもつことである。その個々人に求められるのは、自分自身の優先順序の中でグループの目標とグループへの関わりとを調整できることであり、リーダーシップを分け合い他者を支援することができなければならない。

このコンピテンシーの特定の構成要素としては次のものがある。

- 自分のアイデアを出し、他の人のアイデアを傾聴する力
- 討議の力関係を理解し、基本方針に従うこと
- 戦略的もしくは持続可能な協力関係を作る力
- 交渉する力
- 異なる反対意見を考慮して決定できる包容力

——コンピテンシー2C：争いを処理し、解決する能力

　家庭や職場、あるいはより大きな地域共同体や社会を含め、争いは生活のあらゆる局面で生じる。争いは社会的現実の一部であり、人間関係に固有の部分でもある。2人あるいはそれ以上の個人やグループが多様な要求、利害、目標あるいは価値観を理由に互いに対立するとき争いが生じる。

　建設的な方法で争いに取り組む鍵は、争いを否定しようとするよりも、何かを行うための1つのプロセスとして争いを認識することである。そのために必要とされるのは、他方のニーズと利害を考慮しながら両方が利益を得られるような解決策の工夫である。

　個人が争いを処理し解決する積極的な役割を担うために、以下の能力が必要となる。

- できるだけ異なる立場があることを知り、現状の課題と危機にさらされている利害（たとえば、権力、メリットの認識、仕事の配分、公正）、すべての面から争いの原因と理由を分析する
- 合意できる領域とできない領域を確認する
- 問題を再構成する
- 進んで妥協できる部分とその条件を決めながら、要求と目標の優先順位をつける

コンピテンシーの３つのカテゴリー
カテゴリー 3　自律的に活動する

　自律的に活動するとは、社会的に孤立して働くことを意味するのではない。反対に、個人が、自分の社会的な関係や自分が果たしている役割と果たしたい役割といった自分の環境に気づくことが求められる。自分の生活と労働条件にわたる調整を行いながら自分の生活を意味あるものにして責任をもつ仕方で管理できるような力をもつことが人に求められるのである。社会の

必要な理由
- 複雑な社会で自分のアイデンティティを実現し、目標を設定する
- 権利を行使して責任を取る
- 自分の環境を理解してその働きを知る

コンピテンシーの内容
A　大きな展望の中で活動する
B　人生計画や個人的プロジェクトを設計し実行する
C　自らの権利、利害、限界やニーズを表明する

発展に効果的に参加し、職場や家庭生活、社会生活を含む生活のそれぞれの面でよりよく働くためにも、個人は自律的に活動しなければならない。その理由は、大勢に従うだけではなく、むしろ独立した自己を成長させ、選択を行う必要からである。そうすることで、人は自分の価値と活動について考えようとする。

　現代社会はそれぞれの人の立場が伝統的な社会の場合のようには明確に定義されていないから、自律的に活動することが特に重要なのである。自分たちの生活に意味を与え、社会にうまく適応する仕方を決めていくためにも、個人的なアイデンティティを創り出そうとする。その１つの例を仕事にみるなら、１人の雇用者のもとで働くような安定した生涯にわたる職業などほとんどない。

　一般に、自律性が要求するのは、自分が果たしている役割と果たしたい役

割、そして社会的関係といった自分の環境への気づきと将来への方向性である。しっかりした自己概念を持ち、意思を持った行為、つまり決定や選択、そして実際の活動に欲求や要求を置き換える能力を、この自律性は前提としている。

――コンピテンシー３Ａ：大きな展望の中で活動する能力
　このキー・コンピテンシーが個人に求めるのは、自分の行為や決定をいっそう広い文脈で理解し考える力である。つまり、自分たちが他のものとどのように関係しているかを考慮すること、たとえば社会的なルールや社会的、経済的な組織、そして過去に起こった出来事との関係を考えることが求められる。人は、自分自身の行為や決定がこうした広い図のどこにどのようにあてはまるかを知る必要がある。
　たとえば、このコンピテンシーとしては次のようなものがある。

- パターンの認識
- 自分たちが存在しているシステムについての理想を持つ（たとえば、その構造や文化、実践、公式・非公式なルールや期待、その中で果たす役割を理解し、法律や規則、また文書化されていない社会的規範や道徳作法、マナーや慣習を理解する）。こうした行為を制約する知識をもつことで権利についての理解を補う
- 自分の行為の直接的・間接的な結果を知る
- 個人および共通の規範や目標に照らして起こりうる結果を考えながら、違う道に至る行為から選択を行う

――コンピテンシー３Ｂ：人生計画や個人的プロジェクトを設計し実行する能力
　このコンピテンシーは個人の活動計画を考えるために役立つ。自分の人生をまとまった物語と見なし、バラバラになりがちな人生について、変化する環境の中でそこに意味と目的を与えることが求められる。
　このコンピテンシーの前提は、楽観主義と自分の可能性、そして実現可能な領域での堅実な土台をも含んだ将来への展望である。各個人に求められる

ものとしては次のようなものがある。

- 計画を決め、目標を定める
- 自分が利用できる資源と必要な資源を知り、現状評価する（時間、お金など）
- 目標の優先順位を決め、整理する
- 多様な目標に照らして必要な資源のバランスを取る
- 過去の行いから学び、将来の成果を計画する
- 進歩をチェックし、計画の進展に応じて必要な調整を行う

── **コンピテンシー３Ｃ：自らの権利、利害、限界やニーズを表明する能力**

このコンピテンシーは、高度に制度化された法的な事項から、個人的な利害の主張を含む日常的な事例にいたるまでの広い状況で重要となる。多くの権利や要求は法律や契約が作られ擁護されているが、他の人々のものと同じように個人がその権利や要求、利益を知って自ら評価し、また積極的に主張して守るのは、最終的には個人しだいである。

他方、このコンピテンシーは、その人自身の権利や要求に関わるものだが、一方では集団のメンバーとしての権利や要求にも関係している。たとえば、民主的な団体や地方と国の政治活動への積極的な参加など。このコンピテンシーが求める能力としては次のものがある。

- 選挙などのように自分の利害関心を理解する
- 個々のケースの基礎となる文書化された規則や原則を知る
- 承認された権利や要求を自分のものとするための根拠を持つ
- 処理法や代替的な解決策を指示する

キー・コンピテンシーの定義と選択 [概要]

調査研究の実施と生涯学習支援への活用

国際調査とキー・コンピテンシーの調査研究

近年、いくつかの新しい国際調査が、青年や成人は人生の課題に対応するために必要な知識や技能をどの程度持っているかを直接測定し始めている。特に PISA と ALL は、各国の文化を横断的に比較しながら学習の成果を測定している。

こうした調査ではなお基本的には筆記テストを実施しながら、言語やシンボル、テクストを用いて相互作用できる能力（前述のコンピテンシー1 A）に焦点をあてているが、青年や成人が必要なコンピテンシーを持っているかどうかを測定する方向に向けてかなりの進歩がなされてきている。たとえば、PISA の読解力、数学的リテラシー、科学的リテラシーの定義にみられるように、PISA のねらいは、コンピテンシーの枠組みを根拠とする知識や学習に対して、個人がどの程度思慮深いアプローチをしているかを知ることにある。

> **PISA の定義**
> ——*読解力（読解リテラシー）*
> 自らの目標を達成し、知識と可能性を発達させ、社会に参加するために、書かれたテクストを理解し、活用し、深く考える能力（capacity）
> ——*数学的リテラシー*
> 数学が世界で果たす役割を知り理解するとともに、社会に対して建設的で関心を寄せる思慮深い市民として、自らの生活の必要に見合った方法として数学を活用し応用し、より根拠のある判断を行う能力
> ——*科学的リテラシー*
> 自然の世界および人間活動を通してその世界に加えられる変化についての理解と意思決定を助けるために、科学的知識を活用し、科学的な疑問を明らかにし、証拠に基づく結論を導く能力
>
> （参考、OECD『PISA2003年調査評価の枠組み』国立教育政策研究所監訳、ぎょうせい）

知識の思慮深い活用のためにどの程度生徒が動機づけられているかを十分評価することは簡単ではないが、その出発点は、生徒たちが書かれたテクストの深い意味や構成についてどの程度考えることができるかの評価にある。PISAの読解力テストは、生徒が情報を位置づけ解釈できるかという点についてだけでなく、自分たちが読んだものについて考え評価できるかどうかについても報告している。PISAでは、生徒の読解力の成績を6つの到達度の1つに位置づけている。テクストの情報と共通の日常的な知識との間に1つの関係しか作れない生徒はこの尺度では水準1に分類される。他方、批判的に仮説を評価して期待に反する考え方にも対処できる生徒は、高度な水準5に達することが期待できる。

　評価研究の次の段階は、認知的な能力の確定を越える方向に動き、態度や心性を測定することとなる。PISAはまず、この初期段階を終え、生徒に別々の質問紙で学習への態度と動機を尋ねた。そこから得られる情報には、たとえば、自らの目標に照らして自分が学んだことをチェックするといったように、生徒たちが学習過程をコントロールすることで、学習の自律性をどの程度鍛えているか、が明らかにできる。

　2006年のPISA調査では、認知的能力を調べる問題と並行して科学的な疑問に対処する課題解決テストに生徒たちを結びつけることの重要性と関連性を検討する。さらに、成人を対象にしたALL調査では、まだまだ国際調査で利用できる項目にするのは難しい状況ではあるが、他者と協力してチームで働く個人的能力を実験的に調べてきた。

　3つのカテゴリー（道具の相互作用的な活用、異質な集団での相互作用、自律的な活動）のキー・コンピテンシーについて、いっそう完成された測定法を得るために必要な開発研究の参考資料を提供できることが、ここに示したDeSeCoの包括的枠組みの価値である。その開発研究の将来可能な方向としては次のようなものがある。

- コンピテンシーのプロフィールの構成。たとえば、各コンピテンシーは独立して用いられるのではなく、図に示したようなコンピテンシーの組

み合わせがどのような状況でも要求されるという事実の考察。そうしたプロフィールを生みだす1つの方法は、各コンピテンシーを個別にみるよりは、各生徒の結果を一組のポートフォリオとして観察することによる
- テストにおける情報通信技術の活用を図り、いっそうインタラクティブなテスト法を作る方向を考える
- 社会的経済的な幸福へのキー・コンピテンシーの貢献度を調べる

キー・コンピテンシーと生涯学習

　これまで述べてきた考え方は、学校で修得されるべきコンピテンシーと人生のそれぞれの段階で発達させるべきコンピテンシーに等しくあてはまる。学校を基盤とした調査研究にも成人のコンピテンシーの調査研究にもこの1つの枠組みを提供することができる。生涯学習という考え方の中心には、生活に関連したコンピテンシーのすべてを学校教育だけでは提供できないという主張がある。

　その理由は、以下のとおりである。

- コンピテンシーは、生涯にわたり成長し変化する。年をとるにしたがって、コンピテンスを得ていく可能性と失っていく可能性を伴いながら
- 各個人への社会的要求は、技術や社会経済的な構造の変化の結果として成人の人生を通じて変化することが予想される
- コンピテンスの発達は、青年期だけで終わるのではなく、成人期を通じても継続することを発達心理学の研究が示している。特に、枠組みの中心となる、考える能力と思慮をもって活動する能力は、成熟に伴って成長する

　コンピテンシーの発達の理解は、教育と評価研究にとって重要な意味がある。人間の発達の進化的モデルは、成人教育の目的のための理論的な基礎を提供する。さらに、共通の一般的な基準に対して人生を通じての各個人のコンピテンシーを評価する説得力のある理由を提供するとともに、青年期と成人期にわたる首尾一貫した全体的な評価戦略のデザインを提供する。

研究の経緯──専門家と各国の協働による総合作業

　OECD の DeSeCo プロジェクトは、どのようなキー・コンピテンシーが現代世界で必要とされる点について一貫した広範囲にわたる分析を行うために、広い領域にわたる専門家や担当者の意見を集めるようデザインされた。この

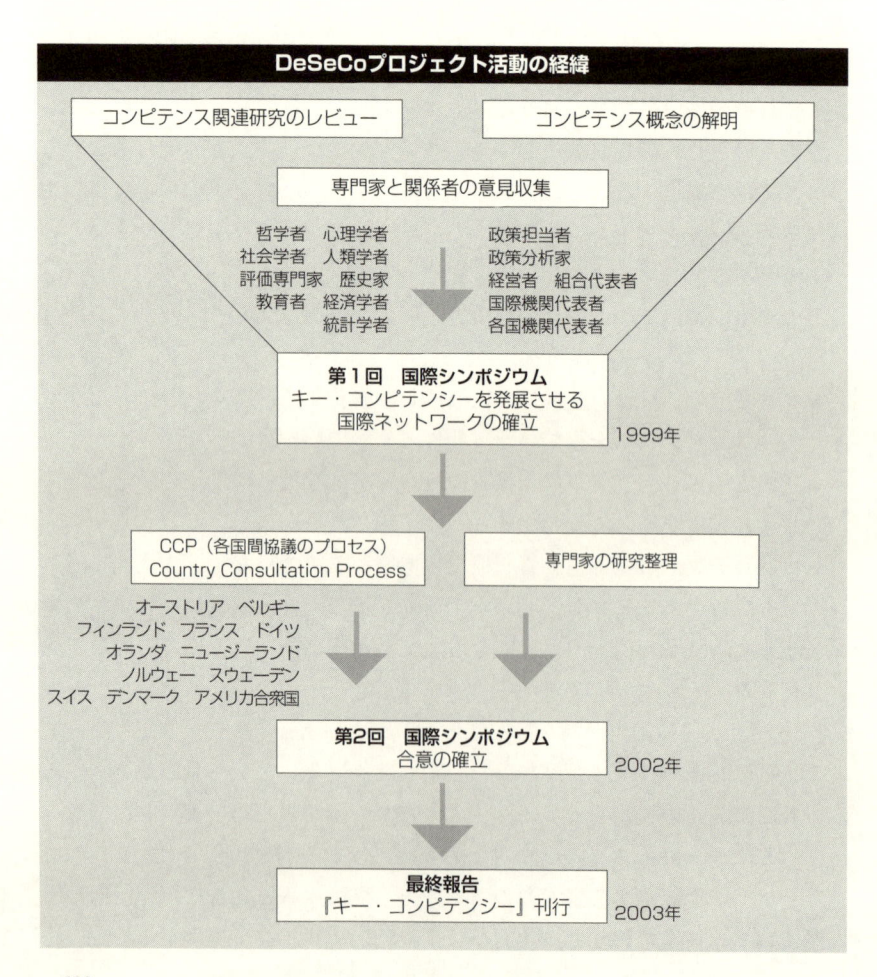

DeSeCoプロジェクト活動の経緯

- コンピテンス関連研究のレビュー
- コンピテンス概念の解明

↓

専門家と関係者の意見収集

哲学者　心理学者
社会学者　人類学者
評価専門家　歴史家
教育者　経済学者
　　　　統計学者

政策担当者
政策分析家
経営者　組合代表者
国際機関代表者
各国機関代表者

↓

第1回　国際シンポジウム
キー・コンピテンシーを発展させる
国際ネットワークの確立　　1999年

↓

- CCP（各国間協議のプロセス）Country Consultation Process
- 専門家の研究整理

オーストリア　ベルギー
フィンランド　フランス　ドイツ
オランダ　ニュージーランド
ノルウェー　スウェーデン
スイス　デンマーク　アメリカ合衆国

↓

第2回　国際シンポジウム
合意の確立　　2002年

↓

最終報告
『キー・コンピテンシー』刊行　2003年

プロジェクトが補完し、連携しているのがコンピテンシーに関する2つの大きな国際調査、PISA と ALL である。

図に示したように、このプロセスは、既存の調査研究と専門家の意見の収集から始まり、各国の異なった視点を入れ、合意を得た枠組みをさらに強固なものにするために国際的なシンポジウムを行った。1997年末のプロジェクト開始から2003年の最終報告公刊にいたるまでにそれぞれの事業が行われた。

4つの主な事業がプロジェクトの中心となった。

- コンピテンシーに関する先行研究の分析。ここではどのような概念が用いられ定義されてきたかが明らかにされた。その結果、かなりの非一貫性がみられ、包括的な枠組みの必要性が指摘された
- コンピテンスの概念分類。キー概念の共通理解の構築を目的とする
- 一組のキー・コンピテンシーの最初の選択。専門家が調査研究に基づき最初の選択を基礎づける。ここにはいろいろな学問領域の専門家や学者が加わる。この人たちは、政策的な関連性を考えた上でキー・コンピテンシーを定義するのに役立つ共通基盤の発見に努力した
- OECD内の各国の協議。各国がコンピテンシーをどのように定義し選択してきたかのレビューを行う。その結果から、専門家の理論的視点を、各国の教育要求や優先政策という現実的な調整へ結びつけることができた

このプロセスの根底にある中心的な問題は、一組のコンピテンシーを確定できるかどうかである。そしてそのコンピテンシーは、文化も視点も異なる各国に共通する鍵（キー）として、あるいは各国間に共通に存在する文化を越えたキーとして考えられる必要がある。

一方で、共通の価値が異なった文化の中でどのように異なって解釈されているかを知る必要があった。他方で、DeSeCoプロジェクトに参加した人々は、たとえその相違に気づいていたとしても共通の価値を認識することができた国々もあったということを指摘した。このプロジェクトは、根本的な理想という点では一組の合意を確定できた。それは、キー・コンピテンシーの枠組みが各国で互換性を持つ必要があるという点である。適用の多様性を受

け入れながらも、このことを共通に存在する各国の願望として考えたい。
　この課題は、OECD 加盟国の中で企画されたが、同様の課題を他の国々にも適用できるだろう。身近な連携として、UNESCO との間でもこの枠組みによる定義が模索され始めている。

あとがき

　すべての人が生存できる持続可能な将来を目指して努力する社会の中で、有能で責任感があり思いやりのある人間であるということが何を意味するか、その中心的な問題を DeSeCo は目指している。また、長期的な飛躍に向けて、過去40年間にわたる試みの1つが、生徒や成人が何を知るべきであり、何ができるべきかを特定し測定することである。

指標という背景

　OECDの教育インディケータ事業（Indicators of Education Systems：INES）は、1980年代後半に始められ、システムと学校の特徴だけでなく学習者の成果についても焦点をあてた、教育の比較可能な指標の開発と発表のシステム確立を目標とした。1990年代までに、INESはその焦点をネットワークの形成や技術水準の設定から、データのギャップについての議論や、特定の結果の文脈においてどんな結果が測定できるかまたどのように測定するかの決定へと移した。

　OECD各国はこうした疑問に答えようと取り組んでそれぞれの国に共通する結論を早くも得た。それは学校教育の目標が学問的な発展よりむしろ広いものであり、測定しようとするものが、学校の外側で潜在的に生じる学習を包含するかもしれないということであった。こうした結論は、教育成果に関する情報を収集するために各国が開発したデータ収集計画や、PISA（OECD生徒の学習到達度調査）のデザインに影響を及ぼした。

　読書、数学、科学といった認知的領域は、PISAの情報収集がその開始時点から明らかにされた重要な結果であった。しかし、しばらくして明らかになったことは、PISAが、あまりうまく定義されなかった結果の測定に焦点をあてた構成要素を持つのでないかということだった。その結果は認知的側面と非認知的側面の両方を含み、またなんらかの固有の主題の領域を特定す

るものではない。そうしたカリキュラム横断的なコンピテンシー（たとえば、市民性、自己概念、問題解決など）のサンプリングについていくつかの基礎的な経験を得たが、この領域の新規性やそれを考えるための全体的な概念枠組みの欠如が明白であった。

指標とその評価研究が続けられる間に、DeSeCoは新しいコンピテンスの領域のために堅実な理論的基礎を提供し始めた。そこで、理論的、概念的、将来的な視点から私たちが理解し測定しようと試みるべきものについて、またコンピテンスやキー・コンピテンスが私たちの社会で意味することについて、いっそう広い考え方に焦点をあてることとなった。

将来ビジョンの創造

DeSeCoプロジェクトの開始以後、プロジェクトの主要な強調点の1つは、その拡張的協働的な努力にあった。それは、多様な学問的、文化的、実践的な視点からのインプットを求めることとなった。そして最後に、参加者による再考作業や討論、議論から得られた全体的な概念枠組みが、プロジェクトの担当者と非常にうまく共鳴することとなった。

私が特に喜んだのは、異質な集団での相互作用、自律的な行為、道具の相互作用的な活用、というキー・コンピテンシーの3つのグループ分けが、読書や数学、科学といった領域の組織化された枠組みを提供することである。しかし、評価を新しい、重要な領域に拡張することが重要である。このために、3つの分類カテゴリーとして提案されたキー・コンピテンシーは、新しいコンピテンシーが将来の国際的な評価に含まれるべきであるかまたそうできるかといった点についての、合意形成や議論にとって価値ある基礎を提供している。

理論的にも概念的にもしっかりした方法で、これら分類カテゴリーの境界を緻密に書き出し、今日の世界で重要と考える活動範囲を対象とするという点で、DeSeCoは記憶に残る仕事であった。それでも、将来国際的に測定することがそれぞれの国と大きな関係があるということを確認するためには、私たちに先んじて踏むべきいくつかの重要な手順があった。

その1つの方向として、カテゴリーの内容を具体化し、書き出した図につ

あとがき

いてこれらのカテゴリーのそれぞれについて私たちがどこへ向かいたいのか、どのようにしてそのコンピテンスを得ることができるのかを決定していけば、DeSeCo の枠組み内でのコンピテンシーの特定化に取り組むことができる。各国の文化の中で妥当で意義深いものとなるような方法で、また人材開発政策に関連した課題について確かな情報に基づく決定に貢献するような方法で、3 つのカテゴリーのうちそれぞれの特定のコンピテンシーを発展させることが、特に重要な課題となるだろう。

もう 1 つの方向としては、第 4 章でジロメンが考察し始めたように、個人にとっても社会にとっても、コンピテンシーの利益が何かを明確にする課題に取り組み始めることができる。究極的には、この取り組みは、評価テストから得られる情報の解釈に影響を与えるし、私たちの社会をもっと正しく平和な未来へと導く上で、キー・コンピテンシーの効果と重要性の確実な理解につなげることができる。

大胆な冒険への着手

1997 年の 12 月に DeSeCo が始まったときには、堅実な概念的基礎の必要性を要請した支援者たちと、多様な OECD の背景にわたる意味や重要性を配分できるようにコンピテンシーを特定化できるか、その可能性を疑問視した懐疑派がいた。注意深さと楽観性の両方の間にいながら、私たちは不確かな結果を目指す大胆な冒険を始めていたのであった。

私たちが期待していたのはこの冒険から指標や評価作業に役立つような枠組みを生み出すことであったが、おそらくその時には、新しくて多様な貢献者のグループが生まれるという、もう 1 つの潜在的な効果には気がついていなかった。DeSeCo が始まった時は、INES プロジェクトの文脈の中で動いており、調査結果の国際的に比較可能な指標を長きにわたって開発してきた人々の集団の間で動いていた。プロジェクトの原動力は、ノルベルト・ボッターニ、ワル・ハットマイヤーやウリ・ピーター・トリアーといった、OECD 指標研究のパイオニアや賢人たちにあった。しかし時を経て、プロジェクトが遂行されるようになると、「事情通」のグループが育つようになり、多様な専門の新しい学者たちが多く招待され、OECD や INES の仕事に参加し分担

するようになった。

　第5章でT・スコット・マレーが記したように、この広い範囲での研究者のネットワークの確立は、そこに参加する各自が独自の視点でコンピテンシーの問題について取り組むことで、プロジェクトの主要な成果となり、将来の努力に向けてこのアイデアを拡張し、持続する上での鍵となっている。

　こうして次の段階に向かうことがさらなる大胆な冒険となるだろう。将来への挑戦は手強いものとなるだろうが、その努力は価値あるものであり、もしそうした努力がなければ、教育と学習についての重要なビジョンを我々は得ることができないだろう。

ユージン・H・オーエン

参考文献

Allardt, E. (1993). Having, loving, being: An alternative to the Swedish model of welfare research. In N. Nussbaum & A. Sen(Eds.), *The quality of life* (pp. 88-94). Oxford: Clarendon Press.

Baker, D.P., Horvath, L., Campion, M., Offermann, L., & Salas, E. (1999). *Teamwork: Status Memorandum* (Working draft). Retrieved May 27, 2003, from http://www.ets.org/all/

Binkley, M., Sternberg, R., Jones, S., & Nohara, D. (1999). An overarching framework for understanding and assessing life skills. In *Frameworks: Working drafs*. Briefing materials for Adult Literacy and Life Skills National Study Manager's Meeting. Luxembourg.

Bourdieu, P. (1979). *La distinction. La critique sociale du jugement*. Paris: Editions de Minuit.

Bourdieu, P. (1980). *Le sens pratique*. Paris: Editions de Minuit.

Bourdieu, P. (1982). *Ce que parler veut dire: L'économie des échanges linguistiques*. Paris: Fayard.

Bourdieu, P.(1983). Forms of capital. In J.G. Richardson(Ed.), *Handbook of theory and research for the sociology of education* (pp. 241-258). New York: Greenwood.

Brink, S.(2003). Policy research in support of the skills agenda of the government of Canada. In D.S. Rychen, L.H. Salganik & M.E. McLaughlin (Eds.), *Selected contributions to the 2nd DeSeCo symposium*. Neuchâtel, Switzerland: Swiss Federal Statistical Office.

Callieri, C. (2001). The knowledge economy: A business perspective. In D.S. Rychen, L.H. Salganik (Eds.), *Defining and selecting key competencies* (pp. 228-231). Göttingen, Germany: Hogrefe & Huber.

Canto-Sperber, M., & Dupuy, J.P. (2001). Competencies for the good life and the good society. In D.S. Rychen & L.H. Salganik (Eds.), *Defning and selecting key competencies* (pp. 67-92). Göttingen, Germany: Hogrefe & Huber.

Carey, S. (Ed.).(1999). *The International Adult Literacy Survey in the European context*. London: United Kingdom National Office of Statistics.

Carson, J. (2001). Defining and selecting competencies: Historical reflections on the case of IQ. In D.S. Rychen & L.H. Salganik (Eds.), *Defining and selecting key competencies* (pp. 33-44). Göttingen, Germany: Hogrefe & Huber.

Coleman, J.S. (1988). Social capital in the creation of human capital. *American Journal of Sociology*, 94, 95-120.

Dahrendorf, R., Field, F., Hayman, C., & Hutcheson, I. (1995). *Report on wealth creation and social cohesion in a free society*. London: Commission on Wealth Creation and Social Cohesion.

Danish Federation of Trade Unions. (1999). *The national human capital account*. Copenhagen: Author.

Delors, J., & Draxler, A. (2001). From unity of purpose to diversity of expression and needs: A perspective from UNESCO. In D.S. Rychen & L.H. Salganik (Eds.), *Defining and selecting key competencies* (pp. 214-221). Göttingen, Germany: Hogrefe & Huber.

DeSeCo Project Web site. (2002). Retrieved May 27, 2003, from http://www.deseco.admin.ch

Dunon, R. (2001). *Definition and selection of key competencies in Belgium*

(Flanders). Retrieved May 27, 2003, from http://www.statistik.admin.ch/stat_ch/ber15/deseco/sfso_deseco_ccp_belgium_1 9122001.pdf

Emin, J.-C. (2003). Proposal for a strategy to assess adults' competencies. In D.S. Rychen, L.H. Salganik & M.E. McLaughlin (Eds.), *Selected contributions to the 2 nd DeSeCo symposium*. Neuchâtel, Switzerland: Swiss Federal Statistical Office.

Erikson, R. (1993). Descriptions of inequality: The Swedish approach to welfare research. In N. Nussbaum & A. Sen (Eds.), *The quality of life* (pp. 67-83). Oxford: Clarendon Press.

Etelälahti, A., & Sahi, A. (2001). *Definition and selection of key competencies in Finland*. Retrieved May 27, 2003, from http://www.statistik.admin.ch/stat_ch/ber15/deseco/sfso_deseco_ccp_finland_19 19122001.pdf

European Commission. (2001). *Communication from the Commission: Making a European area of lifelong learning a reality*. Brussels: Author. Retrieved May 27, 2003, from http://europa.eu.int/comm/education/life

Farrugia, J.-P. (2001). Competence management as an investment: A business perspective. In D.S. Rychen & L.H. Salganik (Eds.), *Defining and selecting key competencies* (pp. 232-235). Göttingen, Germany: Hogrefe & Huber.

Featherman, D., & Carson, J. (1999). Commentary on *Concepts of competence*. In *Comments on the DeSeCo expert opinions* (pp. 89-90). Retrieved May 27, 2003, from http://www.statistik.admin.ch/stat_ch/ber15/deseco/comments_deseco_expert_opinions.pdf

Fratczak-Rudnicka, B., & Torney-Purta, J. (2003). Competencies for civic and political life in a democracy. In D.S. Rychen, L.H. Salganik & M.E. McLaughlin (Eds.), *Selected contributions to the 2nd DeSeCo symposium*. Neuchâtel,

Switzerland: Swiss Federal Statistical Office.

Gal, I., Tout, D., van Groenestijn, M., Schmitt, M.J., & Manley, M. (1999). *Numeracy*. Princeton, NJ: Educational Testing Service. Retrieved May 27, 2003, from http://www.ets.org/all/numeracy.pdf

Giddings, D., & Barr-Telford, L. (2000). *Skill development and public policy*. Paris: Organisation for Economic Co-operation and Development; Ottawa: Statistics Canada; and Washington, DC: National Center for Education Statistics.

Gilomen, H., Rychen, D.S., & Salganik, L.H. (2001). Concluding remarks. In D.S. Rychen & L.H. Salganik (Eds.), *Defining and selecting key competencies* (pp. 247-251). Göttingen, Germany: Hogrefe & Huber.

Goleman, D. (1996). *Emotional intelligence: Why it can matter more than IQ*. New York: Bantam.

Gonczi, A. (2003). Teaching and learning of the key competencies. In D.S. Rychen, L.H. Salganik & M.E. McLaughlin (Eds.), *Selected contributions to the 2nd DeSeCo symposium*. Neuchâtel, Switzerland: Swiss Federal Statistical Office.

Goody, J. (2001). Competencies and education: Contextual diversity. In D.S. Rychen & L.H. Salganik (Eds.), *Defning and selecting key competencies* (pp. 175-189). Göttingen, Germany: Hogrefe & Huber.

Green, D.A., & Riddell, W.C. (2001). *Literacy, numeracy, and labour market outcomes in Canada*. Ottawa: Statistics Canada and Human Resources Development Canada.

Grob, U., & Maag Merki, K. (2001). *Überfachliche Kompetenzen. Theoretische Grundlegung und empirische Erprobung eines Indikatorensystems*. Berne, Switzerland: Peter Lang.

Habich, R., & Noll, H.-H. (1994). *Soziale Indikatoren und Sozialberichterstattung*.

参考文献

Internationale Erfahrungen und gegenwärtiger Forschungsstand. Paris: International Social Science Council.

Harris, B. (2001). Are all key competencies measurable? An education perspective. In D.S. Rychen & L.H. Salganik (Eds.), *Defining and selecting key competencies* (pp. 222-227). Göttingen, Germany: Hogrefe & Huber.

Haste, H. (2001). Ambiguity, autonomy, and agency: Psychological challenges to new competence. In D.S. Rychen & L.H. Salganik (Eds.), *Defning and selecting key competencies* (pp. 93-120). Göttingen, Germany: Hogrefe & Huber.

Heckman, J., & Vytlacil, E. (2000). *Identifying the role of cognitive ability in explaining the level of change in the return to schooling* (Working Paper 7820). Cambridge, MA: National Bureau of Economic Research.

Hutmacher, W., Cochrane, D., & Bottani, N. (2001). *In pursuit of equity in education: Using international indicators to compare equity policies*. Dordrecht, Netherlands: Kluwer Academic Publishers.

Inglehart, R. (1989). *Kultureller Umbruch. Wertewandel in der westlichen Welt*. Frankfurt am Main/New York: Campus.

Keating, D.P.(2003). Definition and selection of competencies from a human development perspective. In D.S. Rychen, L.H. Salganik & M.E. McLaughlin (Eds.), *Selected contributions to the 2nd DeSeCo symposium*. Neuchâtel, Switzerland: Swiss Federal Statistical Office.

Kegan, R. (1994). *In over our heads: The mental demands of modern life*. Cambridge, MA: Harvard University Press.

Kegan, R. (2001). Competencies as working epistemologies: Ways we want adults to know. In D.S. Rychen & L.H. Salganik (Eds.), *Defining and selecting key competencies* (pp. 192-204). Göttingen, Germany: Hogrefe & Huber.

Kelly, F. (2001). *Definition and selection of key competencies in New Zealand*. Retrieved May 27, 2003, from http://www.statistik.admin.ch/stat_ch/ber15/deseco/sfso_deseco_ccp_newzealand_19122001.pdf

Kerckhoff, A., Dietrich, E., & Brown, S. (2000). *Evaluating measures of educational attainment in comparative research* (Unpublished manuscript). Ottawa: Statistics Canada.

Kirsch, I.S. (2001). *The International Adult Literacy Survey (IALS) : Understanding what was measured*. Princeton, NJ: Educational Testing Service. Retrieved May 27, 2003, from http://www.ets.org/all/Prose_and_Doc_framework.pdf

Knain, E. (2001). *Definition and selection of key competencies in Norway*. Retrieved May 27, 2003, from http://www.statistik.admin.ch/stat_ch/ber15/deseco/sfso_deseco_ccp_norway_19122001.pdf

Krahn, H., & Lowe, G.S. (1998). *Literacy utilization in Canadian workplaces*. Ottawa: Statistics Canada and Human Resources Development Canada.

L'Hardy, Ph., Guével, C., & Soleilhavoup, J. (Eds.).(1996). *La société française. Données sociales*. Paris: Institut National de la Statistique et des Etudes Economiques (INSEE).

Lassnigg, L. (1998). Description of the educational pathways in Austria. In *Pathways and participation in vocational and technical education and training* (pp. 81-116). Paris: OECD.

Lassnigg, L., Mayer, K., & Svecnik, E. (2001). *Definition and selection of key competencies in Austria*. Retrieved May 27, 2003, from http://www.statistik.admin.ch/stat_ch/ber15/deseco/sfso_deseco_ccp_austria_19122001.pdf

Lave, J., & Wenger, E. (1990). *Situated learning*: *Legitimate peripheral participation*. Cambridge: Cambridge University Press.

Le Boterf, G. (1994). *De la compétence*: *Essai sur un attracteur étrange*. Paris: Les Editions d'Organisation.

Le Boterf, G. (1997). *De la compétence à la navigation professionnelle*. Paris: Les Editions d'Organisation.

Levy F., & Murnane, R.J. (2001). Key competencies critical to economic success. In D.S. Rychen & L.H. Salganik (Eds.), *Defining and selecting key competencies* (pp. 151-173). Göttingen, Germany: Hogrefe & Huber.

Martin, J., & Pearson, M. (2001). *OECD social indicators*: *A broad approach towards social reporting*. Paris: OECD.

Maslow, A. (1954). *Motivation and personality*. New York: Harper.

Maslow, A. (1971). *The farther reaches of human nature*. New York: Viking Press.

Maslow, A., & Lowery, R.(Eds.).(1998). *Toward a psychology of being* (3rd ed.). New York: Wiley & Sons.

Merrifield, J. (2000). *Equipped for the future research report*. Washington, DC: National Institute for Literacy.

Ministère de l'Education Nationale, France. (2001). *Definition and selection of key competencies in France*. Retrieved May 27, 2003, from http://www.statistik.admin.ch/stat_ch/ber15/deseco/sfso_deseco_ccp_france_191 22001.pdf

Murray, T.S. (1995). *Proxy measurement of adult basic skills*: *Lessons from Canada*. Philadelphia, PA: National Center on Adult Literacy, University of

Pennsylvania.

Murray, T.S., Kirsch, I.S., & Jenkins, L. (Eds.).(1998). *Adult literacy in OECD countries: Technical report on the first International Adult Literacy Survey* (NCES 1998-053). U.S. Department of Education, National Center for Education Statistics. Washington, DC: U.S. Government Printing Office.

The National Commission on Civic Renewal. (1998). *A nation of spectators: How civic disengagement weakens America and what we can do about it*. Retrieved May 27, 2003, from http://www.puaf.umd.edu/Affiliates/CivicRenewal/finalreport/table_of_contentsfinal_report.htm

National Commission on Excellence in Education. (1983). *A nation at risk: The imperative for educational reform*. Washington, DC: U.S. Government Printing Office

National Education Goals Panel. (1999). *The national education goals report: Building a nation of learners*. Washington, DC: U.S. Government Printing Office.

Noll, H.-H. (1978). Soziale Indikatoren für Arbeitsmarkt und Beschäftigungsbedingungen. In W. Zapf (Ed.), *Lebensbedingungen in der Bundesrepublik. Sozialer Wandel und Wohlfahrtsentwicklung* (2nd ed., pp. 209-322). Frankfurt and Main: Campus.

Noll, H.-H. (2001). *Towards a European system of social reporting and welfare measurement*. The EuReporting Project. Final Report. Mannheim, Germany: The Centre for Survey Research and Methodology (ZUMA).

Oates, T. (1999). *Analysing and describing competence – critical perspectives*. Sudbury England: Qualifications and Curriculum Authority.

Oates, T. (2003). Key skills/key competencies: Avoiding the pitfalls of current initiatives. In D.S. Rychen, L.H. Salganik & M.E. McLaughlin (Eds.), *Selected* contribution to the 2nd DeSeCo symposium. Neuchâtel, Switzerland: Swiss Federal Statistical Office.

Oliva, A. (2003). Key competencies in and across social fields: The employers' perspective. In D.S. Rychen, L.H. Salganik & M.E. McLaughlin (Eds.), *Selected contributions to the 2nd DeSeCo symposium*. Neuchâtel, Switzerland: Swiss Federal Statistical Office.

Organisation for Economic Co-operation and Development. (1976). *Mesure du bien-être social: Un rapport sur les progrès d'élaboration des indicateurs sociaux* (Working paper). Paris: Author.

Organisation for Economic Co-operation and Development. (1982). *The OECD list of social indicators*. Paris: Author.

Organisation for Economic Co-operation and Development. (1992). *Adult illiteracy and economic performance*. Paris: Author.

Organisation for Economic Co-operation and Development. (1999). *Measuring student knowledge and skills*. Paris: Author.

Organisation for Economic Co-operation and Development. (2000). *Measuring student knowledge and skills: The PISA 2000 assessment of reading, mathematical, and scientifc literacy*. Paris: Author.

Organisation for Economic Co-operation and Development. (2001a). *Knowledge and skills for life: First results from PISA 2000*. Paris: Author.

Organisation for Economic Co-operation and Development. (2001b). *Meeting of the OECD Education Ministers, Paris, 3-4 April 2001: Investing in competencies for all* (communiqué). Retrieved May 27, 2003, from http://www.oecd.org/pdf/M00008000/M00008906.pdf

Organisation for Economic Co-operation and Development. (2001c). *Society at a* glance: *OECD social indicators*. Paris: Author.

Organisation for Economic Co-operation and Development.(2001d). *The wellbeing of nations: The role of human and social capital*. Paris: Author.

Organisation for Economic Co-operation and Development.(2002). *Defnition and Selection of Competencies (DeSeCo): Theoretical and Conceptual Foundations: Strategy paper*. Retrieved May 27, 2003, from http://www.statistik.admin.ch/stat_ch/ber15/deseco/deseco_strategy_paper_final.pdf

Organisation for Economic Co-operation and Development & Human Resources Development Canada. (1995). *Literacy, economy and society*. Paris: OECD; and Ottawa: Human Resources Development Canada.

Organisation for Economic Co-operation and Development, Human Resources Development Canada & Statistics Canada. (1997). *Literacy skills for the knowledge society: Further results of the International Adult Literacy Survey*. Paris: OECD; and Ottawa: Human Resources Development Canada and Statistics Canada.

Organisation for Economic Co-operation and Development & Statistics Canada. (1995). *Literacy, economy and society: Results of the first International Adult Literacy Survey*. Paris: OECD; and Ottawa: Statistics Canada.

Organisation for Economic Co-operation and Development & Statistics Canada. (2000). *Literacy in the information age: Final report of the International Adult Literacy Survey*. Paris: OECD; and Ottawa: Statistics Canada.

Osberg, L. (2000). *Schooling, literacy and individual earnings*. Ottawa: Statistics Canada and Human Resources Development Canada.

Otterstrom, A. (2001). *Definition and selection of key competencies in Denmark*. Retrieved May 27, 2003, from http://www.statistik.admin.ch/stat_ch/ber15/deseco/sfso_deseco_ccp_denmark_19122001.pdf

Ouane, A. (2003). Defining and selecting key competencies in lifelong learning. In D.S. Rychen, L.H. Salganik & M.E. McLaughlin (Eds.), *Selected contributions to the 2nd DeSeCo symposium*. Neuchâtel, Switzerland: Swiss Federal Statistical Office.

Perrenoud, P. (2001). The key to social fields: Competencies of an autonomous actor. In D.S. Rychen & L.H. Salganik (Eds.), *Defining and selecting key competencies* (pp. 121-149). Göttingen, Germany: Hogrefe & Huber.

Peschar, J.L. (2001). *Definition and selection of key competencies in the Netherlands*. Retrieved May 27, 2003, from http://www.statistik.admin.ch/stat_ch/ber15/deseco/sfso_deseco_ccp_netherlands_19122001.pdf

Putnam, R.D. (Ed.).(2001). *Gesellschaft und Gemeinsinn: Sozialkapital im internationalen Vergleich*. Gütersloh, Germany: Bertelsmann-Stiftung.

Rawls, J. (1972). *A theory of justice*. New York: Oxford University Press.

Rekus, J., Hintz, D., & Ladenthin, V. (1998). *Die Hauptschule — Alltag, Reform, Geschichte, Theorie*. Weinheim/Munich, Germany: Juventa.

Ridgeway, C. (2001). Joining and functioning in groups, self-concept and emotion management. In D.S. Rychen & L.H. Salganik (Eds.), *Defining and selecting key competencies* (pp. 205-211). Göttingen, Germany: Hogrefe & Huber.

Riordan, T., & Rosas, G.(2003). Key Competencies: The ILO's perspective. In D.S. Rychen, L.H. Salganik & M.E. McLaughlin (Eds.), *Selected contributions to the2 nd DeSeCo symposium*. Neuchâtel, Switzerland: Swiss Federal Statistical Office.

Ritchie, L. (2001). Key competencies for whom? A labor perspective. In D.S.

Rychen & L.H. Salganik (Eds.), *Defining and selecting key competencies* (pp. 236-240). Göttingen, Germany: Hogrefe & Huber.

Rychen, D.S. (2001). Introduction. In D.S. Rychen & L.H. Salganik (Eds.), *Defining and selecting key competencies* (pp.1-15). Göttingen, Germany: Hogrefe & Huber.

Rychen, D.S. (2003). A frame of reference for defining and selecting key competencies in an international context. In D.S. Rychen, L.H. Salganik & M.E. McLaughlin (Eds.), *Selected contributions to the 2nd DeSeCo symposium*. Neuchâtel, Switzerland: Swiss Federal Statistical Office.

Rychen, D.S., & Salganik, L.H. (2000). Definition and selection of key competencies. In *The INES compendium: Contributions from the INES networks and working groups* (pp. 67-80). Paris: OECD.

Rychen, D.S., & Salganik, L.H. (Eds.). (2001). *Defining and selecting key competencies*. Göttingen, Germany: Hogrefe & Huber.

Rychen, D.S., & Salganik, L.H. (2002). *DeSeCo symposium: Discussion paper*. Retrieved May 27, 2003, from http://www.statistik.admin.ch/stat_ch/ber15/deseco/deseco_discpaper_jan15.pdf

Salganik, L.H. (2001). Competencies for life: A conceptual and empirical challenge. In D.S. Rychen & L.H. Salganik (Eds.), *Defining and selecting key competencies* (pp. 17-32). Göttingen, Germany: Hogrefe & Huber.

Salganik, L.H. (2003). Highlights from current assessments. In D.S. Rychen, L.H. Salganik & M.E. McLaughlin (Eds.), *Selected contributions to the 2nd DeSeCo symposium*. Neuchâtel, Switzerland: Swiss Federal Statistical Office.

Salganik, L.H, Rychen, D.S., Moser, U., & Konstant, J. (1999). *Projects on competencies in the OECD context: Analysis of theoretical and conceptual foundations*. Neuchâtel, Switzerland: Swiss Federal Statistical Office.

Schelsky, H. (1972). Die Bedeutung des Berufs in der modernen Gesellschaft. In T. Luckmann & W.M. Sprondel (Eds.), *Berufssoziologie* (pp. 25-35). Cologne, Germany: Kiepenheuer & Witsch.

Sen, A. (1987). *Commodities and capabilities*. New Delhi: Oxford University.

Sennett, R. (1998). *The corrosion of character: The transformation of work in modern capitalism*. New York: Norton.

Skolverket (National Agency for Education, Sweden).(2001). *Definition and selection of key competencies in Sweden*. Retrieved May 27, 2003, from http://www.statistik.admin.ch/stat_ch/ber15/deseco/sfso_deseco_ccp_sweden_19 122001.pdf

Stein, S. (2000). *Equipped for the furture content standards: What adults need to know and be able to do in the 21st centuly*. Washington, DC: National Institute for Literacy.

Stein, S. (2000). What family life demands: A purposeful view of competent performance. Washington, DC: National Institute for Literacy. In D.S. Rychen, L.H. Salganik & M.E. McLaughlin (Eds.), *Selected contributions to the 2nd DeSeCo symposium*. Neuchâtel, Switzerland: Swiss Federal Statistical Office.

Street, B.V. (1999). The meanings of literacy. In D. Wagner, R. Venezky & B.V. Street (Eds.), *Literacy: An international handbook*. Boulder, CO: Westview Press.

Stigler, J.W., Gonzales, P.A., Kawanka, T., Knoll, S., & Serrano, A. (1999). *The TIMSS Videotape Classroom Study: Methods and findings from an exploratory research project on eighth-grade mathematics instruction in Germany, Japan and the United States* (NCES 1999-074). U.S. Department of Education, National Center for Education Statistics. Washington, DC: U.S. Government Printing Office.

Swartz, D.(1997). *Culture and power: The sociology of Pierre Bourdieu*. Chicago: University of Chicago Press.

Torney-Purta, J., Lehmann, R., Oswald, H., & Schulz, W. (2001). *Citizenship and education in twentyeight countries: Civic knowledge and engagement at age fourteen*. Amsterdam: International Association for the Evaluation of Educational Achievement (Eburnon).

Trier, U.P. (2001a). Defining educational goals: A window to the future. In D.S. Rychen & L.H. Salganik (Eds.), *Defining and selecting key competencies* (pp. 241-246). Göttingen, Germany: Hogrefe & Huber.

Trier, U.P. (2001b). *Definition and selection of key competencies in Switzerland*. Retrieved May 27, 2003, from http:/www.statistik.admin.ch/stat_ch/ber15/deseco/sfso_deseco_ccp_switzerland _19122001.pdf

Trier, U.P. (2001c). *Definition and selection of key competencies in the United States*. Retrieved May 27, 2003, from http://www.statistik.admin.ch/stat_ch/ber15/deseco/sfso_deseco_ccp_us_191220 01.pdf

Trier, U.P. (2003). Twelve countries contributing to DeSeCo: A summary report. In D.S. Rychen, L.H. Salganik & M.E. McLaughlin (Eds.), *Selected contributions to the 2nd DeSeCo symposium*. Neuchâtel, Switzerland: Swiss Federal Statistical Office.

Tuijnman, A., & Bouchard, E. (2001). *Adult education participation in North America: International perspectives*. Ottawa: Statistics Canada and Human Resources Development Canada.

United Nations Conference on Environment and Development (UNCED).(1992). *Agenda 21, the Rio Declaration on Environment and Development*. New York: United Nations.

参考文献

United Nations Division for Sustainable Development Web site. (2003). *Table 4: CSD [Commission on Sustainable Development] theme indicator famework*. Retrieved May 27, 2003, from www.un.org/esa/sustdev/natlinfo/indicators/indisd/isdms2001/table_4.htm

United Nations Educational, Scientific and Cultural Organization (UNESCO). (1990). *World Declaration on Education for All: Meeting basic learning needs*. Retrieved May 27, 2003, from http://www.unesco.org/education/efa/ed_for_all/background/jomtien_declaration.shtml

United Nations Educational, Scientific and Cultural Organization (UNESCO). (1996). *Learning: The treasure within*. Report to UNESCO of the International Commission on Education for the Twenty-First Century. Paris: Author.

United Nations Organization (UNO).(1948). *Universal Declaration of Human Rights*. General Assembly Resolution 217 A (III) of 10 December 1948. New York: Author.

U.S. Department of Labor. (1992). *Learning a living: A blueprint for high performance — A SCANS report for America 2000*. Washington, DC: The Secretary's Commission on Achieving Necessary Skills. Retrieved May 27, 2003, from http://wdr.doleta.gov/SCANS/1al/LAL.htm

Verhasselt, E. (2002). *Literacy rules: Flanders and the Netherlands in the International Adult Literacy Survey*. Gent, Belgium: Academia Press.

Vogel, J., Andersson, G., Davidsson, U., & Häll, L. (1988). *Inequality in Sweden: Trends and current situation*. Stockholm: Statistics Sweden.

Weinert, F.E. (1999). *Concepts of competence*. Prepared for DeSeCo symposium 1999. Unpublished. Retrieved May 27, 2003, from http://www.statistik.admin.ch/stat_ch/ber15/deseco/weinert_report.pdf

Weinert, F.E. (2001). Concept of competence: A conceptual clarification. In D.S. Rychen & L.H. Salganik (Eds.), *Defning and selecting key competencies* (pp. 45-65). Göttingen, Germany: Hogrefe & Huber.

Witt, R., & Lehmann, R. (2001). *Definition and selection of key competencies in Germany*. Retrieved May 27, 2003, from http://www.statistik.admin.ch/stat_ch/ber15/deseco/sfso_deseco_ccp_germany_19122001.pdf

World Bank. (2002). *Lifelong learning in the global knowledge economy: Challenges for developing countries*. Retrieved May 27, 2003, from http://wwwl.worldbank.org/education/pdf/Lifelong%20Learning_GKE. pdf

World Health Organization (WHO).(1946). Preamble to the constitution of the World Health Organization as adopted by the International Health Conference. In *Offcial records of the World Health Organization* (no.2, p. 100). New York: Author.

Zapf, W.(1984). Individuelle Wohlfahrt: Lebensbedingungen und wahrgenommene Lebensqualität. In W. Glatzer & W. Zapf (Eds.), *Lebensqualität in der Bundesrepublik. Objektive Lebensbedingungen und subjektives Wohlbefnden*. Frankfurt am Main/New York: Campus.

Zapf, W.(1993). Wohlfahrtsentwicklung und Modernisierung. In W. Glatzer(Ed.), *Einstellungen und Lebensbedingungen in Europa* (pp. 163-176). Frankfurt am Main/NewYork: Campus.

執筆者紹介

ハインツ・ジロメン（Heinz Gilomen）

　スイス連邦統計局（SFSO）社会教育統計部長であり、部長理事会のメンバー。教育・科学に関する統計および社会調査報告・社会指標の責任者。OECD教育インディケータ事業（INES）のスイスのコーディネーターであり、DeSeCoの運営グループ委員長。

バリー・マックゴー（Barry McGaw）

　OECD教育局長。研究の関心を教育測定と学習、特に、後期中等教育のカリキュラムと評価の問題に置く。OECDでの現在の仕事は、学習を認定し評価する各国の資格制度の役割の調査、および個人や企業が継続教育・訓練に投資する動機づけの促進手段の研究に注がれている。

T・スコット・マレー（T. Scott Murray）

　カナダ統計局の社会統計・学校統計局長。1999年に本職に就くまで、特別調査課で部長職5年を含め、20年以上勤務。緊急の公共政策問題に対処する大規模な臨時調査の設計と実施を専門とする。労働市場活動の時系列調査や児童福祉の慣習研究、成人技能調査の国際比較研究をこれまで行ってきている。

ユージン・H・オーエン（Eugene H. Owen）

　アメリカ合衆国教育省の国際教育統計センター（NCES）、国際活動プログラム部長。アメリカ合衆国の国際調査研究の計画と実施を監督する立場にあり、国際レベルでの教育システムに関する統計情報や質的情報を収集し報告する責任を持つ。INESプロジェクトの学習成果に焦点をあてたネットワークAの議長を務めるとともに、PISA参加国会議の議長でもある。

ドミニク・S・ライチェン（Dominique Simone Rychen）

スイス連邦統計局のシニア・プログラムオフィサーであり、DeSeCo プロジェクトのプログラムマネージャー。DeSeCo における多様な調査活動の調整と OECD への報告責任者。前著の"Defining and Selecting Key Competencies"（Hogrefe & Huber Pub、2001）は、ローラ・H・サルガニクとの共編著者となっている。これまでに、継続教育、労働市場、職場やインフォーマル学習に関する指標の開発を行ってきた。

ローラ・H・サルガニク（Laura Hersh Salganik）

アメリカ合衆国研究学会、教育統計サービス研究所長。専門は、教育指標、教育システムの国際比較であり、過去10年間 INES 事業の多くの活動に参加してきた。ドミニク・S・ライチェンと DeSeCo の第一次報告書を共筆している。

アンドレア・シュライヒャー（Andreas Schleicher）

OECD 教育局指標分析課長。PISA、INES 事業、OECD/UNESCO 世界教育指標プログラムの運営責任を持ち、他の国際組織とともに教育指標分析の開発と実施の調整を行う。最近、ドイツで Theodor Heuss 賞を受賞した。

マリア・スティーブン（Maria Setphens）

アメリカ合衆国研究学会の研究者。1997年以降 INES 事業と PISA に関わり、INES のネットワーク A と PISA 参加国会議の議長への技術的支援の管理を仕事とする。多様なネットワーク A の活動を調整しながら、学習成果に関する指標開発研究を行い、PISA の戦略的な計画活動に参加している。

監訳者・翻訳者紹介

立田慶裕(たつた　よしひろ)──監訳　序章、概要、終章、その他・訳

1953年生まれ。大阪大学大学院人間科学研究科後期課程単位取得退学。現在、神戸学院大学人文学部教授、国立教育政策研究所名誉所員、放送大学客員教授。主な著書・編書・訳書に『キー・コンピテンシーの実践：学び続ける教師のために』(単著、明石書店、2014年)、『教育研究ハンドブック』(編著、世界思想社、2005年)、『参加して学ぶボランティア』(編著、玉川大学出版部、2004年)、『人生を変える生涯学習の力』(編著、新評論、2004年)、『成人期の学習：理論と実践』(シャラン・B・メリアム他著、共監訳、鳳書房、2005年)、『学習の本質：研究の活用から実践へ』(OECD教育研究革新センター編著、共監訳、明石書店、2005年)など多数。

今西幸蔵(いまにし　こうぞう)──第1章・訳

1947年生まれ。関西学院大学文学部卒業。大阪府教育委員会、京都文化短期大学、京都学園大学、天理大学、神戸学院大学などを経て、現在は桃山学院教育大学客員教授。主な著書に、『21世紀の宝・生涯学習』(澪標、2001年)、『社会教育計画ハンドブック』(八千代出版、2004年)、『生涯学習論入門』(法律文化社、2011年)、『協働型社会と地域生涯学習支援』(法律文化社、2018年)など。

野村和(のむら　なごみ)──第2章・訳

1973年生まれ。上智大学文学研究科教育学専攻博士後期課程満期退学。現在、武蔵野短期大学教授。主な著書・訳書に『幼児教育入門：ブルーナーに学ぶ』(サンドラ・シュミット著、単訳、明石書店、2014年)、『学習の本質：研究の活用から実践へ』(OECD教育研究革新センター編著、共訳、明石書店、2013年)、『教育・保育実習と実習指導』(小田豊監修、共著、光生館、2012年)、『知識の創造・普及・活用：学習社会のナレッジ・マネジメント』(OECD教育研究革新センター編著、共訳、明石書店、2012年)、『よくわかる生涯学習』(香川正弘他編、共著、ミネルヴァ書房、2008年)ほか。

平沢安政(ひらさわ　やすまさ)──第3章・訳

1954年生まれ。大阪大学人間科学部卒業。1989年ハーバード大学教育大学院博士号取得(Ed.D)。現在、大阪大学大学院人間科学研究科教授。生涯教育学・人

権教育学専攻。主な著書・訳書に『解説と実践　人権教育のための世界プログラム』（解放出版社、2005年）、ジェームス・A・バンクス他著『民主主義と多文化教育：グローバル化時代における市民性教育のための原則と概念』（明石書店、2006年）など。

岩崎久美子（いわさき　くみこ）──第4章・訳

1962年生まれ。筑波大学大学院図書館情報メディア研究科博士課程修了。博士（学術）。国立教育政策研究所総括研究官を経て、現在、放送大学教授。主な著書に、『国際バカロレアの挑戦：グローバル時代の世界標準プログラム』（編著、明石書店、2018年）、『経験資本と学習：首都圏大学生949人の大規模調査結果』（共著、明石書店、2016年）、『フランスの図書館上級司書：選抜・養成における文化的再生産メカニズム』（単著、明石書店、2014年）など。

猿田祐嗣（さるた　ゆうじ）──第5章・訳

1957年生まれ。広島大学大学院教育学研究科博士課程後期中途退学。博士（教育学）。国立教育政策研究所総合研究官・基礎研究部副部長、國學院大學人間開発学部教授・初等教育学科代表を経て、現在は国立教育政策研究所基礎研究部長。長年にわたってPISA及びTIMSSに携わる。専門は科学教育。主な著書に、『生きるための知識と技能6　OECD生徒の学習到達度調査（PISA）2015年調査国際結果報告書』（国立教育政策研究所編、明石書店、2016年）、『TIMSS2011理科教育の国際比較』（国立教育政策研究所編、明石書店、2013年）、『論理的思考に基づいた科学的表現力に関する研究』（東洋館出版社、2012年）など。

名取一好（なとり　かずよし）──第6章・訳

1947年生まれ。京都大学大学院農学研究科修士課程修了。現在、国立教育政策研究所名誉所員。主な著書・論文に「初等中等教育における技術・職業教育の海外事情」（『工学教育』No. 52-1、日本工学教育協会、2004年）、「Technical and vocational education in Japan: its present state and current issues still to be resolved」（『From School to Work: Contemporary TVET Regional Experiences』UNESCO-UNEVOC/NIER、2007年）、「職業系専門高校と高等教育機関及び産業界との連携について」（『国立教育政策研究所紀要』第138集、2009年）、「専門高校の力」（『月刊高校教育』学事出版、2009年9月号、2009年）など。

キー・コンピテンシー──国際標準の学力をめざして

2006年5月31日　初版第1刷発行
2019年3月16日　初版第10刷発行

■ 編著者 ■

ドミニク・S・ライチェン

ローラ・H・サルガニク

■ 監訳者 ■

立田慶裕

■ 訳　者 ■

今西幸蔵　　岩崎久美子

猿田祐嗣　　名取一好

野村和　　　平沢安政

■ 発行者 ■

大江道雅

■ 発行所 ■

株式会社明石書店

〒101-0021　東京都千代田区外神田6-9-5

電話　03（5818）1171

FAX　03（5818）1174

振替　00100-7-24505

http://www.akashi.co.jp/

印刷　モリモト印刷株式会社
製本　本間製本株式会社

（定価はカバーに表示してあります）

ISBN 978-4-7503-2350-3

キー・コンピテンシーの実践
学び続ける教師のために

立田慶裕 著
A5判／上製／216頁
◎3000円

キー・コンピテンシーは人が生きる根源的な力である。世界中でコンピテンシーに基づく教育が展開され始めた21世紀に、高度なコンピテンシーとしての人間関係力や道具活用力、自己啓発力を教師自身が身につけるための実践的ヒントを提供する。

内容構成

第Ⅰ部　キー・コンピテンシーとは何か
　第1章　人間力の高度化の中で
　第2章　キー・コンピテンシーとは何か
第Ⅱ部　自己啓発力——自律的に活動する力
　第3章　展望力——ビジョンを持つ
　第4章　物語力——道筋を作る
　第5章　表現力——個性を磨く
第Ⅲ部　人間関係力——異質な集団で交流する力
　第6章　対話力——関係を作る
　第7章　問題解決力——達成感を得る
第Ⅳ部　道具活用力——相互作用的に道具を用いる力
　第8章　言葉の力——関心を持つ
　第9章　科学的思考力——専門家になる
　第10章　テクノロジー——スキルを磨く
第Ⅴ部　学び続ける教師のために
　第11章　熟練教師の人間力
　第12章　省察の力——ふりかえり
　第13章　コンピテンシー——向上に向かう世界

ESDコンピテンシー　学校の質的向上と形成能力の育成のための指導指針
トランスファー21編著　由井義通、卜部匡司監訳　高雄綾子、岩村拓哉、川田力、小西美紀訳
◎1800円

現代フランスの教育改革
フランス教育学会編
◎1800円

フランスの図書館上級司書　選抜・養成における文化的再生産メカニズム
岩崎久美子著
◎6800円

研究活用の政策学　社会研究とエビデンス
サンドラ・M・ナトリー、イザベル・ウォルター、ヒュー・T・O・デイヴィス著
惣脇宏、豊浩子、籾井圭子、岩崎久美子、大槻達也訳
◎5400円

民主主義と多文化教育　グローバル化時代における市民性教育のための原則と概念
ジェームズ・A・バンクス著　平沢安政訳
◎1800円

フィンランドの理科教育　高度な学びと教員養成
明石ライブラリー 87
◎2200円

社会的困難を生きる若者と学習支援　リテラシーを育む基礎教育の保障に向けて
岩槻知也編著
◎2800円

前川喜平　教育のなかのマイノリティを語る　高校中退・夜間中学・外国につながる子ども・LGBT・沖縄の歴史教育
前川喜平、青砥恭、関本保孝、善元幸夫、金口景子、新城俊昭著
◎1500円

〈価格は本体価格です〉

経験資本と学習
首都圏大学生949人の大規模調査結果

岩崎久美子、下村英雄、柳澤文敬、伊藤素江、村田維沙、堀一輝 著

A5判／320頁
◎3700円

子どもの頃からの経験の積み重ねは、その後の人生にどのような影響を与えるのか。小学校から大学までの経験の蓄積が、どのように人を差異化し、学業や人間関係、満足度などを含む広い意味でのキャリア形成に影響を与えているのかを多様な観点から考察する。

内容構成

序章　経験資本とは何か［岩崎久美子］

第Ⅰ部　経験資本の実態
- 第1章　調査の枠組みと大学生の現状［柳澤文敬・堀一輝］
- 第2章　小中高および大学の学習経験［岩崎久美子］
- 第3章　大学の学習のしかたに関する経験［伊藤素江］
- 第4章　教課外の経験［村田維沙］
- 第5章　読書経験［堀一輝］
- 第6章　困難や挫折の経験［岩崎久美子］

第Ⅱ部　経験資本と現在
- 第7章　大学生の学習成熟度［岩崎久美子］
- 第8章　大学生の時間の過ごし方［下村英雄］
- 第9章　大学生の人間関係［堀一輝］
- 第10章　経験のつながりとその作用［下村英雄］

終章　諸経験の含意～その後の人生やキャリアとの関わり～

格差拡大の真実 二極化の要因を解き明かす
経済協力開発機構（OECD）編著　小島克久、金子能宏訳
◎7200円

創造的地域づくりと文化 経済成長と社会の結束のための文化活動
経済協力開発機構（OECD）編　寺尾仁訳
◎4500円

行動公共政策 行動経済学の洞察を活用した新たな政策設計
経済協力開発機構（OECD）編著　齋藤長行訳
◎3000円

世界の生涯学習 成人学習の促進に向けて
OECD編著　立田慶裕監訳　長岡智寿子、岩崎久美子、宮田緑、青山貴子訳
◎3000円

世界の教育改革4 OECD教育政策分析 「大型高等教育、教育とICT、学校経営と生涯学習、租税政策と生涯学習者」
OECD編著　御園生純、稲川英嗣監訳　高橋聡、高籔学、野田千亜紀、西山幸恵、野尻愛之、大塚裕介訳
◎3800円

脳からみた学習 新しい学習科学の誕生
OECD教育研究革新センター編著　小泉英明監修　小山麻紀、徳永優子訳
◎4800円

学習の社会的成果 健康、市民社会的関与と社会関係資本
OECD教育研究革新センター編　坂巻弘之、佐藤郡衛、川崎誠司訳
◎3600円

教育と健康・社会的関与 学習の社会的成果を検証する
OECD教育研究革新センター編著　矢野裕俊監訳　山形伸二、佐藤智子、荻野亮吾、立田慶裕、籾井圭子訳
◎3800円

〈価格は本体価格です〉

幼児教育入門 ブルーナーに学ぶ

サンドラ・シュミット 著
野村和 訳

A5判／並製／216頁
◎2500円

子どもの成長と学習への理解に大きな影響を与えてきたアメリカの心理学者ジェローム・ブルーナーの主要な思想と理念をたどる。言語獲得、文脈の重要性、足場かけ、他者との相互作用、ナラティヴなどを、事例を交えてわかりやすく解説していく。

内容構成
- 第1章 ジェローム・ブルーナーの生い立ちとその時代
- 第2章 ジェローム・ブルーナーの心の人生
- 第3章 心と意味
- 第4章 素晴らしき赤ちゃん
- 第5章 コミュニケーションから話すことへ
- 第6章 名付けと指示の学習
- 第7章 依頼と質問の学習
- 第8章 ペダゴジーと学習
- 第9章 ナラティヴ：物語をつくる

21世紀型学習のリーダーシップ イノベーティブな学習環境をつくる
OECD教育研究革新センター編著　木下江美・布川あゆみ監訳
斎藤里美・本田伊克・大西公恵・三浦綾希子・藤浪海訳
◎4500円

学びのイノベーション 21世紀型学習の創発モデル
OECD教育研究革新センター編著　有本昌弘監訳
多々納誠子訳　小熊利江訳
◎4500円

グローバル化と言語能力 自己と他者、そして世界をどうみるか
OECD教育研究革新センター編著　本名信行監訳
徳永優子・稲田智子・来田誠一郎・定延由紀・西村美由起・矢倉美登里訳
◎6800円

メタ認知の教育学 生きる力を育む創造的数学力
OECD教育研究革新センター編著
篠原真子・篠原康正・袰岩晶訳
◎3600円

多様性を拓く教師教育 多文化時代の各国の取り組み
OECD教育研究革新センター編著　斎藤里美監訳
布川あゆみ・本田伊克・木下江美・三浦綾希子・藤浪海訳
◎4500円

形成的アセスメントと学力 人格形成のための対話型学習をめざして
OECD教育研究革新センター編著　有本昌弘監訳
小田勝己・小田玲子・多々納誠子訳
◎3800円

知識の創造・普及・活用 学習社会のナレッジ・マネジメント
OECD教育研究革新センター編著　立田慶裕監訳
◎5600円

学習の本質 研究の活用から実践へ
OECD教育研究革新センター編著
立田慶裕・平沢安政監訳
◎4600円

〈価格は本体価格です〉

国際バカロレアの挑戦
グローバル時代の世界標準プログラム

岩崎久美子 編著
石村清則、錦織嘉子、奥出桂子、吉田孝、黄丹青、大和洋子、橋本八重子、金藤ふゆ子、坪谷ニュウェル郁子、相良憲昭 著

A5判／並製／436頁
◎3600円

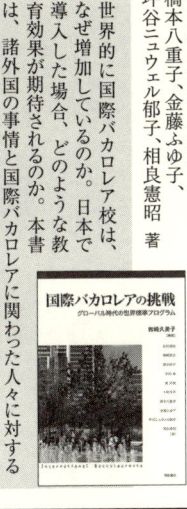

●内容構成●
- 第Ⅰ章　国際バカロレアの概要
- 第Ⅱ章　諸外国の公立学校への導入の試み
- 第Ⅲ章　国際バカロレアを教える日本人教師とは
- 第Ⅳ章　国際バカロレア受講者のその後
- 第Ⅴ章　日本のグローバル化のために

世界的に国際バカロレア校は、なぜ増加しているのか。日本で導入した場合、どのような教育効果が期待されるのか。本書は、諸外国の事情と国際バカロレアに関わった人々に対する調査から、これらの問いへの回答を試みる。

生きるための知識と技能6
OECD生徒の学習到達度調査（PISA）2015年調査国際結果報告書
国立教育政策研究所編
◎3700円

PISA2015年調査 評価の枠組み
OECD生徒の学習到達度調査（OECD）編著　国立教育政策研究所監訳
◎3700円

PISAから見る、できる国・頑張る国2
未来志向の教育を目指す：日本
経済協力開発機構（OECD）編著　渡辺良監訳
◎3600円

PISAの問題できるかな？
経済協力開発機構（OECD）　国立教育政策研究所監訳
◎3600円

教育研究とエビデンス
国際的動向と日本の現状と課題
国立教育政策研究所編　大槻達也、惣脇宏、豊浩子、トム・シュラー、籾井圭子、津谷喜一郎、秋山薊二、岩崎久美子著
◎3800円

成人スキルの国際比較
OECD国際成人力調査（PIAAC）報告書
国立教育政策研究所編
◎3800円

教員環境の国際比較
OECD国際教育指導環境調査（TALIS）2013年調査結果報告書
国立教育政策研究所編
◎3500円

TIMSS2015算数・数学教育／理科教育の国際比較
国際数学・理科教育動向調査の2015年調査報告書
国立教育政策研究所編
◎4500円

〈価格は本体価格です〉

アートの教育学
革新型社会を拓く学びの技

OECD教育研究革新センター 編著
篠原康正、篠原真子、袰岩晶 訳

A5判／上製／352頁
◎3700円

芸術教育は、芸術以外の学力やスキル、認知・非認知的能力にどのような影響を与えるのか。マルチ・アート教育、視覚芸術教育、演劇教育、音楽教育、ダンス教育などの芸術教育の成果や因果関係を検証し、創造性や動機付け、社会的スキルへの影響や因果関係を検証する。

─── 内容構成 ───
第1章 芸術教育のインパクト：擁護からエビデンスへ
第2章 マルチ・アート教育の認知的成果
第3章 音楽教育の認知的成果
第4章 視覚芸術教育の認知的成果
第5章 演劇教育の認知的成果
第6章 ダンス教育の認知的成果
第7章 創造性に対する芸術教育の効果
第8章 学業への動機付けに対する芸術教育の効果
第9章 社会的スキルに対する芸術教育の効果
第10章 脳に対する芸術教育の効果
第11章 なぜ、今、芸術教育なのか…まとめと結論

移民の子どもと世代間社会移動
連鎖する社会的不利の克服に向けて
OECD編著　木下江美、布川あゆみ、斎藤里美訳
◎3000円

移民の子どもと学校
統合を支える教育政策
OECD編著　布川あゆみ、木下江美、斎藤里美監訳　三浦綾希子、大西公恵、藤浪海訳
◎3000円

サイバーリスクから子どもを守る
エビデンスに基づく青少年保護政策
経済協力開発機構（OECD）編著　齋藤長行著訳　新垣円訳
◎3600円

よくわかるヒューマン・キャピタル
知ることがいかに人生を形作るか
ブライアン・キーリー著　OECD編　立田慶裕訳
◎2200円

学習成果の認証と評価
働くための知識、スキル、能力の可視化
OECDインサイト2
OECD編　山形大学教育企画室監訳　松田岳士訳
◎2800円

教育のトレンド2
図表でみる世界の潮流と教育の課題
OECD教育研究革新センター編著　立田慶裕監訳　宮田緑訳
◎2400円

若者のキャリア形成
スキルの獲得から就業力の向上、アントレプレナーシップの育成へ
経済協力開発機構（OECD）編　菅原良、福田哲哉、松下慶太監訳　竹内一真、佐々木真理、橋本諭、神崎秀嗣、奥村俊訳
◎3700円

21世紀のICT学習環境
生徒、コンピュータ、学習を結び付ける
経済協力開発機構（OECD）編著　国立教育政策研究所監訳
◎3700円

〈価格は本体価格です〉

社会情動的スキル
学びに向かう力

経済協力開発機構(OECD) 編著
ベネッセ教育総合研究所 企画・制作
無藤隆、秋田喜代美 監訳
荒牧美佐子、都村聞人、木村治生、
高岡純子、真田美恵子、持田聖子 訳

A5判／上製／224頁
◎3600円

現代の社会において成功した人生を歩むためには、バランスのとれた認知的スキルと社会情動的スキルが鍵となる。本書は、人生の成功に結びつく社会情動的スキル(あるいは非認知的スキル)を特定し、そうしたスキルを育成するための方策を整理する。

── 内容構成 ──
第1章 今日の世界における教育とスキルの役割
第2章 学習環境、スキル、社会進歩：概念上のフレームワーク
第3章 人生の成功を助けるスキル
第4章 スキル形成を促進する学習環境
第5章 社会情動的スキルを強化する政策、実践、評価
第6章 社会情動的スキルの育成に向けた取り組み：教育制度の目標とスキルフレームワーク(国・地域別)
付録5A 社会情動的スキルを育む方法

幸福の世界経済史
OECD開発センター編著　徳永優子訳
1820年以降、私たちの暮らしと社会はどのような進歩を遂げてきたのか
◎6800円

主観的幸福を測る
経済協力開発機構(OECD)編著
桑原進、高橋しのぶ訳
OECDガイドライン
◎5400円

OECD幸福度白書4
経済協力開発機構(OECD)編著
西村美由起訳
より良い暮らし指標：生活向上と社会進歩の国際比較
◎6800円

OECDビッグデータ白書
経済協力開発機構(OECD)編著
齋藤長行、田中絵麻訳
データ駆動型イノベーションが拓く未来社会
◎6800円

OECD成人スキル白書
経済協力開発機構(OECD)編著
矢倉美登里、稲田智子、来田誠一郎訳
第1回国際成人力調査(PIAAC)報告書
(OECDスキルアウトルック2013年版)
◎8600円

OECD教員白書
OECD編著　斎藤里美監訳
木下江美、布川あゆみ、本田伊克、山本宏樹訳
効果的な教育実践と学習環境をつくる
(第1回OECD国際教員指導環境調査(TALIS)報告書)
◎7400円

OECD保育白書
OECD編著
星三和子、首藤美香子、大和洋子、一見真理子訳
人生の始まりこそ力強く：乳幼児期の教育とケア(ECEC)の国際比較
◎7600円

OECD保育の質向上白書
OECD編著　秋田喜代美、阿部真美子、一見真理子訳
人生の始まりこそ力強く：ECECのツールボックス
◎6800円

OECD編著
門田理世、北村友人、鈴木正敏、星三和子訳
◎6800円

〈価格は本体価格です〉

諸外国の生涯学習

文部科学省 編著

A4判変型／並製 ◎3600円

アメリカ合衆国、イギリス、フランス、ドイツ、中国、韓国における生涯学習に関する政策や実践についてまとめた基礎資料。制度・実践の概要、関係法令・基本計画、成人による学習活動、地域・家庭教育の支援、生涯学習支援施設・人材の項目別に各国別に記述し、比較可能な総括表や資料を付す。

◆**内容構成**◆

◆**調査対象国**◆
アメリカ合衆国、イギリス、フランス、ドイツ、中国、韓国

◆**調査内容**◆
各国の生涯学習、関係法令・基本計画、成人による学習活動、地域・家庭教育の支援、生涯学習支援施設・人材

◆**資料**◆
アメリカ合衆国の学校系統図、イギリスの学校系統図、フランスの学校系統図、ドイツの学校系統図、中国の学校系統図、韓国の学校系統図

図表でみる教育
OECDインディケータ（2018年版）
経済協力開発機構（OECD）編著　徳永優子、稲田智子、大村有里、坂本千佳子、立木勝、松尾恵子、三井理子、元村まゆ訳
◎8600円

図表でみる男女格差 OECDジェンダー白書2
今なお蔓延る不平等に終止符を！
OECD編著　濱田久美子訳
◎6800円

図表でみる世界の社会問題4
OECD社会政策指標　貧困・不平等・社会的排除の国際比較
OECD編著　高木郁朗監訳　麻生裕子訳
◎3000円

図表でみる世界の主要統計
OECDファクトブック〈2015-2016年版〉
経済、環境、社会に関する統計資料
経済協力開発機構（OECD）編　トリフォリオ翻訳／製作
◎8200円

世界の移民政策
OECD国際移民アウトルック（2016年版）
経済協力開発機構（OECD）編著　齋藤長行監訳　濱田久美子訳
◎6800円

世界の行動インサイト
公共ナッジが導く政策実践
経済協力開発機構（OECD）編著　徳永優子訳
◎6800円

諸外国の初等中等教育
文部科学省 編著
◎6800円

諸外国の教育動向 2017年度版
文部科学省 編著
◎3600円

〈価格は本体価格です〉